基本
経営学
［改訂版］

編著 深山　明　　海道ノブチカ
　　 Miyama Akira　Kaido Nobuchika

Basic Business Administration

同文舘出版

改訂版のはしがき

　本書の初版が世に出たのは 2010 年のことであった。幸いにも多くの読者に恵まれ、増刷を繰り返して今日に至っている。

　初版では、「経営学の基本問題」、「経営学の体系」および「経営学の現代的諸問題」という 3 つの柱が設定され、18 の問題が取り上げられた。それらの説明を通じて、「経営学とはいかなる学問か」、「企業とはいかなるものか」という経営学の根本的問題の解明と解説が試みられたのである。各章で論じられたことについては、現在においても変更・修正の必要はないものと考えている。

　しかしながら、この 5 年の間に、いわゆる企業不祥事が頻発し、企業行動に対する監視体制を強化することの必要性が喧伝されている。また、株式相互持ち合いの解消など様々な事情から機関投資家など「モノ言う株主」の増加が著しい。かかる状況に規定されて、2014 年 6 月 20 日に「会社法の一部を改正する法律案」が国会にて可決・成立し、6 月 27 日に公布された。施行は本年 5 月 1 日である。今回の会社法改正の要諦は、企業統治の在り方としての株式会社機関の制度的な整備、社外取締役制度の強化、社外監査役要件の見直し、多重代表訴訟制度および特別支配株主の株式等売却請求制度の創設などである。

　このような会社法改正によって株式会社制度は大きな影響を受けることになる。もとより経営学は株式会社を最も重要な考察対象としてきたのであり、このような現実の動きに対応することを余儀なくされる。『基本経営学』の改定が企てられた所以である。

　改訂版の出版は同文舘出版代表取締役社長　中島治久氏と取締役出版局長　市川良之氏のご厚意により実現した。とりわけ市川氏には大変お世話になった。両氏に対して心からの謝意を申し上げる次第である。

2015 年 1 月

深　山　　　明
海道ノブチカ

はしがき

　本書は経営学の入門書であり，読者としては初学者が想定されている。それゆえ，経営学の基本問題を説明することに多くのページが当てられる。経営学の基本問題とは，この学問にとってもっとも重要で本質的な問題であって，それは，「企業とはいかなるものか」，「経営学とはいかなる学問か」という2つの問いである。

　今日，われわれの生活と企業は密接に結びついている。すなわち，生活のほとんどの部分が企業と関連し，企業によって支えられていると言っても過言ではない。このような傾向は今後ますます強まることであろう。

　企業は，製品やサービスを提供することによって，人間の生活を便利で快適なものにした。企業のおかげで，われわれは，ある意味において昔の王侯貴族をも凌ぐような生活をすることができるようになったのである。このことは，企業のもたらすプラスの効果すなわち企業の「光」の側面を表している。ところが，企業のもたらすマイナスの効果である企業の「影」の側面にも眼を向けなければならない。企業によってわれわれの生命や生活が脅かされ得るからである。たとえば，地球環境問題，さまざまな社会的問題，頻発する企業不祥事などを思い出していただきたい。何事に関しても言えることだが，「光」が強いほど「影」は色濃く現れるものである。企業のもたらすプラスの効果が大きいほどマイナスの効果も大きくなるということが忘れられてはならない。

　経営学は企業を研究対象とする。したがって，経営学は，企業の「光」の側面だけではなくて，「影」の側面をも考察することになる。そして，必要な場合には，社会に対して警告を発しなければならない。企業をわれわれの生活に真に役に立つようにコントロールすることが必要である。

　本書の第Ⅰ部においては，「経営学の方法と歴史」，「株式会社」，「企業目標」および「意思決定」が取り上げられている。これらは，いずれも，経営学の基本問題の根底に横たわっている問題である。さらに，第Ⅱ部においては，まず，「生産」，「販売」および「財務」という企業の基本的な機能に関する説明が行なわれる。これらは，企業を貫くモノの流れとカネの流れというプロセスに関

する問題であり，織物で言えばヨコ糸にあたる。次に，これらのプロセスを円滑に遂行させるものとしての，「管理」，「組織」，「人的資源」および「計算制度」が取り上げられる。これらは織物のタテ糸に相当する。

　経営学は高級な意味での実践科学であるから，実践との整合性を保たなければならず，絶えず実践に眼を向けることが必要である。それで，第Ⅲ部においては，今日の企業に関して重要であると思われる7つのトピックスが説明されている。「コーポレート・ガバナンス」，「国際化の進展と企業経営」，「地球環境問題と企業経営」，「情報化の進展と企業経営」，「ＣＳＲと企業経営」，「中小企業経営とイノベーション」および「企業と経営の歴史」というのがそれらである。いずれも今日の企業を理解する上で不可欠の問題である。

　冒頭で述べたように，本書は経営学の入門書である。したがって，執筆に際しては，できるだけ理解しやすくなるように配慮した。図表による説明を多用しているのもそのためである。また，読者の学習への役立ちを考えて，各章の節ごとにキーワードを掲げてある。それらは，近いうちに出版される予定である『最新・基本経営学用語辞典』（同文舘出版）で説明されている項目である。本書とこの辞典を併用することによって，企業や経営学についての理解がより深まることになれば幸いである。

　本書の出版は，同文舘出版株式会社代表取締役社長　中島治久氏の熱心なお勧めによって実現したのである。また，出版に際しては，取締役編集局長　市川良之氏に一方ならぬお世話になった。ここに記して両氏に感謝申し上げる次第である。

2009年12月吉日

深　山　　　明
海道ノブチカ

執筆者紹介

第1章	海道ノブチカ	関西学院大学
第2章	牧浦 健二	近畿大学
第3章	深山 明	関西学院大学
第4章	瀬見 博	関西学院大学
第5章	深山 明	（前出）
第6章	石淵 順也	関西学院大学
第7章	関野 賢	近畿大学
第8章	小澤 優子	神戸学院大学
第9章	渡辺 敏雄	関西学院大学
第10章	松本 雄一	関西学院大学
第11章	木村 貞子	大阪学院大学短期大学部
第12章	山縣 正幸	近畿大学
第13章	藤澤 武史	関西学院大学
第14章	濱本 隆弘	流通科学大学
第15章	椿本 晃久	近畿大学
第16章	古川 靖洋	関西学院大学
第17章	山口 隆之	関西学院大学
第18章	木山 実	関西学院大学

目　次

第Ⅰ部　経営学の基本問題

第1章　経営学の方法と歴史　——————————————3
- 第1節　経営学の対象 …………………………………………… 3
- 第2節　経営学のアプローチ …………………………………… 5
  1. 経営経済学的アプローチ ………………………………… 6
  2. 経営管理論的アプローチ ………………………………… 7
  3. 批判的アプローチ ………………………………………… 9
- 第3節　ドイツ経営学の歴史 …………………………………… 10
  1. ドイツ経営学の生成 ……………………………………… 10
  2. 両大戦間のドイツ経営学 ………………………………… 11
  3. 第二次世界大戦後のドイツ経営学 ……………………… 13
- 第4節　アメリカ経営学の歴史 ………………………………… 16
  1. アメリカ経営学の生成 …………………………………… 16
  2. 両大戦間のアメリカ経営学 ……………………………… 17
  3. 第二次世界大戦後のアメリカ経営学 …………………… 18
- 第5節　日本経営学の歴史 ……………………………………… 20
  1. 日本経営学の生成 ………………………………………… 20
  2. 両大戦間の日本経営学 …………………………………… 21
  3. 第二次世界大戦後の日本経営学 ………………………… 23

第2章　株式会社 ───────────── **26**

第1節　会社の種類 ………………………………… 27
第2節　株式会社の制度による資本の集中 ………… 30
　1. 株式制度 ……………………………………… 31
　2. 全出資者有限責任制 ………………………… 31
　3. 重役制度 ……………………………………… 32
第3節　株式会社の機関 …………………………… 33
第4節　株式会社における資本の二重存在 ………… 37

第3章　企業目標 ───────────── **40**

第1節　組織と目標 ………………………………… 40
第2節　企業構造と企業目標 ……………………… 41
第3節　単数目標論 ………………………………… 44
　1. 利益目標論 …………………………………… 44
　2. 生産目標論 …………………………………… 47
第4節　複数目標論 ………………………………… 49
　1. 第1種複数目標論 …………………………… 49
　2. 第2種複数目標論 …………………………… 52
第5節　企業と利益目標 …………………………… 54

第4章　意思決定 ───────────── **59**

第1節　意思決定 …………………………………… 60
　1. 意思決定とは何か …………………………… 60
　2. 意思決定の種類 ……………………………… 60
第2節　意思決定論 ………………………………… 62

第3節　規範的・実践的意思決定論 …………………………………… 64
　1．意思決定問題の構成要素 …………………………………………… 64
　2．意思決定問題の分類と選択基準 …………………………………… 65
第4節　記述的・行動科学的意思決定論 ……………………………… 67
　1．問題解決過程 ………………………………………………………… 67
　2．制約された合理性 …………………………………………………… 69
　3．満足化原理 …………………………………………………………… 69

第Ⅱ部　経営学の体系

第5章　生　産 ──────────────────── 75

第1節　生産と生産管理 ………………………………………………… 75
　1．生産と生産システム ………………………………………………… 75
　2．生産管理 ……………………………………………………………… 76
　3．生産管理システム …………………………………………………… 77
第2節　生産システム …………………………………………………… 78
　1．生産システムの構成要素 …………………………………………… 78
　2．生産システムの特性 ………………………………………………… 80
第3節　生産の諸形態 …………………………………………………… 81
　1．産出関連的な基準による分類 ……………………………………… 82
　2．投入関連的な基準による分類 ……………………………………… 82
　3．変換過程関連的な基準による分類 ………………………………… 82
第4節　生産理論と原価理論 …………………………………………… 83
　1．生産理論 ……………………………………………………………… 84
　2．原価理論 ……………………………………………………………… 85

第6章 販　売 ─────────── 88

第1節　販売問題とマーケティング ………………………… 88
1. 生産者にとっての販売問題 ………………………… 88
2. マーケティング ………………………… 89

第2節　マーケティング戦略の基本 ………………………… 91
1. 市場細分化 ………………………… 91
2. 標的市場の選択 ………………………… 91
3. ポジショニング ………………………… 92

第3節　販売経路 ………………………… 93
1. マーケティング・チャネル ………………………… 93
2. 販売系列化（流通系列化） ………………………… 95

第4節　マーケティング・コミュニケーション ………………………… 96
1. マーケティング・コミュニケーションの定義と目的 ……… 96
2. コミュニケーション手段の特徴 ………………………… 97
3. コミュニケーション・ミックスとIMC ………………………… 98

第7章 財　務 ─────────── 100

第1節　財務管理 ………………………… 100
第2節　投　資 ………………………… 102
第3節　資本調達 ………………………… 104
第4節　資本コスト ………………………… 107
第5節　財務分析 ………………………… 109

第8章 管　理 ─────────── 112

第1節　経営管理の生成と発展 ………………………… 112

1. 経営学の古典理論 ………………………………………… 113
　　2. 経営学の新古典理論と近代理論 ………………………… 114
　第2節　経営管理の意味……………………………………………… 116
　第3節　管理の活動 ………………………………………………… 117
　　1. 計画策定 …………………………………………………… 117
　　2. 指　　揮 …………………………………………………… 118
　　3. 統　　制 …………………………………………………… 119
　第4節　経営者・管理者の階層と役割……………………………… 120
　　1. 経営者・管理者の階層 …………………………………… 120
　　2. 経営者・管理者の役割 …………………………………… 121

第9章　組　　織 ——————————————— 124

　第1節　管理組織 …………………………………………………… 124
　第2節　組織構造 …………………………………………………… 128
　第3節　人間の集合体としての組織 ……………………………… 129
　第4節　結　　び …………………………………………………… 131
　　　　　―日本的な組織の事情―

第10章　人的資源 ——————————————— 134

　第1節　人的資源管理の成立 ……………………………………… 135
　　1. 人的資源管理とは ………………………………………… 135
　　2. 人的資源管理の機能 ……………………………………… 135
　第2節　人的資源管理の基本構成と日本型人事制度…………… 137
　　1. 人的資源管理の基本構成―採用から退職まで― …… 137
　　2. 日本型人事制度とその変貌……………………………… 138
　第3節　人材育成 …………………………………………………… 139

1. 企業で必要とされる能力 ……………………………………… 139
　　2. 人材育成の方法 ………………………………………………… 140
　第4節　キャリア開発とキャリアデザイン ……………………… 141
　　1. キャリア開発 …………………………………………………… 141
　　2. キャリアデザイン ……………………………………………… 143
　第5節　知識労働者と知識のマネジメント ……………………… 144
　　1. 知識労働者と知識創造 ………………………………………… 144
　　2. ナレッジ・マネジメント ……………………………………… 146

第11章　計算制度 ―――――――――――――――― **148**

　第1節　計算制度の役割 …………………………………………… 148
　第2節　貸借対照表 ………………………………………………… 152
　第3節　損益計算書 ………………………………………………… 153
　第4節　原価計算 …………………………………………………… 154

第Ⅲ部　経営学の現代的諸問題

第12章　コーポレート・ガバナンス ――――――― **161**

　第1節　コーポレート・ガバナンスとは何か：その歴史 ……… 161
　第2節　コーポレート・ガバナンスの問題領域 ………………… 164
　第3節　コーポレート・ガバナンスの国際比較 ………………… 166
　　1. アメリカにおけるコーポレート・ガバナンス ……………… 166
　　2. ドイツにおけるコーポレート・ガバナンス ………………… 168
　　3. 日本におけるコーポレート・ガバナンス …………………… 171
　第4節　コーポレート・ガバナンスの今後 ……………………… 176

第13章　国際化の進展と企業経営 ———————— **178**

第1節　外国市場参入方式の類型 ……………………………… 179
第2節　伝統的な参入方式の選択決定因 ……………………… 180
 1.　外国市場参入方式選択決定因マトリクスの概略 …… 180
 2.　親会社の経営資源力 …………………………………… 181
 3.　取引コスト ……………………………………………… 182
 4.　情報コストとコミュニケーション・コスト ………… 184
第3節　国際戦略提携 vs. 国際 M&A ………………………… 186
 1.　外部資源獲得・活用戦略としての参入方式 ………… 186
 2.　国際戦略提携の選択決定因 …………………………… 186
 3.　国際 M&A の選択決定因 ……………………………… 188
第4節　日本カラー TV メーカーの対中参入方式の選択 …… 190
   ―内部化理論の検証―

第14章　地球環境問題と企業経営 ———————— **194**

第1節　地球環境問題の概要 …………………………………… 194
第2節　ドイツにおけるエコロジーとエコノミーの調和 …… 196
第3節　持続可能な発展の実現 ………………………………… 197
第4節　ドイツ企業の環境保全意識 …………………………… 198
第5節　環境経営と経営学 ……………………………………… 200
 1.　環境志向的経営経済学の登場 ………………………… 200
 2.　環境経営とは何か ……………………………………… 201
第6節　環境ビジネス …………………………………………… 202
第7節　環境経営と企業発展 …………………………………… 204

第15章　情報化の進展と企業経営 ────── **207**

- 第1節　情報化の進展 …… 207
- 第2節　企業と情報化 …… 209
  1. 産業の情報化 …… 209
  2. 情報の産業化 …… 213
- 第3節　企業における情報システム …… 216
- 第4節　インターネット利用者の増加と企業 …… 219
- 第5節　情報化の今後 …… 221

第16章　企業の社会的責任（CSR）と企業経営 ────── **225**

- 第1節　企業の社会的責任 …… 225
- 第2節　企業の社会的責任と企業業績の関係 …… 230
- 第3節　戦略的要因としての社会的責任 …… 233
- 第4節　企業倫理とトップ・マネジメント …… 235

第17章　中小企業経営とイノベーション ────── **239**

- 第1節　中小企業の範囲と地位 …… 239
  1. 中小企業の定義と地位 …… 239
  2. ベンチャー・ビジネス …… 241
- 第2節　中小企業の特徴と役割 …… 243
- 第3節　イノベーションと知識経営 …… 245
  1. イノベーションとは何か …… 245
  2. イノベーションの発生過程：知識連鎖 …… 245
- 第4節　中小企業とイノベーション …… 247
  1. 中小企業のイノベーションの特徴 …… 247

2. ネットワークと中小企業……………………………………… 248

第18章　企業と経営の歴史 ——————————————251
　第1節　江戸時代の豪商における番頭への経営委任………… 252
　　　　　―三井家の場合―
　第2節　明治初期三井の経営者 ……………………………… 255
　第3節　"学校出"による経営………………………………… 257
　第4節　専門経営者の制覇 …………………………………… 261

事項索引 ——————————————————————263
人名索引 ——————————————————————270

第Ⅰ部

経営学の基本問題

第1章

経営学の方法と歴史

―― この章のポイント ――

　経営学は社会科学であり，企業を対象としている。そして現代の経営学は19世紀末から20世紀初頭にかけて資本主義が独占段階に入ったことを契機としドイツ，アメリカ，日本を中心に生まれた。しかしそれぞれの国の歴史的背景や社会経済的基盤に違いがあり，またそのなかで生起する企業経営の問題とそれに対する対応にも差異があるため，ドイツ経営学，アメリカ経営学，日本経営学は，それぞれ独自の特徴をもって生成，発展してきた。この第1章では経営学の対象とは何か，またそれに対するアプローチにはどのようなものがあるのかについて述べ，各国の経営学がどのように発展してきたかその歴史についてみることにしよう。

第1節　経営学の対象

　経営学は企業を研究対象とする社会科学である。そして資本主義社会における企業の究極的な目的は，利潤である。いま典型的な工業企業についてみるならば，そこでは一方において原料，機械およびその他の生産手段が購入され，他方においては賃金を支払って労働者が雇用され，両者を結びつけて生産が行なわれる。そして生産過程で生産された製品は，商品として販売され，投下したよりも多額の貨幣が回収される。企業においてはこのような資本の運動が繰り返し，連続して行なわれている。したがってこの運動過程は，具体的に調達，生産，マーケティング，労務，財務といった企業活動のなかに現われる。

ところで現実の企業の現象面についてみるならば，企業は多様な目標を追求している。たとえば生産高の極大化，生産原価の引下げ，費用の最小化，能率の向上，賃金コストの低減化，売上高の極大化，マーケット・シェアの拡大，新製品の開発，資本コストの最小化，投資効率の上昇，収益性の向上，労働生産性の向上などの目標である。

企業がこれらの多様な目標をさまざまに組み合わせて追求するのは，企業の調達，生産，マーケティング，労務，財務といった諸側面にそれぞれ部門目標があり，またそれぞれの部門の下位組織にも個々の目標があるからである。したがって現象面においては企業目標は，多元的であると言える。しかし現象面での多様な目標は，利潤追求のために生産を行なうという資本主義企業の本質的な側面が，企業活動の各部門においてそれぞれ異なった形で現われたものである点に注意しなければならない。これらの部門目標は，各部門においては目標であると同時に，上位目標に対してはそれを達成するための手段としての性格をもっている。したがって企業目標は，多元的であると同時に，最終的には，利潤の追求という一元的な目標によって規定されている。

企業目標を達成するためには，先ほど述べた種々の企業活動を計画し，決定し，指揮し，調整し，統制するための組織や管理が必要となる。たとえば生産の側面においては生産高，生産コストなどの部門目標が計画され，決定され，それを能率的に達成するための組織が編成され，職務間の調整が行なわれ，結果が計画どおりに行なわれたかどうかが統制される。同様に調達，マーケティング，労務，財務といった領域においても部門目標を円滑に達成するために部門管理が行なわれ，それらの部門管理を全体的に管理する統合的な企業管理が必要となる。

ところで企業が大規模化すればするほど，これらの管理組織は大きくなり，全般経営層や部門管理層などに階層的に分化してくる。このように企業が大規模化してくると組織をいかに生かすのかという問題が生じ，組織を生かすための人間行動の問題も重要となってくる。それに応じて企業の構成員を主体的な意思決定者として捉え，企業を維持・発展させる経営管理も展開されてきた。

●キーワード

経営学，経験対象と認識対象，経営，企業，組織，管理，専門経営者，企業目標，利潤と利益，収益性（営利原則，営利主義），生産性（労働生産性），資本コスト，マーケット・シェア，生産管理，労務管理と人事管理，財務管理，マーケティングと販売，全般経営層，部門管理層

第2節　経営学のアプローチ

　経営学は，上に述べたように企業を対象としているが，この対象である企業に対するアプローチにもさまざまな方向がある。まずドイツ経営学にみられる経営経済学的アプローチには規範論的方法，技術論的方法，理論的方法があり，これらはいかに科学として経営学を樹立するのかという視点から生成してきた。また日本でいう「経営学」に相当するものは，ドイツでは「経営経済学」と呼ばれており，企業や経営の経済的側面を主として研究の対象としている。これに対してアメリカ経営学にみられる管理論的アプローチは，きわめて実践的な性格をもっており，そこでは現実の企業経営の中でその時々に提起される問題を解決するために，もっとも有効な方法や技術的方策や制度や原理・原則が究明される。この管理論的方法においては管理過程学派，科学的管理学派，人間関係論学派，システム論学派，意思決定理論学派，数理学派，制度論学派など多様な方法が展開されてきた。

　日本の経営学は，このようなドイツ経営学とアメリカ経営学の多様なアプローチより方法論的にさまざまな影響を受け，日本においてドイツ経営学に基づく経営経済学的アプローチやアメリカ経営学に基づく管理論的，組織論的アプローチが展開された。さらにこれらのアプローチ以外に日本に独自の学派として批判的なアプローチが存在し，個別資本学派として発展してきた。これらの点について以下みることにしよう。

1. 経営経済学的アプローチ

(1) 規範論的方法

　ドイツ経営学にみられる方法としてまず規範論的方法がある。そこでは現実を認識することが目標であるのではなく，むしろこの方法の科学目標は，積極的に価値判断を行ない，企業のあるべき姿（規範）を研究する点にある。言いかえれば，企業のあるべき姿が観念的に設定され，その理想とする方向に現実の企業を導き，一致させることが課題となる。したがって規範論的経営経済学においては現実の企業の解明は，その研究方法の一部分であり，目標ではなく手段となる。つまり現実の企業を究明するために認識が行なわれるのではなく，現実を改善し，規範に導くために認識が行なわれる。

　ドイツ経営学においてはニックリッシュ（H. Nicklisch）やシェーンプルーク（F. Schönpflug）が，このような立場を打ち出している。この規範論的方法は，自ら目標（規範）を設定する科学であるから，単なる方法・手段の研究を行なう技術論的方法とは異なる。

(2) 技術論的方法

　技術論的方法においては特定の目標が前提とされ，その目標を遂行するための一定の手段や方法が研究される。したがって技術論的経営経済学は，応用科学としての性質をもつ。技術論的方法においては目標に対する手段の合理性が問題とされるが，そのさい手段の前提となる目標は，それ自体は与えられたものとしてそのまま受け取られ，これに対しては価値判断は行なわれない。この点において規範論的経営経済学とは区別される。

　ドイツにおいては経営学は，主として経営経済学として展開されたため，技術論的経営経済学においては工学的・自然科学的な合理性が直接問題とされたのではなく，経済的な合理性が問題とされた。したがって簿記，原価計算，経営統計などの計算制度を用いて目標に対する手段の合理性を精密に把握することが問題となった。つまりドイツの技術論的経営経済学においては，計算制度の技術論的研究が中心となっている。シュマーレンバッハ（E. Schmalenbach）

は，経営経済学をこのような技術論として構築しようとした。この点が，アメリカの管理論的研究方法と異なる点である。

(3) 理論的方法

理論的方法においては，現実の企業を価値判断なしに，できる限り客観的に叙述することが課題となる。ドイツにおいてこのような方法論的立場を代表するのは，リーガー（W. Rieger）である。リーガーは，企業の本質的特徴が利潤の追求にあることを認めるが，科学はそのような目的を達成するための手段ではなく，その応用は問題とはしないと主張する。この点において技術論的方法とは異なる。また企業がどうあるべきかということではなく，利潤を追求している企業をあるがままに価値判断なしに研究するという点で規範論的方法とも異なる。理論学派は，どこまでも認識それ自体を自己目的とする価値自由な純粋科学として経営経済学をうち立てようとした。

ドイツでは経営学的研究の生成とともにその科学性に対して経済学の側から鋭い批判が投げかけられ，方法論争が展開された。ドイツ経営学の以上のような3つの研究方法は，その批判にこたえて経営経済学を確立する努力のなかで生まれてきたものである。この点については第3節のドイツ経営学の歴史の中でさらに具体的に述べることにしよう。

2．経営管理論的アプローチ

(1) 管理過程論のアプローチ

次にアメリカ経営学を中心とする管理論的アプローチについてみることにしよう。この管理論的アプローチには先に述べたようにさまざまな学派がある。まず管理過程論のアプローチの特徴は，経営管理をファンクション，つまり管理職能の問題として捉え，管理サイクルを分析の基本的枠組みとしている点ならびに専門化の原則，命令の一元性など管理の諸原則を明らかにしている点にある。すなわちこのアプローチにおいては経営管理は計画し，組織し，人材を配置し，指揮し，統制する管理の過程として把握され，それらの過程を貫徹す

る管理原則を導き出すことが課題となる。

　このアプローチは，フランスのファヨール（F. Fayol）に始まり，アーウィック（L. Urwick），ガリック（L. Gulick）を経てニューマン（W.H. Newman）やクーンツ＝オドンネル（H. Koontz and C. O'Donnell）の理論に受け継がれ管理過程学派と呼ばれている。

（2）科学的管理論のアプローチ

　このアプローチは，テイラー（F. W. Taylor）の科学的管理を出発点としている。テイラーは，個々の労働者が達成すべき標準作業量すなわち課業（task）を科学的に設定するために作業方法の標準化を行なった。かれは一流労働者の個々の作業をもっとも簡単な要素動作にまで分解し，その要素動作について順序，所要時間を厳密に測定し，誤った動作，無駄な動作，遅い動作などを除いて，一番早くかつ合理的な作業方法によって達成される最短の作業時間を発見し，最小限必要な猶予時間を計算に入れて標準課業を設定することを主張した。この科学的管理は，その後2つの方向で展開された。その1つは標準の設定方法そのものをより精緻化する方向であり，他の1つは標準に基づく管理を生産過程のみならず，人事，販売，財務などの部門領域あるいは経営の全般管理に拡大する方向である。

（3）人間関係論のアプローチ

　人間関係論のアプローチは，1920年代から1930年代にかけてメイヨー（G. E. Mayo）らによって行なわれた「ホーソン実験」の結果を基礎にしている。このアプローチでは，経営をたんに生産のための技術的組織体とみるのではなく，むしろ感情によって動機づけられ，非論理的行動を行なう人間の社会システムとみている。したがってこのアプローチでは自然発生的なインフォーマル組織をとおしてモラールやリーダーシップに影響をあたえ，管理の能率を追求する点に特徴がある。

（4）経営科学のアプローチ

　これはOR（operations research）に代表されるように意思決定に対する経営

科学（management science）からの数量的なアプローチである。経営科学のアプローチは，意思決定に対する数量的分析を基本とし，意思決定者がいかに意思決定すべきかを考察するものである。このアプローチは，第二次世界大戦中に軍事上の作戦を立てるために始まったORを出発点にしており，戦後企業経営の問題にも応用されるようになり，実用性を高めていった。このアプローチの特徴としては，数学的モデル，統計的手法を利用する点，心理的・社会的側面より技術的・経済的側面に注目する点，システムの全体的最適化を強調し，クローズド・システムの仮定の下で最適意思決定を求めようとする点などを挙げることができる。

(5) 行動科学のアプローチ

行動科学のアプローチにおいても意思決定の問題が扱われるが，このアプローチにおいては組織の構成員を主体的意思決定者として捉え，組織を維持・発展させる理論が展開されてきた。すなわち組織における各人の多様な意思決定と行動をいかに組織の目標に調整・統制してゆくかが問題となる。このような試みは，すでに1938年のバーナード（C. I. Barnard）『経営者の役割』にみられるが，サイモン（H. A. Simon）は，バーナードを再評価し，『経営行動』やマーチ（J. G. March）との共著『オーガニゼーションズ』においてこの方向をさらに発展させた。

3．批判的アプローチ

この方法は，わが国の批判的経営学（個別資本説）を基礎づけている方法である。批判的アプローチは，複雑，多岐にわたる現象を掘り下げて，その内部にある本質－法則を明らかにし，それを媒介として多様な現象を批判的に統一して把握することを課題としている。すなわち批判的方法では，現実の企業経営を資本の運動形態として把握し，その法則が究明される。それに基づいて生産，労務，販売，管理，組織の具体的な原理，客観的な法則性が究明される。そのさい本質と現象との間には，いくつかの媒介項が存在するのでこれらの内容を具体的に明らかにすることによって本質より現象が解明される。

●キーワード●

ドイツ経営学の特徴, ドイツ経営学方法論争, ドイツ経営学の学派分類, 経営経済学, 理論的学派, 技術論的学派, 規範論的学派, 価値判断, シェーンプルーク, アメリカ経営学の特徴, アメリカ経営学の学派分類, 経営学の古典理論, 経営学の新古典理論, 経営学の近代理論, 管理過程学派, 管理原則, 専門化の原則, 命令の一元性, ファヨール, クーンツ, 人間関係論学派, 数理学派, OR, 意思決定, 意思決定の種類, クローズド・システム, 行動科学, 意思決定理論学派, 日本経営学の特徴, 個別資本理論（批判経営学）

第3節　ドイツ経営学の歴史

1．ドイツ経営学の生成

　ドイツの資本主義は，20世紀初頭に独占段階に達したが，ドイツではカルテル，特にシンジケートという形で独占体が形成された。これはドイツが後発資本主義国であったためであるが，そのさい国内市場が狭隘であるため，海外市場への進出，植民地の獲得に重点が置かれた。このことは，大規模経営の管理運営に当たる専門家としての商人，ことに海外進出の尖兵としての高等商人の養成を必要とした。このような実践的要請に応えて1898年のライプチッヒ商科大学の設立を皮切りにドイツ各地に商科大学があいついで設立された。

　ところで商科大学が設立された当初は，主として国民経済学，法律学，簿記等の商業諸学が講義されていたにすぎず，商科大学の中心科目となりうる学問の確立が焦眉の問題であった。このような状況のなかで今日の経営学の前身である私経済学や商業経営学が，主として国民経済学と商業学に依拠して樹立された。そのさい金儲け論であるという国民経済学からの非難を回避するために私経済学にいかに科学性をもたせるかが大きな課題であった。

　たとえばシェアー（J. F. Schär）は，『一般商業経営学』1911年において旧

来の伝統的商業学を批判し，その科学化を通じて商業経営学の確立を目指した。そのさいかれは，商業の目的を収益性にではなく，最小の費用で生産者と消費者を結びつける組織をつくること(経済性)に求めた。また国民経済学者であったワイヤーマンとシェーニッツ（M. R. Weyermann und H. Schönitz）は，『科学的私経済学の原理と体系』を1912年に著し，私経済学を価値自由な純粋科学として樹立し，国民経済学の一部門として位置づけることを主張した。ただし私経済学の具体的内容は展開されず，それに先行する方法論的問題が主として検討された。さらに生粋の商科大学人であったシュマーレンバッハは1912年の「技術論としての私経済学」という論文のなかで純粋科学に対する技術論の優位性を主張した。その場合かれは，いかに経済的に生産を行なうかという経済性を技術論的私経済学の中心に据えた。またニックリッシュは，『商業（と工業）の私経済学としての一般商事経営学』を1912年に著し，営利経済としての企業を純粋科学の立場より体系的に叙述しようとした。ただしこのニックリッシュの立場は，第一次世界大戦後，規範論的経営経済学へと転化していった。

　ドイツにおいては実践的な要請に基づいて商科大学が設立され，それを契機として経営学的研究が生まれたため私経済学樹立の試みは，いずれも体系性，科学性を意識している。この点が工場管理の実践のなかから直接，管理の科学として生成してきたアメリカ経営学とは異なる。ちなみにテイラーの科学的管理法は，ドイツにおいては私経済学的研究としてではなく，技術的経営組織の問題として工科大学に導入され，経営科学として発展した。

2．両大戦間のドイツ経営学

　1918年のドイツ革命によってドイツ帝国は崩壊したが，資本側の譲歩政策によって資本主義体制は維持され，ワイマル共和国が成立する。敗戦国ドイツは，1320億金マルクという巨額の賠償金を背負って再出発した。そのさい資本側が，革命を阻止するために展開したのが労資協調政策であり，また独占資本の復活・強化のために利用したのが1923年を頂点とするインフレーションであった。

この労資協調政策を反映した学説にニックリッシュの経営共同体論がある。ニックリッシュは経営を人間の組織とみなし，欲求充足のための労資の共同体として捉える。したがって利潤ではなく，労資の共同取り分である「経営成果」が経営目標として設定される。このような共同体論に基づいて独自の経済性論が展開される。ニックリッシュのいう経済性は，生産過程における最大限の成果の産出と，分配過程における労資それぞれの給付に応じた公正な成果の分配を意味している。このようにニックリッシュの学説は，当時の経済民主主義に対応して純粋理論より規範的な経営共同体論へと転換していった。

独占資本がその地位の復活・強化に利用したインフレ政策は，他面急速な貨幣価値の下落のなかで企業の財産をいかに維持し，仮装利益をどのように排除するのかという問題を生んだ。F. シュミット（F. Schmidt）は，『有機観貸借対照表学説』においてこの問題を国民経済全体との有機的関連において取り上げ，企業の実体資本（具体的物財）の維持のためには取得価値ではなく，取引日の再調達時価に基づいて経営計算が行なわれなければならないと主張した。

驚異的なインフレーションは，1923年のレンテンマルクの発行によって終息し，アメリカの資本援助のもとにドイツ経済は，1929年の世界経済恐慌までの相対的安定期へと移行した。相対的安定期は，独占資本が復権し「ドイツ経済性本部」を中心に産業合理化運動が大規模に推進された時期である。この時期はまた合理化政策の強行により，慢性的な操業短縮，貨幣資本の循環の鈍化による企業の弾力性の喪失，高い失業率などの矛盾を抱えていた。

リーガー（W. Rieger）の『私経済学入門』1928年は，相対的安定期の動きをもっとも典型的に示す学説である。かれは，労資協調政策のためにヴェールをかけられていた利潤概念を私経済学の中心に据え，利潤を目的とする企業を研究対象とした。そのさいリーガーは，相対的安定期の矛盾を貨幣的・財務的な危険として強く意識し，技術的な経営の問題ではなく貨幣資本の循環・回転の問題に重点を置いた。

『動的貸借対照論』や『原価計算と価格政策の原理』を公にし，経済性（共同経済的経済性）を中心に計算制度の技術論的研究を進めてきたシュマーレンバッハは，1928年に「新しい経済体制の関門にたつ経営経済学」という講演を行ない，相対的安定期の矛盾を指摘した。シュマーレンバッハは，経営規模

の拡大による固定費の増大により自由経済の時代は拘束経済の時代に移り，市場の価格機構が機能しなくなり，自由経済は崩壊すると主張した。この背景には当然，当時の慢性的過剰設備や低操業度という企業の現実の実態がある。

1929年の世界経済恐慌の勃発によりアメリカ資本はドイツより引き揚げ，ドイツ経済は行きづまり1933年にワイマル共和国は崩壊し，ヒトラーが政権についた。それにともないナチスの時代には経営経済学もファシズム化していった。

3．第二次世界大戦後のドイツ経営学

第二次世界大戦後，米ソ対立を背景にアメリカの対独政策が「占領政策」から「復興・援助政策」へと変化することにより，旧西ドイツの工業生産は，戦後わずか5カ年で戦前の水準を上回るほどになった。この戦後の経済成長を支えたのは「社会的市場経済」という経済政策原理であった。1951年に出版されたグーテンベルク（E. Gutenberg）の『経営経済学原理』第1巻生産論は，このようなドイツの社会的市場経済体制を背景に確立された。グーテンベルクは，ミクロ経済理論を経営経済学に本格的に導入し，経営経済学の一般理論を構築し，メレローヴィッチ（K. Mellerowicz）との方法論争をとおして，戦後のドイツ経営学において支配的な地位を確立していった。

グーテンベルクは，企業を「営利経済原理」，「自律原理」，「単独決定原理」からなる統一一体として把握している。そして具体的には，企業を「生産要素の結合過程」として捉え，生産要素の投入とその結合成果の関係（生産性関係）を問題とした。とくにそのさい，基本的な生産要素を結合する企業者職能をも1つの生産要素とみなし，重視している点に特徴がある。このグーテンベルク理論は，ハイネン（E. Heinen），コッホ（H. Koch），アルバッハ（H. Albach），リュッケ（W. Lücke）といったグーテンベルク門下の人々によって受け継がれ，ドイツ経営経済学におけるいわば主流派を形成している。そのさい1960年代後半よりアメリカの近代的組織論，行動科学的意思決定論，システム論などアングロサクソン系のマネジメント論が，体系的なドイツ経営学の枠内に積極的導入され，経営経済学が企業管理理論として展開されていった側面に注意する必要が

ある。このような経営経済学の管理論化のきっかけとなったのが，ハイネンの意思決定志向的経営経済学である。またスイスのウルリッヒ（H. Ulrich）もシステム理論に基づいてシステム志向的経営経済学を展開し，経営経済学の企業管理論への傾斜が進められていった。

　他方，50年代，60年代にパラダイムを形成したグーテンベルク理論に対し70年代には再検討する動きも出てきた。その契機となるのは，70年代，社会民主党政権下での経営参加の拡大，特に1976年の共同決定法の成立である。ドイツの株式会社のトップ・マネジメント組織は，アメリカ型の取締役会のみの一元制システムとは異なり，業務執行機関である取締役会（Vorstand）と監督・統制機関である監査役会（Aufsichtsrat）からなる重層構造になっている（二元制システム）。そして1976年の共同決定法にもとづきこの監査役会に労働側代表が半数参加している。この監査役会は，日本の監査役会とは異なり取締役の任免権をもっており，また取締役会の一定業務に関して同意権を留保している。監査役会の労働側代表には，企業外部の労働組合の代表と企業内部の経営協議会の代表が含まれており，労働側に資本側と共に経営者をガバナンスし，経営戦略の意思決定に影響を及ぼす可能性が制度的に認められている。共同決定法は，従業員2000人超の資本会社（株式会社，有限会社など）に適用されるためドイツの大企業のほとんど全てで労資同権の共同決定が行なわれることになる。

　このような共同決定制度による従業員利害の拡大を踏まえてグーテンベルク理論を批判し，新たな企業モデルを提示したのがシュミット（R.-B. Schmidt）である。シュミットは，企業をさまざまな利害関係者（ステイクホルダー）により構成される1つのシステムとして捉え，労働者利害を企業用具説によって積極的に取り上げ，企業の意思決定過程を解明しようとした。それによってシュミットは，グーテンベルクに代表される利害一元的な企業モデルに対し，利害多元的な企業モデルを提示し，それ以降の利害多元的企業体制論，利害多元的コーポレート・ガバナンス論の基礎を形成していった。

　さらに1990年代以降のドイツ経営学の発展傾向としてエコロジー志向的経営学の発展を挙げることができる。ドイツでは環境問題に対する国民の関心，意識が高く，ヨーロッパの中でも環境法の厳しい国の1つである。循環型の社

会システムを構築するために1991年に包装廃棄物規制令が公布された。また1994年には循環経済・廃棄物法が公布され，生産，流通，消費の段階で発生する廃棄物をリサイクルして原料やエネルギーとして生産工程に戻す循環ルートの確立が目指されている。さらに2002年には廃車の無料回収とリサイクルを定めた廃車リサイクル法が成立し，また2006年には家電製品の無料回収を定めた電気・電子機器法が施行されている。それに応じて企業は，製品の設計・開発段階から製品の使用後の回収，廃棄段階に至るまであらゆる局面において環境への負担の軽減とリサイクルの問題に取り組まざるをえなくなっている。

　このような動きの中からエコロジー志向的経営学が生成，発展しており，特に環境保護を積極的に企業戦略に取り込む環境マネジメント論や環境マーケティング論が展開されている。この場合には，エコロジカルな目標は，利益目標の制約要因としてではなく，市場機会あるいは企業機会として捉えられており，環境と調和するようにイノベーションを展開することによって環境目標と利益目標を結びつけることが追求される。そこでは環境保護目標は，企業の目標システムの中に組み入れられ，経済的な目標を達成するための手段として位置づけられている。

─────●キーワード●─────

私経済学，商業学，官房学，経済性（経済原則），収益性（営利原則，営利主義），カルテル，シンジケート，シェーア，シュマーレンバッハ，シュミット，フリッツ，資本維持，ニックリッシュ，経営共同体，リーガー，合理化運動，グーテンベルク，ハイネン，意思決定志向的経営学，システム志向的経営学，労資共同決定制，経営参加，ステークホルダー（利害関係者），環境志向的経営学，環境マネジメント

第4節　アメリカ経営学の歴史

1．アメリカ経営学の生成

　ドイツ経営学に対してアメリカ経営学は，企業や組織をいかに効率的に管理・運営するのかという問題を中心に管理論として企業や経営の現場から生成してきた。アメリカ経営学の発端となったのは，テイラーの科学的管理法である。かれは「出来高払い制私案」1895 年,『工場管理』1903 年,『科学的管理法の原理』1911 年などにおいてその理論を展開している。

　ところで科学的管理法が，作業現場での労働者の能率増進の研究として現われた背景には次のような事情がある。アメリカでは 19 世紀末には独占企業があいついで形成され，重要産業は，ほとんどトラスト化されていた。このような大企業では技術革新を契機に生産の専門化，製品の標準化，労働の単純化，熟練の解体が推進された。それにともなって労働組織も再編され，企業者と労働者との間に請負人（親方）の介在する内部請負制は急速に衰退し，企業者が自ら生産現場を管理するに至った。

　その場合，必要な労働力は東欧や南欧からの不熟練な移民労働者によってまかなわれていたため，労働力の構成は複雑であり，民族，言語，風俗，習慣の違う労働者の労働能率をいかに上げるかが大きな課題であった。しかも当時の労務管理は，成行管理と言われる刺激的賃金制度に基づいて行なわれていた。この制度のもとでは，能率が高まって賃金収入が増すと単価の切り下げが行なわれるため，労働側が作業量を自主規制する組織的怠業が顕著であった。このような事情があったためアメリカでは，経営学的研究は労働能率増進の問題から出発した。

　テイラーは，単価の切り下げが行なわれる以上は怠業がさけられないことを認め，単価の切り下げが行なわれないような標準課業の設定の研究に着手した。その場合すでに述べたようにテイラーは研究の対象に一流労働者を選び，その個々の作業をもっとも簡単な要素動作にまで分解し，それを標準化して一日の

標準課業を設定した。この標準課業を設定するために動作研究や時間研究が行なわれた。さらにテイラーは，課業を達成させるために「異率出来高払い制」をあみだした。

ところで一流労働者の標準課業が平均的な労働者に課せられた場合には，それは当然労働強化を意味する。したがってこのような科学的管理法は，当初労働組合の抵抗にあった。しかし第一次世界大戦を契機にして科学的管理法は，単に作業現場のみならず人事，販売，財務等の領域にも急速に普及していった。

2. 両大戦間のアメリカ経営学

第一次世界大戦でアメリカは債務国から一躍，債権国に転じ，1920年に戦後恐慌に見まわれるが1922年には景気は回復し，1929年まで繁栄局面，相対的安定期を迎える。この1920年代は産業合理化運動が徹底的に推進され，資本の集中が進展した時代であった。この産業合理化運動は，市場の拡大と労働能率の増進を目指したものであるが，その典型はフォード・システムに代表される「流れ作業に基づく大量生産方式」である。フォード(H. Ford)は，テイラーの打ち出した作業の標準化をさらに徹底させ，製品の単一化，部品の規格化，労働の単純化により生産全体を標準化し，コンベアを中核に流れ作業による大量生産方式を確立した。フォード・システムのもとでは労働生産性の向上により低価格での販売が可能となり，市場を拡大することができた。しかしその反面，作業速度は企業者により一方的に決定されるため，労働強度は著しく高まった。

この産業合理化期は，人間関係論の成立の契機となったウェスタン・エレクトリック社のホーソン工場で「ホーソン実験」が行なわれた時期でもあった。流れ作業方式の普及は作業を細分化，単純反復化させ，それに伴い疲労感，単調感を増大させ作業能率の低下を招くことになった。このような状況の下で労働能率の増進を目的として，照明と作業能率の関係を解明する「照明実験」(1924年末から1927年春まで) が行なわれたが，直接的な関係は究明できなかった。

この結果をふまえ，1927年から1932年までメイヨーやレスリスバーガー(F. J. Roethliberger) など社会学者，心理学者が参加して本格的な実験が行なわれた。

実験の結果，職場内のインフォーマル組織（非公式組織）が生産能率に影響を与えていることが明らかにされ，人間の行動が感情に大きく左右される点が強調された。そして世界経済恐慌後の1930年代に従来の技術的合理性を重視する管理方式を補うものとして，労働者の感情的，内面的動機の充足によって勤労意欲の向上をはかる人間関係論が展開された。この人間関係論は第二次世界大戦後，モラール調査，提案制度，従業員態度調査などの諸方策として実践のなかで具体化されていった。

1930年代のアメリカの恐慌による景気後退を背景に，企業の維持・存続やそのための企業内での協働を重視して組織の一般理論を展開したのは，バーナードであった。かれは，1938年に『経営者の役割』を著し，組織構成員を自立的意思決定者として捉え，コミュニケーションによって情報を与え，誘因によって個人を動機づけ，個人を組織の維持・発展という「共通目的」の達成へと導く方法を理論化した。

3．第二次世界大戦後のアメリカ経営学

第二次世界大戦後アメリカでは資本の集積・集中はいっそう推進され，1950年代後半から60年代にかけて合併により企業が巨大化するだけではなく，企業の多国籍企業化，コングロマリット化が進んだ。このような新しい形態の企業を管理するためにさまざまな管理技法や理論が展開されたが，特に近代的組織論，行動科学的経営学の発展が顕著である。その特徴は，あらゆる学問領域の研究成果を積極的に利用し，人間行動についてインターディシプリナリー・アプローチを展開する点にある。

伝統的組織論が，組織を職能体系として把握し，管理の一般原則を提示しようとしたのに対し，近代的組織論は，組織そのものよりも組織を生かす人間の問題に重点を移した。サイモンは，バーナード理論を受けつぎ，1945年に『経営行動』を著した。かれは，管理と組織の問題に意思決定過程の分析より接近し，それによって個人が組織目標に適合した意思決定を行なうための理論を展開した。サイモンによれば現実の人間は，知識，記憶力，計算能力，学習能力などの点でつねに制約されているので，その意思決定で達成できる合理性は制

約されている。またこのような制約された合理性のもとでは情報が不完全であるため，意思決定者は「極大基準」ではなく「満足基準」の原則にしたがって意思決定を行なうことになる。このような人間のモデルをサイモンは，経済人モデルに代わって管理人モデルと呼び，このモデルを前提に意思決定論を展開している。

　さらにバーナード，サイモンによって確立された近代的組織論を実際の企業行動の分析に適用したのがサイアート（R. M. Cyert）とマーチ（J. G. March）の共著『企業の行動理論』である。また人間関係論や近代的組織論をふまえてモティベーションやリーダーシップに関する行動科学的研究もハーズバーグ（F. Herzberg），マグレガー（D. McGreger），アージリス（C. Argyris），リッカート（R. Likert）らによって展開された。そこでは人間の自己実現欲求が重視され，個々の労働者の行動を組織の目標に積極的に結びつけるための動機づけや，管理・監督方法の研究が中心的な課題である。

　さらにアメリカ経営学の展開としてコンティンジェンシー理論（contingency theory）がある。この理論は，経営環境の複雑化や不確実性の増大，経営行動の多様化などを背景として1960年代に入ってからローレンスとローシュ（P. R. Lawrence and J. W. Lorsch），イギリスのウッドワード（J. Woodward）などによって展開された。この理論では，環境状況の違いにより組織行動が異なる点が強調される。そしてこの理論は，組織をオープン・システムとして捉えることによって，環境状況にもっとも適合した組織と管理のあり方を実証的に明らかにしようとしている。また経営戦略論の発展もこの時期のアメリカ経営学の特徴である。ポーター（M. E. Porter.）は，『競争の戦略』（1980）をはじめ『競争優位の戦略』（1985），『国の競争優位』（1990）など数多くの著作を著し，産業組織論に基づく競争戦略論を展開した。

―――●キーワード●―――

アメリカ経営学の特徴，トラスト，成行管理，テイラー，テイラー・システム，フォード・システム，フォード，ヘンリー，フォード・モーター，ホーソン実験，メイヨー，公式組織，非公式組織，モラール，従業員態度調査，インターディシプリナリー・アプローチ，バーナード，貢献と誘因，サイモン，意思決定，制約された合理性，満足基準，

グローバル企業（多国籍企業），コングロマリット，リーダーシップ，ハーズバーグ，マクレガー，リッカート，自己実現，動機づけ，コンティンジェンシー理論，オープン・システム，ポーター

第5節　日本経営学の歴史

1．日本経営学の生成

　日本においても専門教育のため高等商業学校や商科大学が設立され，ドイツと同様に大学の中から経営学が生成してきた。そして戦前はドイツ経営学の影響を強く受け，また戦後はアメリカの経営管理論を積極的に導入して日本独自の経営学を発展させてきた。まず戦前の歴史からみると日本は1868年の明治維新を契機に資本主義に入り，産業革命を経て，産業資本主義が確立され，時期的に重複して独占資本も形成されていった。このように資本主義が発達するにともなって専門的な教育を行なうために各地に高等商業学校が設立されていった。まず1887年に東京高等商業学校が設立され、この東京高商では1897年に専攻部を設け，後に商業学士（商学士）を出すことになった。また1902年には神戸高等商業学校が設けられ，その後大阪，山口，長崎，小樽をはじめ各地に高等商業学校が設立された。さらに1912年の関西学院高等学部商科をはじめ多くの私立の高等商業学校も設立されていった。そして商科大学としては1920年に東京商科大学，1929年に神戸商業大学が出現する。

　ところで1909年（明治42年）に東京高商で上田貞次郎教授のもとで「商工経営」という講座が開講され，これが日本で最初の経営学の講座であった。この上田教授は，商業学の科学化をとおして商事経営学の樹立を目指したが，このような高等商業学校や商科大学の設立と相まって日本でも経営学の研究が生成してきた。それはドイツと同様にまず商業学の科学化から始まって，ようやく昭和の時代に入って経営学へと移っていった。すなわち日本で経営学という

名称が市民権を得るのは1926年（大正15年，昭和元年）頃のことである。

　この1926年には日本において「経営経済学」という書名を冠した最初の書物である増地庸治郎教授の『経営経済学序論』が公刊され，またこの年には日本経営学会が設立された。学会設立の会議は，1926年7月に開かれ，25校から45名が参加したが，名称をめぐり日本経営学会とすべきか，日本商学会とすべきか激しい議論がくりひろげられたという。そして第1回大会は，1926年11月に上田貞次郎委員長のもと東京で開催された。

　この時期にはアメリカにおいてはすでに1924年よりホーソン実験が始まっており，人間関係論が出てきた頃である。またドイツにおいてはシュマーレンバッハの『動的貸借対照表論』の第4版が出版されておりワイマル期のドイツ経営学が黄金期を迎える頃にあたる。このようにアメリカ，ドイツの経営学と日本の経営学との間にはその生成に関して約十数年の隔たりがあるが，それ以降日本の経営学は，ドイツ経営学を骨にアメリカ経営学を肉に発展することになる。そのさい戦前は，ドイツ経営学の影響が強く，戦後はアメリカ経営管理論の影響が大きい。ここでは紙幅の関係もあり，主にドイツ経営学が日本の経営学にどのように影響を与え，日本の経営学が理論的にいかに発展してきたかをみることにしよう。

2．両大戦間の日本経営学

　高商や商科大学の設立を契機に生成してきた日本の経営学においては上述のように戦前はドイツ経営学の影響を強く受け，いかにして経営学を学問として確立するかに関して議論が深められ，経営学建設の地盤が築かれていった。東京高商では上田教授門下である増地教授が，企業形態論，株式会社論，賃金論，工業経営論，経営財務論，商業通論など広範な分野にわたって著作を公にし，経営学の内容上の基礎を形成していった。そしてこの増地教授の門下からは，その後，一橋大学の経営学の中心となる古川栄一教授，山城章教授，藻利重隆教授あるいは神戸大学の占部都美教授らが輩出している。

　神戸高商では同じく上田教授門下の平井泰太郎教授が，会計学の問題をも含めてドイツ経営学に基づく独自の経営学を形成していった。平井教授は経営学

の対象である個別経済を1つの全体(全一体)として把握し、この個別経済を目的と統一的意思と計画と会計、予算をもつ主体として捉えている。そのさいこの個別経済には、生産経済のみならず消費経済、家政経済、公経済まで含まれている。そこには個別経済が国民経済の「部分」であるが、単なる部分ではなく、部分であるとともにそれ自身1つの「全体」であるという有機体観があり、個と全体を有機体論的に把握しようとするニックリッシュやF. シュミットの影響がみられる。

　また関西学院大学の池内信行教授は、日本における経営学史研究の方法論を確立した。1929年の『経営経済学の本質』において「惟ふに学問の本質はその学問の歴史を見ずしてこれを理解しうるものではない。学問の歴史そのものを無視して学問の理論を建設せんとするは一つの自己撞着した試みである」とのべ、学問の建設が学問の歴史と結びつかなければならないことを主張した。またなぜ同じ時代にさまざまな学派が生成するのかは、社会経済的地盤より解明しなければならないことを強調している。すなわち経営学は現実の実践的要請に応じて生成、発展、転化するものであるから、経営学の問題がいかなる歴史的、社会的地盤に即して生まれたかを明らかにしなければ、学説の本来もつ意味を解明することはできないことになる。そして池内教授は、このような経営学史研究をふまえて1953年に『経営経済学総論』を刊行し、独自の経営学を体系化している。また明治大学の佐々木吉郎教授も戦前、戦後をとおしてドイツ経営学の研究に取り組み、池内教授とともに日本における経営学史研究に大きく貢献した。

　ところで日本の経営学は東京商科大学、神戸商業大学といった旧高商系を中心に生成してきたが、旧帝大においても経営学の研究は進められた。東京帝大の馬場敬治教授は、1931年の『経営学方法論』において経営学の基本的問題が「価値の流れの問題」と「組織の問題」の統一的把握にあると述べ、戦前はドイツの組織論と関連させて「組織の問題」を中心に独自の理論を展開した。そして戦後は、アメリカのバーナード、サイモンの組織論に取り組み、日本での組織論研究の先駆者となった。

　戦前の日本経営学の特徴としてさらに批判的経営学の生成を挙げることができる。第一次世界大戦中の好景気の反動として1920年に戦後恐慌が起こり、

23年の震災恐慌，27年の金融恐慌，29年の世界経済恐慌と経済的，政治的危機を経て日本は戦時統制経済の時代へと入っていく。またこの時期，ドイツと同様に産業全体の次元で産業合理化運動が推進された。このような時代に大正デモクラシーや当時の学界におけるマルクス主義経済学の普及を背景に新たな経営学の樹立を目指したのが中西寅雄教授の『経営経済学』1931年である。馬場教授と同じく東京帝大の教授であった中西教授は経営学の内容に関しては主としてドイツ経営学に基礎を置き，方法論的には経営学の対象を個別資本と規定し，マルクスの資本論に基づいて個別資本の運動を因果法則的に究明する理論科学としての経営学を主張した。そしてこの著書は，日本に独自の経営学である個別資本理論（批判的経営学）の出発点となり，古林喜楽教授，北川宗蔵教授，馬場克三教授らの理論に受け継がれていった。

このように戦前は，日本経営学はドイツ経営学の影響を強く受けるが，この戦前においてアメリカ経営学を積極的に日本に導入したのは，大阪商科大学の村本福松教授である。

3．第二次世界大戦後の日本経営学

第二次世界大戦後，財閥解体，農地改革により経済の民主化が進められ，アメリカの援助のもと経済復興がはかられる。そのさいアメリカの経営管理技法が積極的に導入され，急速に産業界に浸透していくことになる。それにともなってバーナード，サイモンの組織論をはじめアメリカの経営管理論が，精力的に導入され，占部都美教授，飯野春樹教授らによって日本の経営学に取り込まれていった。それによって管理論学派，組織論学派とよばれる戦後の日本経営学の大きな流れが形成されていった。

他方批判的経営学の流れでは，1936年の『経営労務論』により日本における経営労務論の創始者となった神戸大学の古林喜楽教授が，1950年の『経営経済学』において企業の実態を歴史的に企業形態，財務，労務，所有と経営の分離現象の側面より解明し，その特質を分析している。そのさい古林教授は，理論の任務をしばしば逆さまに現われている雑多・多様な現象を掘り下げて，その内部にうずもれている本質－法則性をつかみ出し，それを媒介として現象

を本質的に統一的に把握する点に求めている。

　また戦前からの伝統であるドイツ経営学の流れでは平井教授門下の市原季一教授が，1954年に『ドイツ経営学』を世に問われ，戦後のドイツ経営学研究の先駆者となった。市原教授は，戦後西ドイツにおける共同決定制の確立と拡大を背景に人間問題を中心にニックリッシュ学説の現代的意義を解明している。また市原教授は，経営学を経営経済学，経営社会学，経営心理学などの経営諸学の総称として捉え，経営学の類型を経営の経済的側面，人間的側面，技術的側面という3つの側面の組合せから論じている。多くの経営経済学は，経営の経済的側面と技術的側面との間の関係の中に，そのテーマを設定してきた。たとえばグーテンベルクは，経営の技術的構成体としての側面が自由市場経済の変動にいかに適応するかという問題をその研究課題としている。そして市原教授自身は，経営の人間的側面と経済的側面という問題に注目し，この2つの側面の組合せはニックリッシュの経営経済学が目を向けた領域であると指摘し，両者の関係に資本主義経済機構が招来する人間疎外の問題を緩和する道があると主張している。すなわち市原教授は，経営を構成する人々の間の適正な分配，経営の意思決定に対する従業員の参加の問題を究明している。

　さらに池内教授門下の吉田和夫教授は，社会科学としての経営学の確立を目指し，特に学史研究における社会経済的地盤の究明に基づいて，ワイマル期や戦後ドイツの経営学説の批判的研究を展開している。そこでは単なる理論や学説それ自体の研究にとどまらず，広く社会経済的な背景にまで言及することにより，歴史から何を学ぶかが示されている。

　1968年の『ドイツ企業経済学』では，生成期のワイヤーマン・シェーニッツの理論からワイマル期におけるリーガーの理論を経て，戦後のグーテンベルク理論にいたる流れが経済学的な純粋科学の系譜として社会的，経済的地盤より解明されている。そして理論の生成した地盤の究明という視点は，1976年の『ドイツ合理化運動論』において深められ，ドイツ経営学の生まれた背景が1920年代ワイマル期の合理化運動の展開と関連づけて解明されている。すなわちドイツ経営学の性格がドイツ独占資本の動向に沿って，またワイマル体制の歴史的分析と密接に関連させて明らかにされている。

　また吉田教授は，現代の経営学が現実のめまぐるしい変化に伴い複雑多様化

し，ますます抹消主義や技術主義に陥る傾向にある点を厳しく批判し，今こそ経営学は原点に立ち戻るべきであると主張している。1992年の『日本の経営学』において，先学者たちがいかに学問としての樹立に苦心してきたかを浮き彫りにし，経営学とはいかなる学問なのかを今一度問い直している。吉田教授によれば経済の本来の目的は，われわれの日常生活の維持・発展にあるので，企業の一方的な行動は家計の立場より規制されなければならないことになる。そこでは生活という次元から「資本と規制」という根本問題が問われており，経営学の体系の中に新たに「生活の論理」を組み込む必要性が説かれている。このことは，現代のコーポレート・ガバナンスの問題にも関わる経営学の重要な視点である。

―――●キーワード●―――

上田貞次郎，増地庸治郎，平井泰太郎，池内信行，佐々木吉郎，馬場敬治，中西寅雄，北川宗蔵，古林喜楽，馬場克三，古川栄一，村本福松

【参考文献】
大橋昭一・竹林浩志〔2008〕『ホーソン実験の研究』同文舘出版。
小笠原英司編著〔2013〕『日本の経営学説Ⅰ』文眞堂。
海道ノブチカ編著〔2013〕『グーテンベルク』文眞堂。
片岡信之編著〔2013〕『日本の経営学説Ⅱ』文眞堂。
経営学史学会編〔2012〕『経営学史事典』〔第2版〕文眞堂。
古林喜楽編著〔1977〕『日本経営学史』第1巻千倉書房。
古林喜楽編著〔1977〕『日本経営学史』第2巻千倉書房。
田中照純〔1998〕『経営学の方法と歴史』ミネルヴァ書房。
田中照純編著〔2012〕『ニックリッシュ』文眞堂。
中川誠士編著〔2012〕『テイラー』文眞堂。
藤井一弘編著〔2011〕『バーナード』文眞堂。
深山　明・海道ノブチカ編著〔2001〕『経営学の歴史』中央経済社。
吉田和夫〔1992〕『日本の経営学』同文舘出版。
吉田和夫〔1995〕『ドイツの経営学』同文舘出版。

（海道ノブチカ）

第2章

株式会社

この章のポイント

　株式会社の起源は，1602年に設立されたオランダの東インド会社であるといわれているが，株式会社は大量生産・大量販売に必要な巨額な資本を準備できる会社の形態として普及してきた。

　現在の日本にどれ程の「企業」が存在するのか。しばしば，「企業は生き物」といわれるように，創立されたり，消滅しているため，正確には把握できない。総務省「平成24年経済センサス-活動調査」によれば，平成24年2月1日現在，企業等数は412万8,215企業，事業者数は576万8,489事業所である。また，日本証券業協会によれば，平成26年9月16日現在，全上場会社数は3,554社である。しかし，経営活動に必要な事業資産や労働力は，株式会社，とりわけ，証券取引所に上場している上場会社に集中している。

　本章では，まず，会社の特徴を明らかにし，会社法で規定された会社の形態について説明する。次に，株式会社の特徴の1つである資本の集中を明らかにするために，株式会社で用いられてきた代表的な制度について解説する。さらに，株式会社のもう1つの特徴である所有と経営の分離を明らかにするために，取締役の責務を中心にして株式会社の機関について説明する。そして，証券・金融市場における資本の運動の特徴について説明する。株式会社が証券・金融市場を通じて，巨額の資本を調達するからである。

第1節　会社の種類

「会社」は，通常，「社団」，「営利目的」と「法人格」という3つの要素から，「営利社団法人」として定義できる。まず，「社団」は，複数の組織構成員が共通の目的を有する団体と解される。また，「営利目的」は，団体の共通の目的が商品を提供する事業を営むことにより利益を獲得し，組織構成員に分配することを意味している。さらに，「法人格」をもつということは，たとえば，商品を売買したり，労働者を雇ったり，資本を調達する契約や取引きを，会社名で行なえる資格を獲得することを意味するが，他方では，脱税や不正な取引きのような行為をすれば，会社が処罰されるということである。したがって，たとえば，○○青果店，△△文具店のように，法人格を有しないで事業を営む多くの「個人企業」が存在するが，これらは会社ではなく，契約や取引きを事業者の個人名で行なうことになる。

ところで，一口に企業といっても，パナソニックやトヨタ自動車のように，何万人もの従業員を抱える大会社，数十人の従業員で事業を営む中小企業，家族のみで営業している零細企業などがある。また，証券取引所に上場しているか否かで，「上場会社」と「非上場会社」に区分できるが，会社法では，出資者責任の範囲から，「合名会社」「合資会社」「合同会社」と「株式会社」に分類される（会社法2条1）。（図表2-1, 2-2を参照）。

図表2-1　企業と会社の区分

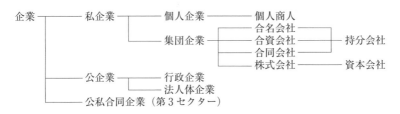

出所：筆者作成。

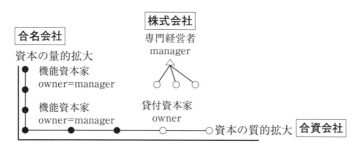

出所：筆者作成。

　「合名会社」は，出資者全員が相互に連帯して無限責任を負担する「無限責任社員」のみから構成されており（会社法576条2），全社員が会社を代表して事業を営み（会社法599条），建前としては「合議」により経営に関する意思統一が行なわれることになっている。このため，個人企業での資本力の量的制約からは一応解放されるが，個人企業と同様，「所有と経営」は基本的には一致している。しかしながら，出資の回収，つまり，持分の譲渡については他の社員全員の承諾を必要とするため（会社法585条），合名会社での資本の集中の範囲は限られる。また，社員間で利害が対立したり，営業不振や経営規模の拡大のために多額の追徴をすると，その責任を果たせない者が現われる。このため，無限責任を実質上負担できない人を無限責任から解放するために，「合資会社」が生まれた。

　「合資会社」では，出資者に対して出資額を限度とする有限責任を認める有限責任社員により（会社法580条2，576条3），危険負担を軽減し，出資者層や，資本の集中の質的な拡大がはかられる。しかしながら，債務の履行の保証などのため，有限責任社員に対する配当額は利益額を越えられないなど，会社の財産の保全については合名会社よりも厳しい規制がある。また，責任負担が無限責任社員に最終的には集中し，無限責任社員と有限責任社員の間で支配従属関係が露骨になり，たとえば，出資の回収には無限責任社員の同意を必要とするなど（会社法585条2），実際には資本力の拡大には制約がある。

　「合同会社」は，会社法で新たに設定された会社の形態で，合名会社と合資

会社とともに,「持分会社」の一形態とみなされるように(会社法575条),基本的には,内部関係については合名会社と合資会社と共通の規定が適用され,法人格が与えられ(会社法3条),定款に別段の定めがなければ,業務を執行する機能資本家のみで構成されるため,「所有と経営」は基本的には一致している(会社法590条)。しかしながら,通常,持分の譲渡には他の社員全員の承諾(会社法585条),定款の変更は社員全員の同意を必要とする(会社法637条)。

図表2-3 各種の企業の形態に関する主な長所と短所の比較

企業の形態	経営状況	主なメリット	主なデメリット
個人企業	(資本と労働の分離)企業と個人の一致	①運営上での機動性 ②運営上での一貫性 ③経営に対する強い熱意	①資本力の限界 ②経営・管理力の限界 ③無限責任
合名会社	所有と経営の完全な一致	①資本の量的拡大 ②経営・管理業務での分業 ③信用の拡大	①連帯無限責任 ②出資の回収の自由なし ③全社員の会社の代表行為 ④意思統一の困難さ
合資会社	所有と経営の一部の分離	①資本の質的拡大 ②不必要な管理者の回避	①出資の回収の自由なし ②無限責任社員に対する責任負担の集中 ③無限責任社員層と有限責任社員層の間での支配従属関係
合同会社	所有と経営の基本的一致	①全出資者有限責任制 ②持分に因らない利益分配 ③会社機関の簡略化 ④決算公告の義務なし ⑤社員総会の法的強制なし ⑥取締役の法的強制なし	①出資の回収の自由なし ②社員以外の業務執行者の禁止
株式会社	所有と経営の基本的分離	①全出資者有限責任制 ②出資金と借入金の証券化(証券市場での直接金融) ③出資の回収の自由 ④社員以外の業務執行者(経営の代行)	①会社機関の法的強制 ②取締役の法的強制 ③決算公告の義務 ④会社の重要事項に対する「株主総会」での議決の義務

出所:小田編〔2001〕26-35頁を参照し筆者作成。

また，日本版 LLC（Limited Liability Company）と呼ばれるように，全社員が有限責任社員であるため（会社法576条4），金銭出資または現物出資のみが認められ，全額払込みが要求される（会社法578条）。なお，「株式会社」とは異なり，定款で業務執行社員を定められるが，社員以外の者は業務執行者になれない（会社法591条）。また，出資の価額に基づかずに利益の配当を行なうことを定款で決められるが（会社法621条2），配当額は利益額を上回れない（会社法628条）。そして，決算公告，社員総会や取締役会の設置などは義務付けられていない（各種の企業の形態に関する長所と短所については，前ページの図表2-3を参照）。

────── ●キーワード● ──────

企業，会社，法人，合名会社，合資会社，合同会社，持分会社，社団法人，上場会社

第2節　株式会社の制度による資本の集中

「株式会社」の特徴として，制度を活用して「資本の集中」を効率的に推進していることが挙げられる。たとえば，上場会社では，通常，株価の値上がりや配当金の増加が期待できるならば，金融機関の窓口やインターネットで株式を購入すれば，出資が可能であり，反対に，株価が下落したり，配当金が減少すると予想すれば，株式を売却して出資金を回収できる。通常，株式を購入する人は，株式の譲渡による利益や配当金の受け取りのみを目的としており，出資先の会社を経営する意欲も能力もない。また，会社の取引きや契約はすべて会社名義で行なわれるので，会社が倒産しても，株式の購入代金を失うだけで，その他の責任は負担しないため，「株式会社は無責任で，信用できない」という批判には根拠がないとはいえない。しかしながら，実際の上場会社では，株式を発行して社会の隅々から零細な資本を集める「資本の動化（動員）」を行なうことができる。また，株式はつねに証券市場で形成される株価を中心にし

て取り引きされるので，株価が上昇している限り，利益処分（配当支払い）を抑制して，企業内に留保する「資本の集積」が行なわれる。

ここでは，資本の集中を中心にして，株式会社によって活用される制度について解説する（図表2-4を参照）。

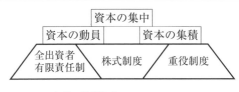

出所：筆者作成。

1．株式制度

株式会社では，通常，持分を自由に譲渡することができるように，出資額を均一少額単位に分割し，客観化された権利単位を意味する「株式」に代表させて，他の出資者の同意を得ることなしに譲渡することが認められている（会社法127条）。

したがって，株式制度は，出資金をいつでも回収できる可能性を求める株主と，調達した資本を長期にわたって利用したい会社の間での矛盾を解消する手段として登場したが，これは多数の人に持分を分割して引き受けさせるのにも役立っている。

それゆえ，株式会社では，積極的に事業危険を負担できるため，出資の回収が保証されなくても，手元の資本を提供できる人（機能資本家）から調達される本来の自己資本とともに，事業危険を負担できず，出資の回収が保証されない限り自己資本として手元の資本を提供できない無機能資本家（貸付資本家）から調達される資本も，長期間にわたって利用できるのである。

2．全出資者有限責任制

あるローカル・バス会社が資金繰りに困り，倒産する可能性が高まったが，

地域住民が新規に発行された株式を購入することによって増資が行なわれ，その会社を存続させたという事例がある。論理的には，株式会社は，増資により必要な資本を無制限に調達することができる。このように考えると，機能資本家が無限責任を負担する必要はないということになる。また，実際問題として，少数の機能資本家のみでは債務は履行できない。

このような状況から，資本の調達が，従来の個人の資産による担保力から，企業自体の利益獲得力に依存して行なわれるようになり，全出資者有限責任制が採用されることになったのである（会社法104条）。なお，有限責任制は，「資本の動化（動員）」のために，責任負担を明確にして軽減するが，たとえば，合資会社に見られるような，無限責任社員と有限責任社員の間に存在した責任負担の偏りを取り除くのにも役立っている。

3．重役制度

ある食堂が食中毒事件を起こしたとする。この食堂を経営する合名会社に出資した者が，「海外旅行中でしたから，私には責任はありません」と言い訳しても，無限責任社員である限り，このような言い訳は認められない。

このように，出資者が無限責任を負う限り，他人に安心して経営を代行させえないが，有限責任制の採用により，出資能力はないが経営能力を備えている他人（専門経営者）に経営を代行させることができるようになった。株式会社では，会社機関の分化がはかられ，通常，「株主総会」により選任された特殊な管理能力を有する経営者としての会社支配者団が，執行機関として「取締役会」などを設置して執行業務を遂行し，最高の決議機関である「株主総会」は専門経営者の提案を承認する（会社法295条）。そして，株式会社の規模が拡大され，出資者数が多くなり，株式が高度に分散するにつれて，すべての出資者が経営活動を実際に遂行することが困難になるため，このような仕組みが考えられた。しかしながら，貸付資本家は，通常，株式の譲渡による利益獲得のみを目指しており，会社支配者団に対して受身的な存在であることを自認している。しかも，彼らは，利益処分（配当支払い）のために本来用いられるべき資本が企業内に留保され，効率的に使用され，その結果として株価が値上がり

して,(自身の運用よりも大きな)利益が獲得できるならば,「資本の集積」にも反対しない。

●キーワード●

株式会社,資本の動化(動員),株式,専門経営者,自己資本

第3節　株式会社の機関

　株式会社が大規模化するにつれて中小の株主は経営より遊離し,所有と経営の分離と呼ばれる現象が生じ,また企業規模の拡大にともなって経営管理が専門的に処理されなければならず,大株主も経営権を専門経営者に委譲してゆき,出資者と別に専門経営者が出現した。したがって,すべての株主から構成される機関である株主総会は,会社の基本的事項の意思決定だけを行ない,日常の業務執行の決定は,専門の機関で行なうことになる。

　日本の大規模な株式会社に一般的にみられる公開会社についてどのような機関があるかについてみることにしよう。監査役会設置型の株式会社についてみると「株主総会」「取締役会」「監査役会」という機関が設置されているが(次ページの図表2-5),株式会社での機関の組み合せについては会社法で規定されている(次ページの図表2-6)。また,取締役会の主な協議事項と取締役の義務の詳細については,35ページの図表2-7にまとめてある。

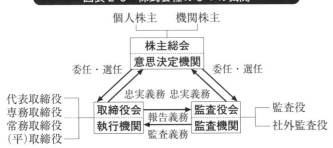

*なお，代表取締役は取締役会で選任され，定款などの社内規定により肩書きが付く専務取締役と常務取締役と，肩書きのない（平）取締役が任命されるが，後者は株主総会で選任されない。

出所：筆者作成。

図表 2-6　株式会社での機関の組み合わせ

閉鎖性	規模	非大会社	大会社
非公開会社	取締役会非設置会社	①取締役 ②取締役＋監査役 ③取締役＋監査役＋会計監査人	③取締役＋監査役＋会計監査人
	取締役会設置会社	④取締役会＋会計参与[1] ⑤取締役会＋監査役[2] ⑥取締役会＋監査役会[3] ⑦取締役会＋監査役＋会計監査人[4] ⑧取締役会＋監査役会＋会計監査人 ⑨取締役会＋三委員会[5]＋会計監査人	⑦取締役会＋監査役＋会計監査人 ⑧取締役会＋監査役会＋会計監査人 ⑨取締役会＋三委員会＋会計監査人
公開会社		⑤取締役会＋監査役 ⑥取締役会＋監査役会 ⑦取締役会＋監査役＋会計監査人 ⑧取締役会＋監査役会＋会計監査人 ⑨取締役会＋三委員会＋会計監査人	⑧取締役会＋監査役会＋会計監査人 ⑨取締役会＋三委員会＋会計監査人

注1）　会計参与は会計参与設置会社であり，すべての会社に設置できる（会社法2条8）。
　2）　監査役は監査役設置会社のこと（会社法2条9）。
　3）　監査役会は監査役会設置会社のこと（会社法2条10）。
　4）　会計監査人は会計監査人設置会社のこと（会社法2条11）。
　5）　三委員会は指名委員会等設置会社のこと（会社法2条12）。

出所：筆者作成。

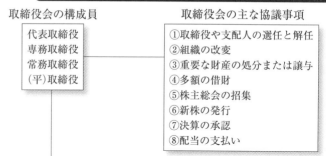

図表2-7 取締役会の主な協議事項と取締役の主な責務

取締役会の構成員	取締役会の主な協議事項
代表取締役 専務取締役 常務取締役 (平)取締役	①取締役や支配人の選任と解任 ②組織の改変 ③重要な財産の処分または譲与 ④多額の借財 ⑤株主総会の招集 ⑥新株の発行 ⑦決算の承認 ⑧配当の支払い

主な取締役の義務

忠実義務	法令や会社の定款と決議事項を守り，会社のために忠実に職務を執行する義務（会社法355条）
競業避止義務	個人として，会社と同一分野の仕事を行なわない義務（会社法356条）
会社に対する損害賠償責任	法令や会社の定款に反する行為をすれば，会社に対して連帯して損害賠償する義務（会社法423条）
第三者に対する損害賠償責任	間違った職務遂行により取引先企業や顧客に対して損害を与えれば，連帯して損害賠償する義務（会社法429条）

出所：筆者作成。

　公開会社では，取締役会は必ず置かなければならず，取締役会の機能は，業務執行の決定および業務執行の監督にある。公開会社では取締役会の構成員である「取締役」は，その地位だけで業務執行権や会社代表権を有しているわけではなく，単に取締役会の構成員としての職務があるだけである。しかし，実際上は会議体である取締役会が業務執行を行なうことは現実的ではないので，機関としての取締役会は，代表取締役や業務執行取締役を取締役の中から選定し，会社の一定事項についての決定を彼らに委任することができる。

　取締役会が設置されている会社（取締役会設置会社）では取締役は3名以上でなければならず（会社法331条4項），取締役会の決議は，取締役の過半数が出席し，その過半数をもって行なわれる（会社法369条）。しかしながら，大規模な株式会社で取締役の人数が多い場合には，重要事項を代表取締役，専務取締役，常務取締役で構成する常務会で協議，決定した後で，取締役会で承認

されることも多く「取締役会の形骸化」と呼ばれる現象も認められる。このため，取締役会の改革として，公正な意思決定や斬新な意見を求めて，会社と直接関係のない専門家や有識者を取締役にする「社外取締役」（会社法2条15号）を任意に置くこともある。また大会社（会社法2条6号）（公開会社でないものおよび指名委員会等設置会社を除く）では監査役会および会計監査人を置かなければならない（会社法328条）。

なお，株主は，その持分に応じて，剰余金の配当と残余財産の分配を受ける権利（自益権）とともに，「株主総会」における議決権（共益権）を有する（会社法105条）。しかしながら，最高機関である「株主総会」は，実際には形骸化している場合が多く，専門経営者から経営成績や財政状態について報告を受けて，取締役の選任や解任，定款の変更，配当や役員報酬について取締役会の提案を形式的に承認し，決議するだけになっている（主な株主権については図表2-8参照）。

図表2-8 主な株主権

自益権	剰余金の配当請求権	剰余金の配当を受け取る権利（会社法105条，453条）
	残余財産の分配請求権	会社が解散するとき，残った財産を持ち分に応じて分配されることを求める権利（会社法105条，504条）
	新株引受権	増資時に株式の割り当てを受ける権利（会社法202条1）
	株式買取請求権	会社の合併や譲渡に反対する株主が，会社に対して持ち株を買い取るように請求する権利（会社法116条）
共益権	議決権	一定割合以上の持ち分を有する株主が株主総会で議決をする権利（会社法105条，308条）
	代表訴訟提起権	会社の利益が損なわれる恐れがある場合，取締役を訴えることができる権利（会社法847条）
	帳簿・書類等の閲覧請求権	会社の定款・議事録や決算書類を閲覧できる権利（会社法31条，318条，371条，442条）
	株主総会召集請求権	一定割合以上の持ち分を有する株主が株主総会を招集することを会社に請求できる権利（会社法297条）

出所：筆者作成。

─── ●キーワード● ───

取締役・取締役会，代表取締役，株主権，株式会社における責任追及等の訴え（株主代表訴訟）

第4節　株式会社における資本の二重存在

　なぜ特定の企業に資本が集中するのか。それは，すべての資本所有者が必ずしも経営能力を有してはおらず，規模の経済を発揮させて経営活動を行なうのに足りる資本量を確保できるわけではないからである。しかも，生産装置はもちろん，商品自体も生産資本（商品資本）の形で長期間拘束された後に，販売過程で換金される。その際，商品は，個々の顧客の多様なニーズにより一致するほど，より高く評価され，価格は高く設定される。その場合，経済資源をより特化させることになり，投入した経済資源に対する資金が予定通り回収ができなくなるという事業危険が負担されなければならない。このため，社会経済制度として，たとえば，破産制度や有限責任制を認め，事業危険の負担に一定の限度枠を設けるとともに，資本需要者（企業）が要求する資本の拘束期間と，資本提供者が認める貸付可能期間とを調整し，出資の回収の自由と確実性を増大させるために，証券・金融市場が整備されてきたのである。この点，株式会社の自己資本に関連して，営利の追求（価値の増殖）のために企業内において貨幣資本，生産資本（商品資本），貨幣資本の形で循環する「現実資本」（産業資本）と，証券市場で株式の売買を通じて流通する「擬制資本」（株式資本）との存在は株式会社における「現実資本と擬制資本の二重存在」として知られているが，この現象に付随して，以下のような特異な状況が認められる（次ページの図表2-9を参照）。

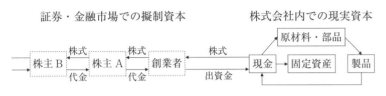

出所：筆者作成。

　まず，企業内での現実資本は，今日ではその多くが固定資産として用いられるが，その回収には長い期間を要する。したがって，現実資本は原則として返済を必要としない自己資本として徴収されることが望ましい。他方で，企業外で運動する擬制資本は，本来，契約上決められた一定期間（貸付可能期間）の経過後には利子とともに返済されるべき貸付資本であるため，株式制度を利用して潜在的株主が気軽に株式の購入により出資できるが，つねに，他の貸付資本（社債や貸付金など）の運動と比較されている。

　次に，株式の売却は出資の回収を意味するが，これは他の人がこの株式を購入することにより，あらたに出資者となることを意味する。それゆえ，擬制資本の移転（株式の売買）は出資の肩替わりにより実現されるのであり，企業内に拘束されている現実資本は擬制資本の運動により直接的には影響を受けない。

　さらに，擬制資本は，他の貸付資本と競合しながら，その株式が代表する現実資本が生み出す成果の分配額（配当額）により決定される「株価」を基準にして，運動する。具体的には，予想配当率＝（期間配当÷株価）が，たとえば社債の利子率＝（期間利息÷社債の取得価格）と比較して，危険調整を行なった後でも大きければ，株式の購入に向けられる資本は増加する。この場合，一株当たりの投入額である株価は上昇し，予想配当率は引き下げられる。これとは逆に，予想配当率が危険調整後の利子率よりも小さければ，株式の購入に向けられる資本は減少し，一株当たりの投入額である株価は低下する。その結果，予想配当率は引き上げられることになる。したがって，株価はこのような評価のメカニズムを通じて，将来に期待される配当金を社会的平均利子率（株式の

配当金は不確実であるので，確定的な市場利子率に若干の危険プレミアムを加えたもの）で資本還元して求められる値を中心にして，変動していると考えられる。

　そして，株式は，一般には現実資本に対する所有名義であるとみなされているが，実際には，株主は個人としては現実資本に対して直接的な所有権（財産処分権）をもたず，会社の資産は共同所有（会社所有）となっている。このため，株主は，持分に相当する現実資本に対して，自ら所有権を主張して，財産の処分や出資金の返還を会社に直接請求することはできない。したがって，株式は現実資本が生み出す成果の一部分（配当金）をその持分に応じて受ける権利が認められた「利潤証券」に過ぎないとみなされている。

　なお，株式会社をめぐる資本の二重存在については，株式会社に関連する制度と機関が無ければ提供され得ないような資本（貸付資本家の資本）が自己資本として利用される「他人資本の自己資本化」といわれる現象が生じる。また，機能資本家の経営管理職能が軽視されて出資機能のみが重視される（不在所有による）「自己資本の他人資本化」と称される現象も認められる。

―――●キーワード●―――

擬制資本，株価

【参考文献】
占部都美〔1969〕『改訂　企業形態論』白桃書房。
大塚久雄〔1969〕『株式会社発生史論』大塚久雄著作集（第1巻）岩波書店。
小田　章編〔2001〕『経営学への旅立ち』八千代出版。
国弘員人〔1965〕『企業形態論（新訂版）』泉文堂。
高橋俊夫〔2006〕『株式会社とは何か』中央経済社。
中條秀治〔2006〕『株式会社新論』文眞堂。
牧浦健二〔2007〕『経営学概論（改訂版）』同文舘出版。
正木久司〔1986〕『株式会社論』晃洋書房。
吉田和夫・大橋昭一編〔1988〕『基本経営学総論』中央経済社。
Micklethwait, J. and A. Wooldridge, *A Short History of a Revolutionary Idea*, 2003.（訳書，高尾義明監訳〔2006〕『株式会社』講談社。）

（牧浦　健二）

第3章

企 業 目 標

=== この章のポイント ===

　今日の社会において複数の目標を達成しようとする組織は多い。しかしながら，それぞれの組織にはその組織に固有の目標がある。組織が固有の目標を追求しないなら，そのような組織としての意味は失われてしまうであろう。世の中が複雑になり，追求すべき目標が多くなると，組織に固有の目標がわかりにくくなるものである。企業に固有の目標は何か。このことを本章において考えることにする。

第1節　組織と目標

　現代は「組織の時代」であるといわれている。われわれは，企業，政府，学校，教会，労働組合，非営利組織，芸術団体，スポーツ・クラブなどのさまざまな組織に囲まれて生活を営んでおり，それらと密接に係わりをもち，それらを利用することによって自らの個人的な目標を達成しようとしている。そのような組織にはそれぞれ固有の目標があり，そのことによって当該組織は他の組織から区別されるのである。

　企業を他の組織から区別する固有の目標は何か。それは企業の行動様式や意思決定を根本的に規定する目標であると同時に，それらを説明するための基礎とされる目標である。この問題について考えるさいには，経営学の主たる研究対象が，本書の第2章で説明されているような株式会社であることに注意しなければならない。

企業目標は（最大の）利益の獲得であると考えられてきた。すなわち，利益目標一元論あるいは単数目標論が支配的であった。企業はいわゆる経済人（homo oeconomicus, economic man）の活動の場として捉えられ，企業の目標は疑いなく，一元的に利益の極大化であると考えられてきた。しかしながら，所有と経営の分離が一般化し，企業の社会性ないし制度的性格が重視されるようになり，さまざまなステークホルダー（利害関係者）の要求を考慮に入れざるを得ない状況が生起するに至って，もはや単数目標論では現実の企業行動を説明することができないと考えられるようになった。たとえば，「ミクロ経済学や古典的経営学においては，企業は利益極大化という一元的な目的を追求するという仮説がおかれてきた。この仮説では，企業家の目的が企業の目的とされるのである。このような仮説は，19世紀の個人資本主義の時代には，現実性をもったかもしれないが，今日の高度資本主義の時代には，その現実性は失われている」（占部〔1997〕p.119）と言われるとおりである。また，行動科学的な研究の発展に規定されて，経営人（administrative man）仮説，満足化原理などが主張されている。すなわち，制約された合理性を前提とする目標システムが重視されるようになってきたのである。

　以上のようなことに基礎づけられて，単数目標論（一元論）ではなくて複数目標論（多元論）が，そして，極大化原理ではなくて満足化原理が主張されるようになってきているのである。

―――――●キーワード●―――――

組織，企業，非営利組織，意思決定，経営学，株式会社，経済人仮説，所有と経営の分離，ステークホルダー（利害関係者），経営人モデル，満足基準

第2節　企業構造と企業目標

　周知のように，資本主義体制下にある企業は2つの側面をもっている。営利的側面と生産的側面というのがそれらである。営利的側面は，利益を獲得し，

資本を増殖させるという側面で，具体的には営利過程として現われる。生産的側面は，人間の欲求を充足するための財およびサービスを生産するという側面であって，それは生産過程として存在する。これら2つの過程は，あたかも1枚の紙の裏表のようなものであって，決して切り離すことはできないのである。それゆえ，資本の単位としての企業（Unternehmung）は単なる技術の単位である経営（Betrieb）以上のものであることがわかる。

　企業を支配する最高の指導原理は何か。すなわち，営利過程と生産過程のいずれが企業目標を規定しているのであろうか。それは，営利過程を指導する利益目標と生産過程を指導する生産目標のいずれが企業の最高目標たり得るかということである。2つの目標が同時に最高の目標であるということは論理的にあり得ない。それは，1人の人間が2つ以上の席に同時に着席することができないということと同様である。

　たとえば，営利過程と生産過程を表す2つのベルト車があり，それらにベルトがかけられ，同じ方向に回転しているものとする。

図表3-1　営利過程と生産過程

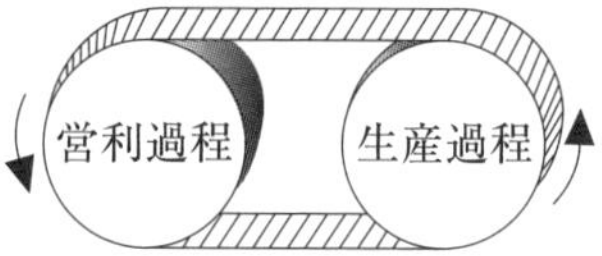

出所：筆者作成。

　問題となるのは，どちらのベルト車に動力がついていて，全体を動かしているのかということである。すなわち，支配的であるのは利益目標か生産目標かということである。

　企業の目標を1つと考える単数目標論あるいは目標一元論の場合，利益目標と生産目標のいずれを最高の目標とみなすかということにより，利益目標論と生産目標論に分けることができる。さらに，前者は，利益の極大化を目標とする第1種利益目標論と，それに修正を加えたものである第2種利益目標論に分けることができる。

多元的な企業目標を考慮するのが，複数目標論あるいは目標多元論である。言うまでもなく，それは単数目標論に対する批判から生まれた。上述の利益目標や生産目標のほかにも，さまざまな目標を考慮に入れることによって，より現実的な考察を行なおうとしているのである。その場合，それらの諸目標が1つの目標を最高目標（最上位の目標）とする階層状の目標システムを形成しているということが前提とされる（目標システムを考えない企業目標論は論外である）。したがって，かかる目標システムの最高目標が問われることになる。それを利益目標に求めるのが第1種複数目標論，また，企業の存続や成長を最高目標とみなすのが第2種複数目標論である。いずれの場合においても，最高目標以外の下位目標は，最高目標を達成するための手段または制約条件としての役割を果たすのである。

以上において述べてきたことをまとめると，図表3-2のようになる。

図表3-2　企業目標論

出所：筆者作成。

● キーワード ●

企業，経営

第3節　単数目標論

1．利益目標論

（1）第1種利益目標論

　ドイツの経営学者であるグーテンベルク（E. Gutenberg）は，体制無関連的事実と体制関連的事実を区別し，それに基づいて経営および企業という2つの概念を峻別した。そのことによって企業の特質が際だたされることになったのである。彼は，体制無関連的事実（生産要素の体系，経済性原理，財務的均衡原理）に規定される経営に体制関連的事実が結び付くことによって，その体制に固有の経営類型が形成されることを示した。すなわち，体制無関連的な経営に市場経済体制関連的事実（自律原理，営利経済原理，単独決定原理）が結合されることにより，市場経済体制に固有の企業が具体的な姿となって現われるのである。3つの市場経済体制関連的事実の中で営利経済原理が決定的な重要性をもっており，企業目標を直接的に規定する。それは収益性原理とも言われ，利益の極大化を目指すという原理である。したがって，企業は営利経済原理を最高の指導理念とし，利益の極大化を達成せんとするのである。

　また，個別資本理論においては，企業活動は資本の運動すなわち自己増殖を遂げる貨幣の運動として捉えられる。それは，次のような循環公式によって端的に表される。

$$G \longrightarrow W \begin{matrix} \nearrow A \\ \searrow P_m \end{matrix} \cdots\cdots P \cdots\cdots W \longrightarrow G'(G+g)$$

　最初の投下資本である貨幣（G）は，調達市場において商品である生産要素（W）と交換される。この W は労働力（A）と生産手段（P_m）から成る。それらの生産要素の結合すなわち生産が行なわれ，生産物としての商品（W'）が生産される。それは販売市場で販売され，貨幣 G' と交換される。最初の貨幣

G はより大なる貨幣 $G'(G+g)$ となる。いうまでもなく g は利益を表す。このようなプロセスが無限持続的に継続されるのである。資本は殖えてこそ意味をもつのであり，それは利益の獲得によって実現されるのであるから，企業の目標が利益の極大化であることは当然のことである。

(2) 第2種利益目標論

利益一元論でありながら，単純な利益極大化を企業目標とみなす伝統的な理論（第1種利益目標論）では，今日の企業行動を説明することができないという見解が多く見られるようになってきた。いずれも企業がさまざまな理由から利益極大化行動を回避するという認識に基づいている。それは，種々の状況に規定されて利益の極大化が困難になってきたということに他ならない。それゆえ，単純な利益極大化目標を修正して，迂回的に長期的な利益の極大化を目指すということが主張されるのである。かかる所説としては，たとえば，ディーン（J. Dean）の適正利益論，ボーモル（W. J. Baumol）の売上高極大化論，藻利重隆教授の総資本付加価値率極大化論などがある。

　a．適性利益論

ディーンは，以下に掲げるような理由から企業が極大利益ではなくて適正利益（reasonable profit）の獲得を目指すものと考える。
　① 潜在的な競争者の参入阻止
　② 反トラスト主義者による規制の回避
　③ 賃上げ要求の抑制
　④ 顧客好意の獲得
　⑤ 経営者支配力の維持
　⑥ 快適な労働条件の維持

適正利益ないし利益の制限（limiting profit）の基準として，ディーンは次のようなことを指摘している。
　① 外部資本調達に必要な収益率
　② 企業拡大に必要な内部留保率
　③ 比較可能な企業が獲得している正常利益

④　大衆が適正と考える利益

このような見解は他の論者の所説においても見られるが,「適正」,「正常」,「合理的」などの内容が曖昧であることは否めない。

b．売上高極大化論

ボーモルは売上高極大化仮説（revenue maximization hypothesis）を提唱している。それによると，寡占企業はある一定の利益を確保するという制約条件の下で売上高を極大化しようとする。

企業がこのような行動をする理由は次の如くである。
①　消費者はよく売れている商品を購入する傾向がある。
②　売上高が大きい方が，資金調達が容易である。
③　売上高が小さいと，流通業者を支配できないという危険がある。
④　売上高が小さくなると，解雇が関心の的となり，労使関係が悪くなる。
⑤　経営者の報酬は利益よりも売上高に相関する。
⑥　売上高が大きい方が，競争上の戦略行使力を確保できる。

しばしば指摘されるように，売上高極大化は利益極大化のための手段であるとみなされ得る。すなわち，一定の利益を確保するという制約条件の下で現在の売上高の極大化が長期的な利益の極大化を実現ということが予定されているのである。ただし，必要最小限の利益が確保されていない場合は，売上高極大化ではなくて，そのような利益の獲得がもっとも重要な目標となる。

c．総資本付加価値率極大化論

いわゆる企業の固定化は，一方では資本の固定化をもたらし，他方では労働の固定化を惹き起こす。労働の固定化とは，雇用が弾力性を喪失すること，および資金水準が引き上げられざるを得ないということを意味する。このような状況下において資本の運用効率を高めるためには，雇用の保障と賃金水準の引き上げが必要となる。

総資本利益率の分子は自己資本利子と他人資本利子であるが，それは総収益から総費用を控除することによって得られる。総費用には賃金が含まれているから，総資本利益率は賃金支払額の減少によっても増大させられ得る。しかし

ながら，それは，従業員の生活を脅かし，勤労意欲を減退させることになる。したがって，賃金支払額の減少による総資本利益率の増大は，労働の固定化という状況の下での営利原則としては不適当である。それで，賃金を犠牲にすることなく長期的に利益を極大化する営利原則が求められるのである。それが総資本付加価値率の極大化に他ならない。

$$\text{総資本付加価値率} = \frac{\text{付加価値}}{\text{総資本}}$$

$$= \frac{\text{自己資本利子} + \text{他人資本利子} + \text{賃金}}{\text{総資本}}$$

$$= \frac{\text{総利益}}{\text{総資本}} + \frac{\text{賃金}}{\text{総資本}}$$

$$= \text{総資本利益率} + \text{総資本賃金率}$$

総資本付加価値率の増大は次の3つの場合に可能である。

① 総資本賃金率は一定，総資本利益率は増大
② 総資本利益率は一定，総資本賃金率は増大
③ 総資本利益率と総資本賃金率の両方が増大

いわゆる剰余価値率（利益÷賃金）が一定であるなら，①と②は論理的にはあり得ない。したがって，総資本付加価値率の増大は③の場合に限られるということになる。

以上において説明された理論の他に，第2種利益目標論の範疇に属するものとして，サイモン（H. A. Simon）に代表される行動科学者たちの主張する満足利益論，ウィリアムソン（E. Williamson）による自由裁量利益論などが知られている。

2．生産目標論

企業の目指す唯一の目標が利益ではなくて，財あるいはサービスの生産であることを主張する生産目標論の典型は，ニックリッシュ（H. Nicklisch）とフォード（H. Ford）の所論に見られる。

（1）ニックリッシュの経営共同体論

　ニックリッシュは，経営を固有の目標をもつ経済生活の細胞であるとみなした。そして，すべての経済生活が経営において行なわれ，その活動が共同体的に行なわれるということが強調された。そのような経済生活ないし活動とは，人間の欲求と充足の間の橋渡しをすることである。このような意味における経営は本源的経営たる家計と派生的経営としての企業に分けられるのである。つまり，企業は家計から派生したのであり，家計における経済生活の遂行のために奉仕しなければならないのである。ニックリッシュは，企業を生産過程と価値循環過程から成るものとして捉えた。彼にあっては，人間の欲求を充足するための財およびサービスの生産に関わる生産過程が本質的なものであり，価値循環過程は第２次的なものということになる。したがって，企業の最上位の目標は明白であって，それは，財およびサービスを生産して，人間の欲求を満足させることである。利益は経営における価値費消と収益の差額であり，企業者が企業者賃金，危険負担料および自己資本利子を超える利益を獲得することは正しいことではないのである。それは「資本主義という病」に罹っているものとみなされる。彼は企業目標としての利益獲得を認めていないのである。

（2）フォーディズム

　フォードは企業をサービスを提供する組織とみなした。したがって，目標あるいは動機としての利益は認められない。企業は利益動機（profit motive）ではなくてサービス動機（service motive）をその指導原理としなければならないのである。すなわち，企業が達成すべき最高の目標は，財やサービスの生産によって大衆（public）に奉仕することなのである。奉仕こそが企業の存立条件であり，大衆が企業の存立基盤である。フォードのこのような見解はフォーディズム，あるいはフォード経営哲学といわれている。その神髄は「大衆に対する奉仕」であり，「奉仕のために奉仕する（to serve for sake of saevices）」ということであった。フォードはこのような理念を企業経営の中心に据えることを主張したのである。それゆえ，利益を目標として企業を経営することは認められないということになる。しかしながら，利益の獲得それ自体が否定されているわけではない。もとより，利益獲得の意義は十分に認識されていたのであ

るが，サービスを利益よりも優先させることが強調されているのである。そして，利益はサービスを提供したことに対する報酬なのである。フォードにとってサービスとは，高品質の製品を，労働者に高賃金を支払いながら，低い原価で，大量に生産し，これを可及的低い価格で販売することである。そのことを象徴しているのが，「低価格高賃金の原則（principle of low price and high wages）」である。このように，フォードは，一貫して企業の最高の目標がサービスの提供であることを強調したのである。

● キーワード ●

グーテンベルク，経済性，営利原則，収益性，個別資本理論，売上高極大化モデル，生産手段，利潤極大化仮説，ボーモル，付加価値，自己資本，他人資本，サイモン，行動科学，満足基準，ニックリッシュ，フォード，経営共同体，フォード・システム

第4節　複数目標論

1．第1種複数目標論

　第1種複数目標論を代表しているのは，アンゾフ（H. I. Ansoff）やハイネン（E. Heinen）である。

　アンゾフは企業戦略論の一環として企業目標論を展開している。彼は，長期的な収益性が企業の中心的目標であるとみなし，実務に適用できるような目標システムを形成しようとしたのである。

　アンゾフによると，企業には経済的目標と非経済的目標（＝社会的目標）という2種類の目標がある。前者は，総資源の転換過程の効率化を最適化することを狙いとするものであって，それはいわば企業の客観的な目標である。通常は，この経済的目標が企業行動を主として規定し，経営者による企業の方向づ

けとコントロールの基準となるのである。経済的目標の具体的な内容は，利用された資源の長期的な見返りすなわち自己資本利益率の極大化である。それに対して，非経済的目標は，企業の参画者たちの個人的な目標の相互作用の結果として形成されるものである。それは，企業行動に対して，修正的ないし制約的な影響を及ぼす。さらに，経済的目標および非経済的目標という本来の目標の他に，社会的な責任と制約がある。社会的な責任とは，企業が社会に対して果たすことを約束する義務のことであり，社会的な制約とは企業行動の中からある種の選択肢を除外する意思決定ルールのことである。

経済的目標の内容は利益であるが，それは投資利益率（自己資本利益率）で表される。この経済的目標に関しては，短期目標と長期目標が区別される。短期とは±20%程度の誤差で将来を予測し得る期間のことである。このような期間に関しては，投資利益率が設定される目標として適切である。長期については，投資利益率を測定するためのデータの信頼度が低いので，代用的な目標の設定が必要である。それが，外部的な競争力と内部的な効率である。

さらに，短期目標および長期目標のいずれの達成に関しても，予見できないような事態が生起する可能性がある。そのことに対処するために弾力性目標が設定されることとなる。それは対外的弾力性と対内的弾力性に分けられる。また，社会的な目標と責任は内部的な影響要因と外部的な影響要因に規定される。前者の主たる源泉は企画参画者であり，後者はさまざまな制度的要因に還元され得るのである。アンゾフは，図表3-3のような企業目標システムを提示している。

アンゾフの企業目標システムにおいては，経済的目標がもっとも重要な目標であり，全体として長期的な利益（長期的な自己資本利益率）の極大化が志向されている。彼の企業目標論はきわめて説得的であり，高く評価されている。

第3章　企業目標　51

図表3-3　企業目標システム（1）

企業の目標と制約

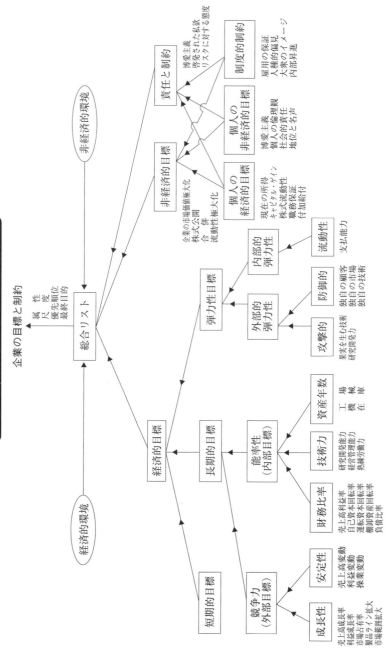

出所：中村・黒田 [1990] の図を修正して作成。

2. 第2種複数目標論

　企業の存続や維持を最上の目標とする企業目標システムは，多くの論者によって提示されている。ここでは，その代表的なものとして占部都美教授とドラッカー（P. F. Drucker）の所説を取り上げることにしよう。

　占部教授は，かつて前提とされてきた利益極大化という企業目標が現実性を失ったと考え，現実志向的なアプローチを採ると，複数目標を考慮に入れざるを得ないとの見解を示している。そして，そのことによって，初めて意思決定の合理性を判定するための基準が得られるということになるのである。

　企業の生存と成長という最上位の企業目標は経済的目標と社会的責任によって達成される。前者は，成長性目標，収益性目標，生産性目標，安全性と弾力性の目標に細分される。また，社会的責任は非経済的目標あるいは社会的目標を表すものであるが，それは経済的目標達成の際の制約条件であるにとどまらず，目標システムにおいて重要なウェイトを占めているものとみなされるのである（図表3-4参照）。

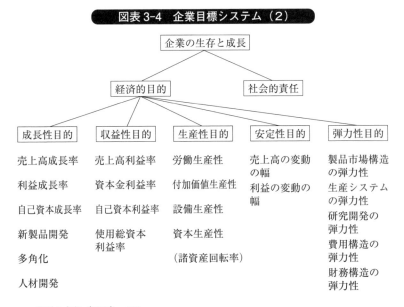

図表3-4　企業目標システム（2）

出所：占部〔1997〕p.133。

ドラッカーの基本的な認識は,「企業は営利組織ではなく,利益動機には意味がない。利益動機は的はずれであるだけではなく,社会に害を与えている」ということである。すなわち,利益や利益の極大化ということで企業を説明しようとすることは「木に登って魚を探すようなもの」とみなされる。したがって,利益(極大化)は企業目標とはみなされ得ない。それゆえ,利益(極大化)に代わって,企業の存続と成長こそがもっとも重要な目標であると考えられている。しかしながら,利益そのものが重要でないというのではない。むしろ,経済活動に伴う危険を負担し,損失を回避するに足るだけの利益は獲得される必要がある。すなわち,必要最小限の利益(necessary minimum profit)は獲得されなければならないのである。さらに,ドラッカーによると,ただ1つの目標を追求することは,賢者の石を探し求めた中世の錬金術師のむなしい努力のようなものである。企業目標は,企業の存続と繁栄に直接的かつ重大な影響を及ぼすような行為が行なわれるすべての領域において設定されなければならないのである。それゆえ,一元論が否定され,多元論たる複数目標論が主張される

図表3-5 企業目標システム(3)

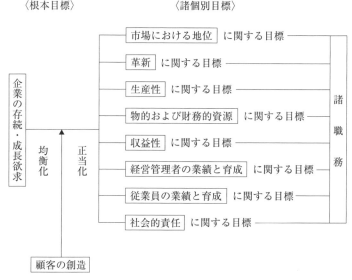

出所:森本〔1982〕p.81。

ことになるのである。要するに，ドラッカーの所説においては，企業の存続と成長という最高目標と，8つの下位目標から成る目標システムが考えられているのである。それは図表3-5（前ページ下）の如くである。

後年，ドラッカーは，目標システムにおける収益性目標の意義を修正して，「利益は目標ではなく，必要条件である」と述べている。したがって，7つの基本的領域の目標を達成するためにはどのくらいの利益が必要であるかということが問題になるのである。利益は企業の存続・成長という根本目標に貢献する諸目標を達成するために必要不可欠なものであり，その意味で必要条件なのである。利益目標を正当化する巧妙な論理であるといえる。

●キーワード●

アンゾフ，ハイネン，投資利益率，ドラッカー，利益

第5節　企業と利益目標

すでに述べたように，第2種利益目標論は第1種利益目標論を修正せんとするものであった。適正利益論や満足利益論さらには総資本付加価値率極大化論は，企業の利益極大化行動に随伴する制約が多くなったことを反映するものであるとみなすことができる。また，売上高極大化論は，不確定性という現実に規定されて，長期的な利益極大化の達成に貢献する代用的な目標を売上高極大化に求めたものであるといえる。これらは単純な利益極大化論と比べて現実的であるとはいえるが，第1種利益目標論をより現実的に修正するものであって，それに取って代わるものではない。

また，第1種複数目標論においては，利益極大化が最高の目標とみなされ，それに貢献する下位目標が関連づけられる。それらの下位目標は，利益極大化目標のための手段であったり，制約条件であったりする。それらが明示的に体系化されて，企業目標システムが形成される。このように，第1種複数目標論はさまざまな条件を考慮したもので，現実の企業行動をよりよく説明できる論

理が展開されている。しかしながら，それは第1種利益目標論と本質的に異なるものではない。

　さらに，多くの論者が主張している第2種複数目標論は，企業の存続・成長を最高の目標として措定し，それに貢献するような種々の下位目標を関連づけたものである。したがって，利益目標は下位目標として位置づけられることになり，企業の存続・成長のための利益獲得ということになる。もとより，われわれの生活は企業によって支えられ，企業なしには成り立ち得ない。それゆえ，誰もが企業の存続・成長に意義を認める。このように重要な意義を有する目標に貢献する利益獲得であるということであれば，何人もこれを否定することはできない。かくして，利益目標は正当化・合理化されることとなるのである。利益目標は否定されるどころか，かえってその意義が強調されるのである。

　かつて，古林喜楽教授によってきわめて明快な企業目標論が展開された。それによると，収益性（利益目標）に関しては，第1次収益性（第1次利益目標）と第2次収益性（第2次利益目標）が区別されねばならない。前者は，資本主義企業が好むと好まざるに関わらず追求せざるを得ない利益目標すなわち利益極大化目標である。後者は，この第1次利益目標を達成するための利益目標である。したがって，それは，究極の目標たる第1次利益目標と具体的な諸手段の間に介在する中間項なのである。多くの論者が利益目標に代わる諸目標（たとえば，経済性，満足利益，社会的サービス，共同経済的生産性，企業の維持など）を主張しているが，それらと対立するのは第2次利益目標としての単純な利益極大化であって，その背後には厳然として第1次利益目標があることに留意しなければならない。したがって，第2次利益目標としての単純な利益極大化目標が否定され，代替的な目標が定立され得るが，そのことによって第1次利益目標が否定されるわけではない。すなわち，本来的な利益極大化目標の達成のためには，いかなる下位目標の達成が有効かということが問題なのである（次ページの図表3-6参照）。

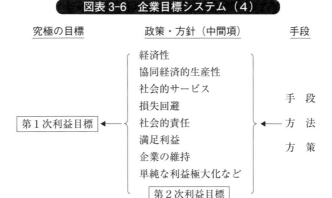

出所：古林〔1981〕p.161 の図を修正。

　かくして，企業が達成しなければならない最高の目標が利益の極大化であることは明白である。ただ，単純に利益極大化というだけでは現実の企業行動の指導原理とはなり得ない。さまざまな状況に応じて，より間接的・具体的・個別的な利益目標が導出されなければならないのである。
　企業が達成しなければならない本来的目標は，上で述べたとおりである。ところが，現実の企業は複数の目標を追求している。このことはどのように説明され得るのであろうか。企業の追求する複数目標は3つのカテゴリーに分けられる。①本来的目標，②手段的目標および③制約的目標というのがそれらである。まず，本来的目標は，上述のように，利益目標（利益最大化）である。さらに，手段的目標とは，本来的目標を達成するために必要となる下位目標（手段）をその内容とする。すなわち，企業は，さまざまな下位目標の実現を通じ本来的目標の達成を目指すのである。その際の制約条件となるのが制約的目標なのである。それは，A型の制約的目標とB型の制約的目標に細分され得る。前者は，企業が必ず達成しなければならないもので，これに関しては，企業管理者には選択の余地はない。たとえば，流動性目標や法律などによって定められている制約などがこれに当たる。それに対して，後者は，達成することが望ましい制約を意味し，企業管理者にとっては重要な意思決定事項である。この

ような目標としては，各種の社会的目標や従業員に関する目標が挙げられる。
　かくして，3つのカテゴリーの目標の関係は，図表3-7のように表される。

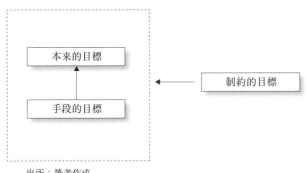

図表3-7　企業目標のカテゴリー

出所：筆者作成。

　これまでの経営学においては，本来的目標それ自体や本来的目標と手段的目標の間の関係は議論されてきた。しかしながら，制約的目標をも含めた3つのカテゴリーの目標の関係については必ずしも体系的に説明されていないのである。21世紀を迎えた今日において，すべての局面を考慮に入れた企業目標論が形成されなければならないのである。

●キーワード●

古林喜楽，利潤極大化仮説

【参考文献】

井上　薫〔1981〕『企業目標の基礎理論』千倉書房。
占部都美・加護野忠男補訂〔1997〕『経営学入門（改訂増補）』中央経済社。
古林喜楽〔1981〕『経営学の進展』千倉書房。
高田　馨〔1978〕『経営目的論』千倉書房。
武村　勇〔1989〕『企業目的と経営行動』森山書店。
藻利重隆〔1970〕『経営学の基礎（改訂版）』森山書店。
森本三男〔1982〕『経営学入門』同文舘出版。
Ansoff, H. I.〔1988〕*The New Corporate Strategy*, Wiley.（訳書，中村元一・黒田哲彦訳〔1990〕『最新・戦略経営』産能大学出版部。）

Baumol, W. J.〔1959〕*Business Behavior, Value and Growth*.（訳書，伊達邦春・小野俊夫訳〔1962〕『企業行動と企業成長』ダイヤモンド社。）

Drucker, P. F.〔1974〕*Management*, Haper & Row.（訳書，上田淳生訳〔2001〕『エッセンシャル版マネジメント』ダイヤモンド社。）

Drucker, P. F.〔1993〕*The Practice of Management*, Haper & Row.（訳書，上田淳生訳〔1996〕『現代の経営』上，下，ダイヤモンド社。）

（深山　明）

第4章

意 思 決 定

═══ この章のポイント ═══

　出かけるとき傘をもっていくかどうか，登校の際にバイクを使うか電車を利用するか，昼食のために弁当を持参するか学食で済ますか等々，私たち個人は朝起きてから夜眠りにつくまで，膨大な数の決定を行なっている。同様に，企業などの組織も，たとえばどのような競争戦略を採用するのか，資金をどこから調達しそれをどのように運用するのか，誰を新規採用するのか等々，無数の決定を下しながら活動を行なっている。その意味で，人間や組織の行動は決定の連続体であると考えることができる。この「決める」という日常行なわれている事柄を研究対象にしている学問を意思決定論と呼んでいる。そこで，まず，意思決定とは何かを知るために，意思決定を簡単に定義した後，それを研究目的や観点の違いに基づいてさまざまなタイプに分類する。次に，これまでに展開されてきた意思決定論を，規範的・実践的意思決定論と記述的・行動科学的意思決定論に大別し，それぞれの理論がどのような観点から意思決定にアプローチしているのかを概説する。続いて，この2つの意思決定論の内容をより深く理解するために，それぞれの理論の特徴を端的に表わしていると考えられる基本的な事項を取り上げ，それらについて考察する。そして最後に，2つの意思決定論とは立場を異にしているゴミ箱モデルや最近の新しい研究動向について簡単に紹介する。

第1節　意思決定

1．意思決定とは何か

　マネジメントとは意思決定（decision making）であるとよくいわれるが，経営学の中で意思決定について本格的に言及したのはおそらくバーナード（C. I. Barnard）の『経営者の役割』が最初であろう。その後，意思決定は，常に経営学の中心的な研究テーマの1つとして位置づけられてきた。その結果,今日,数多くの意思決定に関する研究成果をみいだすことができる。これらの研究は,主として意思決定の視点から，経営や企業の仕組み，行動を考察するという立場をとっているため，一般に，経営意思決定論と呼ばれる。

　それでは，意思決定とは何か。人間や組織は何らかの目的を達成するために意識的に行動するが，それに先立って，その特定の行動を選択するという決定を下している。この行動の選択ないし選択過程が意思決定である。その意味で,意思決定は行動の前提であるといえる。そこで，意思決定とは，一般に，何らかの問題に直面した場合に，それを解決するためのいくつかの実行可能な行動代替案の中から1つを意識的に選択することである，と定義できる。

2．意思決定の種類

　意思決定は，その研究目的や観点の違いによってさまざまなタイプに分類することができる。サイモン（H. A. Simon）は組織における意思決定を，取り扱う問題の出現頻度，処理手続きの有無などを基準にして，定型的意思決定（プログラム化される意思決定）と非定型的意思決定（プログラム化されない意思決定）の2つに大別した。前者は，構造が明確な，常規的・反復的に起こる問題についての意思決定で，あらかじめ設定された一定の手続きに基づいて問題が処理される。この場合，とくにマネジメント・サイエンス（Management Science）やオペレーションズ・リサーチ（Operations Research）の分野で開発された手法が多く用いられる。一方，後者は，構造が不明確で，先例のない1

回限りの新規な問題に対する意思決定であり，その都度，問題解決のための手続きや方式を考えださなければならない。ここでは，通常，ヒューリスティック（発見的推論）と呼ばれる問題解決法がとられることになる。

　また，意思決定支援システムの枠組みを提示したゴーリー（G. A. Gorry）とモートン（M. S. S. Morton）は，問題の構造が明確に規定できるか否かを基準にして，意思決定を構造的，半構造的，非構造的という3つのタイプに区分している。ここで，構造的・非構造的という用語は，上記の定型的・非定型的と同義であるとみなすことができる。

　さらに，企業戦略論を展開したアンゾフ（H. I. Ansoff）によれば，意思決定は，組織の各管理階層で取り扱われる問題の内容とその重要度の違いに応じて，戦略的意思決定，管理的意思決定，業務的意思決定に分類できるという。ここで，戦略的意思決定とは，企業目的を達成するための基本方針に関わる決定であり，とくに製品—市場分野（ドメイン）の選択を主な内容としている。次に管理的意思決定とは，選択されたドメインの中で最大の業務能力を生みだすことができるように経営資源を組織化する問題に関わる決定を指す。最後に業務的意思決定とは，資源転換過程における効率を最大にすることを目指して行なわれる決定をいい，現行諸業務の効果的・能率的遂行の確保が課題とされる。なお，これら3つの意思決定は主にそれぞれ，企業のトップ・マネジメント，ミドル・マネジメント，ロワー・マネジメントの各階層で行なわれる決定に対応しており，さらに，戦略的意思決定から管理的・業務的意思決定へと決定を担う管理階層のレベルが下がるにつれて，取り扱われる問題も非定型的・非構造的なものから定型的・構造的なものへと変化していく傾向が認められる。

　上記以外にも，いろいろな観点から意思決定を分類することができる。たとえば，各事象の将来の生起に関して意思決定者がどの程度正確な情報をもっているかを基準にすれば，確定性下，リスク下，不確実性下での意思決定が考えられるし，意思決定者にいかなる合理性を仮定するかによって，客観的合理性下，主観的合理性下，非合理性下での意思決定が想定される。また，組織とその組織に参加する個人の関係で意思決定をみれば，個人目標の達成のために個人が組織に参加するか否かを決める参加意思決定と，参加を決定した個人が組織目標の達成を目指して行なう組織内意思決定に分類することもできる。さら

に，単段階―多段階，静態的―動態的，短期的―中期的―長期的，個人的―集団的，分権的―集権的など，多種多様な分類が存在している。

ここで，これまでに述べてきたさまざまな種類の意思決定を整理するという意味で，ハイネン（E. Heinen）による意思決定の分類表（図表4-1）を掲げておくことにする。

図表4-1 意思決定の類型

分類基準			
意思決定の担い手	意思決定の帰結	意思決定過程の経過	意思決定問題の構造
個人的意思決定と集団的意思決定 集権的意思決定と分権的意思決定	確定性下，リスク下，不確実性下での意思決定 長期，中期，短期の意思決定 単一目標下，多目標下での意思決定	同時的意思決定と逐次的意思決定 プログラム化可能な意思決定とプログラム化不可能な意思決定	構造的意思決定問題 非構造的意思決定問題

出所：Heinen〔1991〕S.23. Abb.1.11.

―――● キーワード ●―――

バーナード，意思決定，意思決定の種類，意思決定理論学派，アンゾフ，戦略的意思決定，管理的意思決定，業務的意思決定，意思決定支援システム，ヒューリスティック・アプローチ

第2節 意思決定論

意思決定論には，合理的な人間や組織はいかなる決定を行なうべきかという観点から，意思決定問題を論理的・演繹的に明らかにしようとする結果志向的な立場と，実際に人間や組織がどのように決定をしているのかという視点から，意思決定問題を記述的・帰納的に解明しようとする過程志向的な立場がある。

前者を規範的・実践的意思決定論，後者を記述的・行動科学的意思決定論と呼んでいる．

　規範的・実践的意思決定論では，追求すべき目標が設定されており，また目標を達成するための複数の行動代替案も全て意思決定者に提示されているという状況下で，どのような公理（選択原理）にしたがって代替案を選択すれば，設定された目標を最適に達成できるかといった問題が主として取り扱われる．通常，所与の制約条件の下で，目標の充足度を最大にするような行動を探し求めることを合理的な選択と呼ぶ．それゆえ，規範的・実践的意思決定論は，基本的には合理性の分析を目的としており，合理的行動を解明するための理論であると解することができる．ここでは，意思決定論理学を中心に理論が展開されることになる．

　一方，記述的・行動科学的意思決定論では，個人や組織が，現実に意思決定をどのように行なっているのかを観察し，それを詳細に記述・分析することによって，仮説を導きだし，その仮説の妥当性を実験や観察で検証して，意思決定の背後にある法則を発見する，という帰納的な方法に基づいて意思決定が解明される．規範としての合理性ではなく，個々の人間の，あるいは組織における人間集団の現実の問題解決行動が研究の中心に置かれる．すなわち，現実において人間が知的能力を傾注して問題を解決する全過程，あるいは全ての認知過程が研究対象となる．それゆえ，認知心理学，社会心理学，組織社会学などの学問とも密接に関係しており，学際的傾向の強い理論であるといえる．

　ここでは，意思決定の動機と，意思決定の根底にある目標が研究対象とされ，どのように意思決定問題が生じ，目標が事前にあるいは意思決定過程の途中でどのように形成され変更されるのかが考察される．また，意思決定過程における情報の重要性と人間の情報調達能力や情報処理能力の限界を考慮に入れながら，情報をどのように調達し処理しているのかといった問題が扱われる．さらに，人間は，通常，単独でなく他の人と何らかの関係を保ちながら意思決定を行なうという事実から生じる組織的問題も分析の対象となる．要するに，規範的・実践的意思決定論において，ほとんど前提ないし既知であるとして除かれてきた事柄が，記述的・行動科学的意思決定論の対象になっているのである．

　なお，2つの意思決定論は，意思決定に対するアプローチの仕方を異にする

けれども，相互に排他的なものではなく，お互いに補完・補強しあう関係にあることを付記しておく。

•────●キーワード●────•

記述科学，行動科学，認知過程，意思決定志向的経営学，意思決定前提，インターディシプリナリー・アプローチ

第3節　規範的・実践的意思決定論

　規範的・実践的意思決定論は，主にマネジメント・サイエンスやオペレーションズ・リサーチの学問領域で取り扱われてきた決定分析（decision analysis），決定理論（decision theory），ゲーム理論（theory of games）などと呼ばれる分野を中心に展開されてきた。以下，この理論の基本的な考え方を概観してみることにする。

1．意思決定問題の構成要素

　この理論では，達成すべき目標がすでに決定されている場合，意思決定問題を一般に，①起こりうる将来の状態，②意思決定者がとりうる行動代替案，③ある状態の下である行動をとったときに生じる結果の評価値，という3つの基本的構成要素によって表現する。ここで，①は意思決定者が制御できない環境要因を指し，自然の状態または単に状態と呼ぶ。これをθ_jで表わすことにする。②は意思決定者が操作，制御できる対象であり，行動と呼ぶ。これをa_iで表わすことにする。③は状態と行動の組合せで生じる結果をある評価関数または効用関数Vで評価した値であり，ペイオフと呼ぶ。いま，a_iという行動をとり，真の状態として将来θ_jが生起したときに意思決定者が獲得できるペイオフをv_{ij}で表わすことにする。このv_{ij}はa_iとθ_jの関数であり，$v_{ij} = V(a_i, \theta_j)$により与えられる。

図表4-2 ペイオフ表

状態＼行動	θ_1	……	θ_j	……	θ_n
a_1	v_{11}	……	v_{1j}	……	v_{1n}
⋮	⋮		⋮		⋮
a_i	v_{i1}	……	v_{ij}	……	v_{in}
⋮	⋮		⋮		⋮
a_m	v_{m1}	……	v_{mj}	……	v_{mn}

出所：筆者作成。

ところで，考察下の意思決定問題を検討した結果，意思決定者のとりうる行動の数がm個，起こりうる自然の状態の数がn個であることがわかったものとしよう。また，m個の行動とn個の状態に依存して決まる$m \times n$個のペイオフも確定できたものとしよう。このとき，意思決定問題は，行動，状態，ペイオフを1つにまとめたペイオフ表(図表4-2)で簡潔に表現することができる。なお，ペイオフ表は，ペイオフが利益を表わすときは利得表，コストを表わすときは損失表と呼ばれる。

2．意思決定問題の分類と選択基準

ナイト（F.H.Knight）は，ペイオフ表で表現される意思決定問題を，意思決定者が自然の状態の生起に関してどの程度の情報をもっているかを基準にして，①確定性下での意思決定問題，②リスク下での意思決定問題，③不確実性下での意思決定問題，という3つのタイプに分類した。ここで，①は将来どの状態が起こりうるかが確実にわかっている場合，②はどの状態が起こるか確実にわからないが，各状態の生起確率だけは，客観的であれ主観的であれ，わかっている場合，③は各状態の生起確率もわからず，まったく情報がない場合をいう。また，①との対比で，②と③をあわせて不確定性下での意思決定問題と呼ぶこともある。

さて，上記3つの意思決定問題の各々に対して，規範的・実践的意思決定論では，意思決定者がいかなる選択基準を用いて最適行動を選択すべきかが考察される。以下，これまでに提案されてきた合理的と考えられる選択基準のいくつかをみておくことにしよう。なお，ペイオフは利得を表わすものとする。

確定性下での意思決定問題の場合には，自然の状態の中でどの状態が実現するかがあらかじめわかっているので，その実現する状態の下で最大の利得をもたらす行動を最適行動として選択すればよい，という利得最大基準が合理的な選択基準として用いられる。

リスク下での意思決定問題に対しては，各状態の生起確率が事前に与えられているので，その情報を何らかの方法で利用した選択基準が提案されてきた。たとえば，①各行動について利得の期待値を計算し，期待値が最大になる行動を選択すべきであるという期待値基準，②もっとも高い生起確率をもつ状態だけに着目し，その状態に対して利得最大基準を適用するという最尤未来基準，③意思決定者が獲得したいと望んでいる利得の最低水準（希求水準・満足水準）をあらかじめ設定しておき，その水準以上の利得を与えてくれる可能性（生起確率）がもっとも大きい行動を選択するという満足度基準，などがある。

不確実性下での意思決定問題に対する代表的な選択基準には，①ラプラス（P. S. Laplace）が提案したラプラス基準，②ワルド（A. Wald）によるマクシミン（Maximin）基準，③マクシミン基準と正反対のマクシマックス（Maximax）基準，④ハーヴィッツ（L. Hurwicz）が定式化したハーヴィッツ基準，⑤サヴェッジ（L. J. Savage）によるミニマックス・リグレット（Minimax・Regret）基準，などがある。このうち比較的よく知られている基準として，①，②，⑤を挙げることができる。①は将来起こりうる全ての状態が同じ生起確率で評価されるべきであると考え，リスク下での期待値基準を適用して最適行動を選択するという基準，②は各行動ごとに最悪の状態が生起したときの最小利得（保証水準）を考え，それらの中で利得の一番大きな行動を選択するという基準，⑤は選択した行動が，実現した状態の下で利得を最大にする最良行動でないことがわかれば，何らかの後悔（regret）が意思決定者に残る。そこで，この後悔の大きさ（機会損失）を，最良行動を選ばなかったために利得がどれだけ減少したかで測定し，利得表からリグレット表を作成する。そして，このリグレット表を

用いて，各行動ごとに最大の機会損失を求め，それらの中で値の一番小さい行動を選択するという基準，である。

以上みてきたように，規範的・実践的意思決定論では，行動の数，自然の状態の数，ペイオフが全て既知であるという前提の下で，どの行動を選択するのが合理的か，といった合理性の問題が主として論じられる。

―――― ●キーワード● ――――

ペイオフ・マトリックス，ミニマックス原理／マクシミン原理，ゲーム理論，不確実性，OR

第4節 記述的・行動科学的意思決定論

記述的・行動科学的意思決定論は，組織を環境適応的な情報処理システムまたは意思決定システムと捉える近代組織論や，そこでの方法論を企業に固有の経済的意思決定問題に適用した企業行動理論，などの分野で主に展開されてきた意思決定論であるとみなすことができる。それは，バーナードの理論から出発し，サイモン，マーチ（J. G. March），サイアート（R. M. Cyert）などに受け継がれることによって精緻化されてきた。この理論は，基本的に，問題解決過程，制約された合理性（bounded rationality），満足化原理（satisficing principle）という3つの概念に基づいて組み立てられていると考えられるので，以下，それらについて概観してみることにする。

1．問題解決過程

意思決定を主に代替案の選択だけに限定する規範的・実践的意思決定論と異なり，記述的・行動科学的意思決定論では，それを次ページの図表4-3で示されるような一連の問題解決過程として把握する。すなわち，問題解決過程は，意思決定過程と意思達成過程から構成され，さらに意思決定過程は，情報，企

図表4-3　問題解決過程

意思決定過程			意思達成過程	
	計　画		実　施	統　制
情　報	企　画	選　択		
問題の認識と明確化	基準の確定 実行可能な行動（代替案）の探求 その結果の記述と評価	最有利な行動方式の決定（意思決定行為）	計画の実現段階	目標達成度の算定

← 修正意思決定のためのフィードバック情報 →

出所：Heinen〔1991〕S.36.Abb.1.22を一部修正。

画，選択という3つの連続する部分局面に，また意思達成過程は，実施，統制という2つの連続する部分局面に，それぞれ分割することができるという。

　この見解に基づいて，たとえば企業が行なう意思決定を考えてみると次のようになる。まず情報（intelligence）段階では，企業を取り巻く内外の環境から情報を収集し，それを分析することによって，解決ないし克服する必要のある新たな問題・課題が提起される。次に企画（design）段階で，この問題を解決するために，できるだけ多くの実行可能な行動代替案を探索し，それらが提示される。続いて選択（choice）段階で，自社にとっての機会と脅威，強みと弱みなどを勘案しながら各代替案の結果を予測し，それらを一定の基準に照らして比較・評価した後，意思決定権をもつ者によって，望ましいかあるいは有利であると考えられる代替案が選択される。そして実施(implementation)段階で，選択された代替案実施の指令が迅速かつ正確に伝達されて，代替案が実行に移される。最後に統制（control）段階で，伝達内容が間違いなく実行されているかどうかを監視し，同時に，実行の結果得られた新たな情報を検討して，その分析結果が再び情報段階にフィードバックされる。このように，意思決定は，選択段階だけでなく，他の全ての段階でも行なわれ，しかも，これら各段階の（部分的）意思決定は，それ自体がまた同様の問題解決過程から構成されているとみなすのである。

また，問題解決過程は，目標によって規定されており，しかもそれは，目標を実現するために情報を収集し処理する過程であると考えることができる。さらに，組織の意思決定は，通常，多様な相互関係をもつ複数の意思決定担当者によって行なわれる。したがって，とくに組織における問題解決過程の経過と結果に対しては，目標システム，情報システム，社会システムという3つの相互に関連しあう要因が一連の作用を及ぼすことになる。

2．制約された合理性

規範的・実践的意思決定論で想定している意思決定者は，意思決定問題を完全に定義することができ，全ての行動代替案を知っており，代替案から生じる結果を正確に予測できるとともに，それを正確に評価できるという，全知的存在としての人間である。それゆえ，最適化原理に基づいて客観的・合理的に意思決定を行なうことが可能となる。このような人間を経済人という。それに対して，記述的・行動科学的意思決定論では，意思決定者は，知識，記憶力，計算能力，学習能力などの点で常に制約を受けており，また情報の収集や処理にも時間がかかるため，①全ての代替案ではなく，限られた少数の代替案しか列挙できない，②代替案から生じる結果も不完全にしか予測できない，③首尾一貫した評価基準で結果を正確に評価することもできない，という状況下で，意図的に合理的な意思決定をする存在であると考えられている。現実の人間は，合理的に行動する存在であるにもかかわらず，認知能力や情報処理能力に限界があるために客観的合理性をもつことができず，意思決定で達成できる合理性は制約されたものにならざるを得ないのである。このような合理性を，一般に，制約された合理性（限定合理性）という。

3．満足化原理

制約された合理性の下では，情報が不完全であるため，意思決定者は最適化原理を用いることができず，満足化原理にしたがって意思決定をすることになる。ここで，満足化原理とは，あらかじめ欲求水準に基づいて受容可能な一組

の満足水準（目標値）を設定しておき，代替案がこれらの水準に合致するか，または上回る場合に，それを満足できる代替案として選択するという意思決定原理を指す。このような原理にしたがって行動する人間を，経済人に対して経営人・管理人と呼ぶ。

　この満足化原理は，もともとマーチ＝サイモン〔1958〕の適応的動機行動モデル（model of adaptive motivated behavior）から導きだされた原理であるが，記述的・行動科学的意思決定論では，この原理の下で経営人は以下のように意思決定を行なっていると仮定する。すなわち，まず，目標が一組の満足基準というかたちで設定される。満足基準は代替案が最低限満たさなければならない基準である。次に，代替案の探索行動が開始される。そして最初に発見された代替案の予想される実行結果（達成水準）だけが満足基準と比較されて，代替案の評価が行なわれる。その結果，もしこの代替案が全ての満足基準を満たしていることがわかれば，その代替案が選択されて意思決定は終了する。しかし，この代替案の達成水準が満足基準の1つでも満たしていない場合には，満足基準を全て満たす代替案がみつかるまで，新たな代替案の探索と評価が繰り返される。そして，かなり長期間にわたって代替案の探索と評価が繰り返されたにもかかわらず，満足な代替案を発見できないときには，満足基準の方を修正することによって，満足な代替案を新たに発見できる可能性を高める，といったプロセスをへて意思決定を行なっていると考えているのである。

　以上，記述的・行動科学的意思決定論の基本的な考え方を概観してきたが，コーエン（M. D. Cohen）＝マーチ＝オルセン（J. P. Olsen）は，このように意図的・合理的なかたちで現実の意思決定が行なわれることはほとんどないと主張する。そして，従来の合理的な意思決定モデルに代わる新しいモデルとして，ゴミ箱モデル（garbage can model）を提唱している。それは，組織的意思決定を，選択機会（組織が何らかの選択を迫られる機会），参加者（選択機会に参加する人々），問題（組織内外の人々の関心事），解（行動コース）という4つの独立した流れが偶然に交錯した産物であると考えるのである。すなわち，選択機会を，各参加者がさまざまな問題や解を独立に投げ込むゴミ箱とみなし，このゴミ箱の中で問題と解が参加者のエネルギーによって結びつけられて，一定の選択が行なわれるという。このモデルは，組織変革プロセスや技術開発などの

偶然性，曖昧性が大きく作用する意思決定状況を分析する際にとりわけ有用であることが指摘されている。

さらに近年，行動経済学の概念を提唱したカーネマン（D. Kahneman），トヴェルスキー（A. Tversky）らは，マーチ＝サイモンの研究を引き継いで，人間が意思決定をする際には，厳密な論理で手順を踏みながら問題を解決していくアルゴリズムでなく，利用可能性，代表性，アンカリングと調整など，種々の比較的単純な直感や経験則，すなわちヒューリスティクス（heuristics）が用いられていること，また，そのために非合理的でバイアスのかかった判断や意思決定をする傾向が強いことを多くの実験によって実証している。したがって，今後，意思決定論は，行動経済学や行動ファイナンスという新しい分野で蓄積されつつある，ヒューリスティクスとそれを利用することによって生じるさまざまなバイアスに関する数多くの研究成果を取り入れることによって，一層精緻化されていくものと思われる。

―――●キーワード●―――

サイモン，ハイネン，制約された合理性，組織的意思決定の理論，最適化基準，満足基準，経済人仮説，経営人モデル，適応的探求法，メタ意思決定，ゴミ箱モデル

【参考文献】
上田　泰〔1997〕『個人と集団の意思決定』文眞堂。
桑嶋健一・高橋伸夫〔2001〕『組織と意思決定』朝倉書店。
竹村和久〔2009〕『行動意思決定論―経済行動の心理学―』日本評論社。
宮川公男〔2010〕『新版　意思決定論―基礎とアプローチ―』中央経済社。
吉原英樹〔1969〕『行動科学的意思決定論』白桃書房。
Barnard, C. I.〔1938〕*The Functions of the Executive*, Harvard University Press.（訳書，山本安次郎他訳〔1968〕『新訳　経営者の役割』ダイヤモンド社。）
Cyert, R. M. and J. G. March〔1963〕*A Behavioral Theory of the Firm*, Prentice-Hall.（訳書，松田武彦監訳〔1967〕『企業の行動理論』ダイヤモンド社。）
Heinen, E.〔1991〕Industriebetriebslehre als entscheidungsorientierte Unternehmensführung, in : Heinen, E. (Hrsg.) *Industriebetriebslehre*, 9. Aufl., Wiesbaden.
March, J. G. and H. A. Simon〔1993〕*Organizations*, 2nd ed., John Wiley & Sons, Inc.（訳書，高橋伸夫訳〔2014〕『オーガニゼーションズ』ダイヤモンド社。）
Simon, H. A.〔1997〕*Administrative Behavior*, 4th ed., The Free Press.（訳書，二村敏子他訳〔2009〕『新版　経営行動―経営組織における意思決定過程の研究―』ダイヤモンド社。）

（瀬見　博）

第Ⅱ部

経営学の体系

第5章

生　　産

■この章のポイント■

　企業において行なわれる生産は，企業目標との関連において把握されねばならない。企業における生産は企業目標を達成するための手段として意義づけられる。したがって，生産において生産性や経済性を高めるための努力が行なわれることは当然のことであるが，最終的には収益性思考によって支配されることに注意する必要がある。本章においてはこのような生産をめぐる諸問題について明らかにする。

第1節　生産と生産管理

1. 生産と生産システム

　生産は企業における中心的な機能である。それは複雑多様な現象であって，さまざまな学問研究の経験対象となっている。したがって，生産について考察する場合，多様な接近が可能であるが，経営生産論においては経営経済学的な観点から生産の問題が考慮されるのである。それゆえ，技術的な側面や社会的な側面などは，それらが経営経済学的分析にとって重要な意味をもつ限りにおいて考慮に入れられることになるのである。

　生産とは，財とサービスを別の財とサービスに変換することであるが，それは調達と販売という局面の中間に位置しており，価値創造のための生産要素の

結合として理解することができる。

　生産の行なわれる場としての経営(Betrieb)は生産システム(Produktionssystem)として捉えることができる。かかる生産システムは企業というシステムのサブシステムあるいは部分システムとみなされ得るのである。そして，システムとしての企業は，企業環境たるスーパーシステムの部分である。しかして，生産システムは孤立的に存在しているのではなくて，企業における他のサブシステムと直接的に結び付いており，また，それらのサブシステムを通じて企業環境と間接的に結び付いているのである。

2. 生産管理

　生産管理（Produktions-Management）は，企業の生産領域における意思形成および意思遂行に関わるのであって，それは上述の生産システムを規制するのである。したがって，これに関しては，生産の目標志向的な計画，実行および統制が問題とされるのである。すなわち，生産領域における代替案の体系的な分析，もっとも目標適合的な代替案の確定，そして，代替案の実行，さらに，目標―実績比較を通じての統制などが生産管理の内容を形成するのである。

　このような生産管理としては，戦略的生産管理，戦術的生産管理および業務的生産管理が区別され得るのである。戦略的生産管理の課題は，生産システムに関する目標と戦略の形成，長期的に作用する基本計画の策定である。また，戦術的生産管理の課題に関しては，戦略的な意思決定がその枠組み条件となる。そして，戦術的な生産管理の内容は戦略の具体化ということになる。さらに，このような戦略的生産管理と戦術的生産管理を基礎として行なわれるのが業務的生産管理である。そして，具体的な製品ミックスが確定され，必要な生産要素が準備され，最適な生産過程の形成が実現されることになる。このような3つのレベルの生産管理は，それぞれ孤立しているのではなくて，それらの間には内的な関連がみられるのである。

3．生産管理システム

　生産システムと管理システムを統合したものが生産管理システムである。すでに明らかなように，生産システムにおいて生産要素の結合という物理的な過程が遂行される。それに対して，管理システムは生産システムの目標適合的な形成と指導のための情報処理過程を包括している。このように，生産管理システムの基本構造は，密接に関連している2つの過程によって説明されるのである。

　情報のインプット（生産目標と生産指示）および生産要素のインプットによって，生産システムにおいて製造（Fertigung）が開始される。そして，生産の結果としてのアウトプットは，給付（市場で販売可能な生産物）とフィードバック情報である。フィードバック情報は実際数値と目標数値の比較により得られ，新たな規制要因として機能するのである。

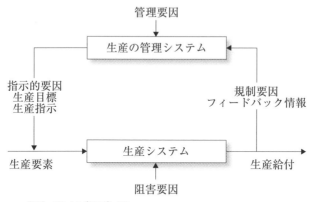

図表5-1　生産管理システムの基本構造

出所：Zäpfel〔2000〕S.2.

―――●キーワード●―――

経営経済学，経営，企業，システム，生産管理，戦略と戦術，フィードバック制御

第2節　生産システム

1．生産システムの構成要素

生産は，投入（Input）を産出（Output）に変える仕組みである生産システムにより実現される。その意味において，生産システムは投入・産出システム（Input/Output-System）として把握されるものであり，それは生産要素，生産物および変換過程（生産過程）という3つの構成要素により構成されている。

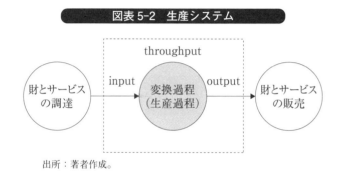

図表5-2　生産システム

出所：著者作成。

（1）生産要素

生産物の生産のために生産過程に投入され，費消される財およびサービスが生産要素である。この生産要素は，基本要素，処理的要素および付加的要素から成っている。

基本要素としては，管理的職能を遂行しない人間労働給付（＝対象関連的労働給付），広義の経営手段および材料が挙げられる。この場合，広義の経営手段は，狭義の経営手段（機械，装置，建物，工具など）と経営材料（エネルギー，冷却材，潤滑材など）に，材料は原材料，補助材料および外部から購入される中間生産物にそれぞれ細分されるのである。また，処理的要素とは管理職能を遂行する人間労働給付のことである。それは基本要素を結合するものであって，

結合的要素とも言われる。

以上のような生産要素は，生産過程における費消態様の相違により，費消要素（反復要素）と潜在要素に分けられる。費消要素は，生産過程に投入されると即座に費消され，再び生産に用いられないものである。これには，材料と経営材料が属する。この費消要素は，さらに，生産物の実体を形成するもの（原材料，補助材料）と生産物の実体を形成しないもの（経営材料）に分けられる。さらに，後者は，生産過程の遂行に必要なものと生産設備等の維持に必要なものに細分され得るのである。潜在要素とは，生産過程において特定の働きをするもので，生産物の実体を形成するものではない。かかる生産要素は長期にわたって徐々に費消され，繰り返し生産に用いられ得るのである。潜在要素は物的潜在要素（狭義の経営手段）と人的潜在要素（人間労働給付）に細分される。

上述のような基本要素と処理的要素の他に，なお一群の生産要素がある。それは，数量で明確に捉えられないもので，付加的要素という集合概念で表現される。国家，地方自治体，保険会社，コンサルタントなどから得られるサービスがこれに当たる。

以上において述べてきたことは，図表5-3のようにまとめることができる。

図表5-3 生産要素の体系

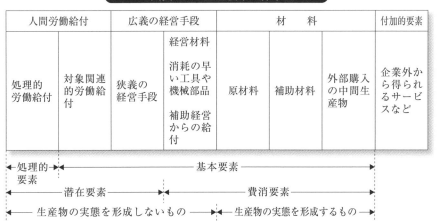

出所：筆者作成。

(2) 生　産　物

　生産の遂行された結果として生み出されるものが生産物であって，それは販売市場で販売される。生産物は広い意味においては，財とサービスをその内容とするのであるが，サービスが除外されるのが通例である。

　生産物は，その利用可能性にしたがって，最終生産物，中間生産物および廃棄物に分けられる。最終生産物は，販売市場において他の経済主体に対して供給されるものであって，それは消費財と投資財に細分される。ただし，それは相対的な区分であって，同じ生産物が，ある場合には費消財とみなされ，他の場合には投資財とみなされることがある。そして，中間生産物は，後続する生産過程において，さらに生産要素として用いられるものである。したがって，それは生産物と生産要素の二重の性格をもつものである。もちろん，販売市場では中間生産物に対する需要もある。さらに，廃棄物は，生産物の生産の際に発生するもので，もはや費消財や投資財の生産には利用され得ないものである。多くの場合，このような廃棄物は環境負荷を回避ないし軽減するための処理を必要とする。なお，主要生産物たる最終生産物および中間生産物が生産される場合に，副産物が生産されることがある。その副産物も最終生産物として販売されるものと廃棄物として処理されねばならないものに分けられる。

(3) 変 換 過 程

　生産システムの投入と産出を結びつけるのは，変換過程あるいは生産過程である。この過程において，生産要素が結合されるのであるから，当該過程は結合過程とも称される。そして，結合機能を担うのが，結合的要素としての処理的要素である。

2．生産システムの特性

　生産システムを特徴づける要因については，さまざまなものが考えられるが，それらの中で生産能力（Kapazität）と弾力性が重要である。

　生産能力はある期間における生産システムの給付能力として理解される。かかる生産能力に関しては，質的生産能力と量的生産能力が区別される。まず，

質的生産能力は，生産システムの質的側面を規定し，潜在要素により実現され得る給付の質に関連する。すなわち，質的生産能力は生産システムによって生産される生産物の種類を表現するのである。それに対して，量的生産能力は，量的な給付能力を表現し，それは一定期間において生産システムにより実現され得る特定生産物の生産量の最大値である。生産量は生産速度，生産時間および潜在要素の数という3つの要因から構成されるが，生産能力はそれらの数値の最大値の積として表される。

　生産の遂行に際しては，質的および量的生産能力の可及的大なる利用，したがって，できるだけ生産能力利用度を大きくすることが目指されるのである。

　今日の生産において，弾力性を高めることが関心の的になっている。この場合の弾力性とは，生産的要求の変化に対する適応可能性を意味する。生産システムの弾力性に関しては，量的側面と質的側面がある。量的な弾力性とは要求される生産量の変化に適応する可能性のことである。そのような適応は，上述の生産速度，生産時間および潜在要素の数を変化させることにより実現され，それぞれの適応は，強度による適応，時間的適応および量的適応といわれている。また，質的な弾力性は代替的な費消要素投入の可能性および代替的な生産物生産の可能性によって表される。

　今日の生産においては，市場ニーズへの迅速な対応が要求される。従来から強調されてきたFMSに加えて，最近ではセル生産方式が注目されている。

―――●キーワード●―――

生産要素，FMS

第3節　生産の諸形態

　現実において遂行される生産は，生産システムの3要素に関連する基準により，さまざまな形態に細分することができる。紙幅の都合により，すべての生産形態を網羅的に取り上げることはできないので，以下においては，いくつか

の代表的なものについて簡単に説明することにする。

1. 産出関連的な基準による分類

販売構造の相違により，注文生産（顧客生産）と見込み生産（市場生産）が区別される。前者の場合，生産は顧客の注文に基づいて行なわれ，後者の場合は，生産は注文とは関係なく，多数の不特定の顧客を想定して行なわれる。

生産プログラムの相違により，単数種類生産物生産と複数種類生産物生産が区別されるが，前者は稀にしか見られない。そして，複数種類生産物生産は，生産技術的な相互関係の有無に従って，結合的生産と非結合的生産に分けられる。さらに，結合的生産は代替的生産と連結生産に細分され得る。代替的生産においては，複数種類の生産物の生産に共通の生産要素が用いられる。連結生産の場合，同一の生産過程で複数の生産物（＝連産品，主要生産物と副産物）が必然的に生産されねばならず，一種類だけの生産物の生産は可能でない。

2. 投入関連的な基準による分類

いかなる生産要素が多く用いられるかということによって，労働集約的生産，経営手段集約的生産，材料集約的生産およびエネルギー集約的生産が区別される。また生産要素投入の弾力性の程度によって，特殊的生産と普遍的生産が区別される。前者は専門機械，高度に専門化された労働力，特殊な材料の投入による非弾力的な生産であり，後者は汎用機械，あまり専門化されていない労働力，代替可能な材料の投入に基づく弾力的な生産である。

3. 変換過程関連的な基準による分類

生産の反復頻度によって，大量生産，個別生産，組別生産（ロット生産）に分けることができる。大量生産は，長期にわたって，同じ生産設備で，標準化された生産物を繰り返し生産することを特色とする。それに対して，個別生産においては，顧客の注文に基づいて，多種多様な特殊生産物が生産される。そ

の生産は，全く反復されないか，少なくとも一定期間は反復されない。大量生産と個別生産の中間的な形態が組別生産（ロット生産）である。この場合，同じ種類の生産物が一定数量（ロットサイズ）ずつまとめて生産される。

　生産設備等の空間的な配置の様式に従って，万能職場生産，機能別職場生産，品種別職場生産，流れ生産が区別される。万能職場生産の場合，各種の汎用機械が1つの職場に集中され，注文に基づいて各種の生産が行なわれる。機能別職場生産においては，生産設備等が機能別に集合配置させられ，それぞれの職場を形成する。そして，原材料および仕掛品が各職場を経過することにより生産が行なわれる。さらに，品種別生産（ライン生産）の場合，生産物の種類ごとに生産過程が形成される。その場合，生産設備は必要な順序に従って配置される。かかる過程の遂行に関して，時間的な強制進行性を伴うものが流れ生産である。

　生産構造により，発散的生産と収束的生産に分けることができる。前者の場合は，1種類の材料から複数種類の生産物が生産され（たとえば石油精製），後者においては，ある生産物がさまざまな投入要素から形成される（たとえば自動車の組み立て）。

　利用される支配的なテクノロジーによって，化学的生産，物理的生産および生物的生産が区別される。

●キーワード

注文生産，見込み生産，労働集約型産業，組別生産（ロット生産）

第4節　生産理論と原価理論

　生産システムの中心に位置するのが変換過程（生産過程）である。この変換過程において投入が産出に変換される。このような関係を考察対象とするのが，生産理論および原価理論である。すなわち，生産要素の投入量およびそれに基づく原価（Kosten）と生産物の産出量の間の関係が研究されるのである。周知

のように，原価は量的構成要素と価値的構成要素から成り立っている。それで，生産要素の投入量と産出（＝生産量）を考察する生産理論と，原価と産出（＝生産量）の関係を対象とする原価理論が区別されるのである。したがって，生産理論が原価理論の基礎となっているのである。

このような生産理論および原価理論は経営学の最も基本的な領域であって，多くの有名な経営学者がこの領域に足跡を残している。

1. 生 産 理 論

生産理論は，生産過程における生産要素の投入・費消量と量的収益の間の関係を分析・説明することを課題とする。その際，投入と産出の量的関係が生産関数で表されることになる。生産関数は，生産理論におけるもっとも重要な研究対象であり，同時にきわめて有用な用具であるといえる。

いま，n 種類の生産要素を考え，それらの投入量を $r_1, r_2, \cdots\cdots, r_n$ とする。また，m 種類の生産物が生産されるものとし，それらの産出量を $x_1, x_2, \cdots\cdots, x_m$ とする。生産関数は，

$$x_1, x_2, \cdots\cdots, x_m = f(r_1, r_2, \cdots\cdots, r_n)$$

と表すことができる。これは産出志向型な生産関数と言われるもので，生産量の要素投入量に対する依存性を表そうとするものである。ただし，簡略化のために，通常は生産物が一種類の場合が前提とされる。したがって，次のようになる。

$$x = f(r_1, r_2, \cdots\cdots, r_n)$$

このような生産関数に関しては古くから議論されているが，経営学においては，もっとも古くから定立されていた収益法則またはA型生産関数，A型関数の非現実性を批判し，費消関数に基づく生産関数を主張したグーテンベルク (E. Gutengerg) によるB型生産関数，さらに，綿密なコンセプトを基礎にして，B型生産関数を改良・拡張し，より現実的なものとしたハイネン (E. Heinen) によるC型生産関数がよく知られている。また，クローク (J. Kloock) のD型

生産関数，キュッパー（H.-U. Küpper）のE型生産関数，マテス（W. Matthes）のF型生産関数が展開されている。

2．原 価 理 論

すでに明らかなように，生産関数は投入と産出の間に純粋に量的な関係を明らかにするものである。しかしながら，第3章において述べられていることからも明らかなように，企業にとっては，そのような技術的関係に加えて貨幣的数値を考慮に入れることが決定的に重要である。それゆえ，原価理論的な研究が必要となるのである。

原価理論は生産理論を基礎とする。その際，生産理論によって確定される生産要素の投入量・費消量が価値的数値に変換され，原価関数が形成されねばならないのである。そのようにして得られた価値的数値が原価であり，それがいかに形成されるかということを考察するのが原価理論である。

生産関数から原価関数を導くには，生産要素の投入量・費消量にそれぞれ生産要素の価格が関係づけられねばならない。このように要素価格を帰属させることが評価（Bewertung）であり，それは原価関数を導出するために必要な手続きである。そのようにして，次のような貨幣的生産関数が得られる。ただし，$p_1, p_2, \cdots\cdots, p_n$ はそれぞれの要素価格である。

$$x = f(p_1 \cdot r_1, p_2 \cdot r_2, \cdots\cdots, p_n \cdot r_n)$$

原価等式 $p_1 \cdot r_1 + p_2 \cdot r_2 + \cdots\cdots + p_n \cdot r_n$ は全体原価（K）を表すから，$x = f(K)$ となる。したがって，貨幣的生産関数の逆関数を求めることによって，全体原価関数 $K = g(x)$ が得られるのである。

評価ということを媒介とする生産理論と原価理論の関係は図表5-4のように表すことができる。

図表5-4 生産理論と原価理論

```
                    投入・費消額(原価) ┐
                         ↑            │
                         │            │
         評価─┐          │            │原
              ↓   原価関数─→          │価
              │   生産関数            │理
              │     ↓                │論
              │                       │
         投入・費消量 ──→  産 出 量    ┘
         └──────┬──────┘
                生産理論
```

出所:筆者作成。

　原価理論は，価値的数値で表された財費消である原価と，それに影響を及ぼす要因すなわち原価作用因の関係を明らかにする。すなわち，具体的には，①存在する原価作用因の明示，②重要な原価作用因の体系化，③各原価作用因の原価に及ぼす影響の説明，④企業管理者による原価の処理決定メカニズムの解明，⑤目標に適合する最適な原価の形成ということがその課題となる。①～④は説明課題，⑤は形成課題と言われている。

───●キーワード●───

原価，生産理論，原価理論，生産関数，グーテンベルク，ハイネン，原価関数

【参考文献】
日本経営工学会〔2002〕『生産管理用語辞典』日本規格協会。
人見勝人〔1992〕『生産システム論』同文舘出版。
深山　明〔1995〕「経営生産」吉田和夫・大橋昭一編著『現代基本経営学総論』中央経済社。
深山　明〔2002〕「生産管理と効率性の追求」濱本　泰編『現代経営学の基本問題』ミネルヴァ書房。
深山　明・海道ノブチカ〔2001〕『経営学の歴史』中央経済社。
宗像正幸・坂本　清・貫　隆夫編著〔2000〕『現代生産システム論』ミネルヴァ書房。

Corsten, H. 〔2007〕 *Produktionswirtschaft*, 11. Aufl., München Wien.
Dyckhoff, H. und Spengler, T. 〔2007〕 *Produktionswirtschaft*, Berlin.
Kern, W. 〔1990〕 *Industrielle Produktionswirtschaft*, 4. Aul., Stuttgart.
Kiener, S., Maier-Scheubeck, N., Obermaier, R. und Weiß, M. 〔2006〕 *Produktions-Management*, 8. Aufl., München Wien.
Steffen, W. 〔2002〕 *Produktions- und Kostentheorie*, 4. Aufl., Stuttgart・Berlin・Köln.（訳書, 平林喜博・深山　明『シュテフェン生産と原価の理論』中央経済社。）
Zäpfel, G. 〔2000〕 *Strategisches Produktions-Management*, 2.Aufl., Bern・New York.

（深山　明）

第6章

販　　売

━━この章のポイント━━

　高い技術を有する生産者が生産した製品が，常に市場で受け入れられるとは限らない。そこには競争と市場の問題がある。自社の資源と市場の規模を考慮しながら，競合他社よりも標的顧客のニーズに適合した製品を投入し，その製品特徴を広告などさまざまな手段を用いて，標的顧客に的確に訴えかけ，標的顧客が購入可能な販売経路を整備しなければならない。

　本章では，まず，生産者にとっての販売問題，マーケティングの定義と必要性について説明する。次に，マーケティング戦略の基本である市場細分化，標的市場の選択，ポジショニングについて説明する。さらに，標的市場に働きかける手段としてのマーケティング・ミックスのうち，販売経路に関する活動について，生産者が行なう販売系列化（流通系列化）も含めて説明する。最後に，マーケティング・ミックスのうち，広告などのマーケティング・コミュニケーションに関する活動について説明する。

第1節　販売問題とマーケティング

1．生産者にとっての販売問題

　生産者にとって大きな問題の1つは，販売である。優れた技術で良い製品を生産しても，その販売がうまくいかなければ投資した経営資源は無駄になり，

経営は立ち行かなくなる。では販売を実現するためには何が必要であろうか。生産段階において，市場のニーズを考慮した製品開発は必要であろう。固有の技術に基づき，シーズ志向で開発された製品でさえ，市場ニーズとの適合を全く無視することはできないだろう。しかし，市場のニーズをある程度考慮した製品開発が行なわれていても，販売が常にうまくいくとは限らない。それはどのような状況においてであろうか。

　まず，市場ニーズが十分顕在化していない状況である。このような状況は，製品ライフ・サイクルにおける導入期に多い。製品ライフ・サイクルとは，特定の製品カテゴリー全体の売上の時間的な変化をもとに，導入期，成長期，成熟期，衰退期の4つに分け，各期の課題と取るべきマーケティング戦略を提示した理論である。導入期とは，画期的な新製品が市場導入されたが，まだ需要が十分なく，取り扱う流通業者もいない状況である。この状況では，市場ニーズを顕在化させるために，消費スタイルの啓蒙などを目的としたマーケティング・コミュニケーション，また自社製品を取り扱うように流通業者を説得するなどの活動による販売経路の確保が重要である。

　次に，市場ニーズが顕在化した後，需要が急速に増大し，競合企業が増え，元々自社製品を購入していた顧客が競合他社の製品にスイッチする状況，あるいは需要の増大をみて後発で参入したが自社製品を購入してもらえない状況である。このような状況は，製品ライフ・サイクルにおける成長期に多い。成長期とは，市場全体の成長率が急激に高まり，競争が激化する状況である。この状況では，広告や販売促進などのマーケティング・コミュニケーションにより，消費者が自社製品と競合他社の製品の違いを認識し，自社製品を反復購買するように自社製品に対する忠誠度，すなわちブランド・ロイヤルティを高める必要がある。

2．マーケティング

　マーケティングは，上述した販売問題の解決を含む広い概念である。アメリカ・マーケティング協会によれば，マーケティングとは「顧客に向けて価値を創造，伝達，提供し，組織及び組織を取り巻く利害関係者を利するように顧客

との関係性をマネジメントする組織の機能および一連のプロセス」(Kotler and Keller〔2006〕, p.6) である。つまり，単に顧客に販売することだけでなく，顧客ニーズを満たすことで生産者などの組織も適正な利益を得ながら，組織と顧客の関係を構築，維持するために行なわれる活動すべてがマーケティングである。また実際に企業や非営利の組織体が行なうマーケティング・マネジメントとは「ターゲット市場を選択し，優れた顧客価値を創造し，提供し，伝達することによって，顧客を獲得し，維持し，育てていく技術および科学」(Kotler and Keller〔2006〕, p.6) である。

マーケティング・マネジメントの基本的な考え方をマーケティング・コンセプトと呼ぶ。マーケティング・コンセプト以外にもさまざまなマネジメントの考え方がある。生産コンセプトは効率的な生産が企業の最重要課題であるとする考え方である。製品コンセプトは，効率的に生産するだけなく，品質の良い製品を作ることが最重要課題であるという考え方である。販売コンセプトとは，良い製品を作るだけでなく，製品を販売する努力を行なうことが最重要課題であるという考え方である。これらのコンセプトに対して，マーケティング・コンセプトとは，顧客志向，利益志向，統合マーケティング志向の3つから構成されている。つまり，標的とする顧客の満足を高めるために，製品，価格，マーケティング・コミュニケーション，販売経路に関するマーケティング活動を統合的に行ない，顧客の支持をもとに競争を勝ち抜くことで適正な利益を獲得するという考え方である。また，近年は，社会，非顧客も視野に入れた社会志向マーケティング・コンセプトも提唱されている。

───── ●キーワード● ─────

ニーズとシーズ，製品ライフ・サイクル，販売促進，ブランド・ロイヤルティ，マーケティングと販売，CS（顧客満足），マーケティング・マネジメント，マーケティング・コンセプト

第2節 マーケティング戦略の基本

1．市場細分化

　競争を勝ち抜くためには，競合企業よりも顧客ニーズに適合したマーケティング活動を行なうことにより，高い顧客満足を提供する必要がある。しかし，現代の多くの市場において顧客は同質ではない。そこで，市場の消費者を同質なグループに分ける市場細分化（マーケット・セグメンテーション）を行なう必要がある。その際，同質なグループを市場セグメント（マーケット・セグメント）と呼ぶ。

　同質なグループに分けるための基準として様々な変数がある。人口統計的変数としては，性別，年齢，職業，所得などがある。また，心理的変数としては，製品に対して求める便益，価値，ライフ・スタイル，ブランド・ロイヤルティなどがある。消費者のこれらの変数に関する情報は，主にマーケティング・リサーチを通じて収集，分析される。さらに，行動的変数として，購入の有無，購入回数，店舗への来店回数などがある。近年，小売店にPOSシステムが普及し，会員顧客にID付のカードを配布し，購買時に提示させることで，ID付POSデータが収集できるようになった。小売商の中には，これをデータベース化し，顧客管理システム（顧客データベース）を構築するものも多い。小売商や，データの提供を受けた生産者は，このような個人の購買行動データに基づく，セグメンテーションを行なうことも多い。

2．標的市場の選択

　企業は標的とする市場セグメントを選択する必要がある。自社の強みや競争，セグメントの特徴を考慮して選択する必要がある。図表6-1に示すように，選択のパターンは大きく3つある。1つ目は，マス・マーケティングであり，市場の異質性を無視して，単一製品と単一マーケティング活動（たとえば単一の

広告活動）で市場全体を狙うマーケティングである。2つ目は，差別化マーケティングであり，識別されたセグメントの中から複数セグメントを標的市場として選択し，セグメント毎に製品投入や広告などのマーケティング活動を行なうマーケティングである。3つ目は，集中マーケティングであり，識別されたセグメントの中から1つを選択し，その市場に特化し，製品投入や広告などのマーケティング活動を行なうマーケティングである。また近年，インターネットなどを活用し，顧客毎に異なるマーケティング活動を行なうワン・トゥ・ワン・マーケティングも登場している。

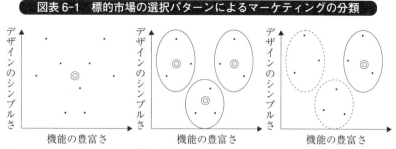

図表6-1　標的市場の選択パターンによるマーケティングの分類

(1)　マス・マーケティング　(2)　差別化マーケティング　(3)　集中マーケティング

（注1）求める便益（デザイン，機能）の水準差に基づくセグメンテーション
（注2）・は消費者の理想とする製品，◎は企業が投入する製品
出所：著者作成。

3．ポジショニング

　標的市場の消費者に，自社製品が競合他社の製品とは異なると認識させるために，標的市場の選択と同時に，ポジショニングも決定する必要がある。ポジショニングとは自社製品を標的市場の消費者の心の中で，競合他社の製品とは異なるものとして有利な位置に位置付けることである。つまり，標的市場の消費者の心の中で，消費者にとって価値ある次元で競合他社の製品と違いが認識されていなければならない。マーケティング・リサーチにより収集された消費者の主観的な製品・ブランドの評価データから作成される知覚マップ（プロダクトマップ）は，ポジショニングを分析するための有効な手段である。

●―――――●キーワード●―――――――――――――――――――――――●

市場細分化戦略，市場セグメント，ブランド・ロイヤルティ，マーケティング・リサーチ，POSシステム（バーコード），顧客管理システム（顧客データベース），標的市場

●――――――――――――――――――――――――――――――――――●

第3節　販売経路

1．マーケティング・チャネル

　標的とする市場セグメントが決まれば，次はその標的顧客が購入できるように，生産者の立場から言えば最終消費者への販売が実現するように，製品の流通について考えなければならない。本節では，標的市場に働きかける手段としてのマーケティング・ミックスのうち，生産者が販売を実現させる上で特に重要な製品の流通，すなわちマーケティング・チャネルについて述べる。

　マーケティング・チャネル（販売経路）とは，特定生産者の経営の観点からみた商品の流れである。これは，特定の商品について生産から消費までの商品の流れを意味する流通経路とは区別される。次ページの図表6-2に示すように，特定生産者のマーケティング・チャネルにはさまざまな形態がある。まず大きく，直接流通と間接流通に分けられる。直接流通は，生産者と消費者が直接取引を行なう形態で，ダイレクト・マーケティングと呼ばれることもある。これには，生産者によるインターネットを用いた消費者への直接販売などが該当する。間接流通は中間段階の数に応じて，1段階チャネル，2段階チャネルなどの区別がある。1段階のチャネルとは，生産者と消費者の間に小売商が介在するチャネルである。2段階のチャネルとは，生産者と消費者の間に卸売商と小売商が介在するチャネルである。また，各段階でどれくらいの数の流通業者に自社製品を取り扱わせるかについても考える必要がある。このように生産者は，マーケティング・チャネルに参加するメンバーを選定する前に，まず自社のマー

ケティング・チャネル全体の設計図を検討する必要がある。

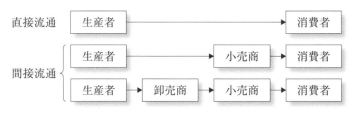

出所：田島・原田編〔1997〕p.54, 図1-14を筆者が一部修正し作成。

　マーケティング・チャネル全体の設計を考える際に注意が必要なのは，中間業者を排除し段階数を少なくするほど流通は効率的になり，多くの製品を最終消費者により安く安定的に提供できるとは必ずしも言えない点である。この点を理解するためには，流通に関する理論的理解が必要である。生産と消費の間には架橋されなければならない5つの縣隔がある。生産時点において財の生産者は所有権をもつが消費者はもっていないという所有縣隔，生産場所と消費場所の空間縣隔，生産時点と消費時点の時間縣隔，どんな財が生産されているかに関する情報を消費者はもっておらず，消費者がどんなニーズや欲求をもっているかに関する情報を生産者がもっていないという情報縣隔，消費者と生産者の間での財と貨幣の交換条件の不一致による価値縣隔である。これらの縣隔は，誰かが流通機能（たとえば，所有縣隔を埋めるために果たされる所有権移転機能，情報縣隔を架橋するために果たされる情報伝達機能）を遂行することにより，商流，物流，情報流の3つからなる流通フローが組織化されることにより架橋される。これらの流通機能の遂行は，流通業者，生産者，消費者の誰が行なってもよいが，いくら段階数が短くても，流通に関わる機関が効率的に流通機能を遂行できないなら，段階数が長い場合に比べて必ずしも総流通費用が低くなるとは言えない。また，生産者と小売業者の間に規模の格差がある場合や，消費者の求めるサービス水準が高いなどの場合，生産と消費の縣隔はより大きくなり，流通への負荷がより大きくなることもある。流通への負荷が高く，生産者の資本力や流通に関する能力が限られている場合，生産者は生産に

専念し，流通は流通機能を効率的に遂行できる流通業者にまかせた方が，多くの製品をより安く安定的に最終消費者に提供できる可能性が高い点に注意が必要である。

2．販売系列化（流通系列化）

　生産者はできるだけ自社にとって有利に販売を行なってくれる流通業者に自社製品を取り扱わせたい。たとえば，他社製品よりも自社製品を小売商に推奨してくれる卸売商，ブランド・イメージを損なうような特売を行なわない小売商は，多くの生産者にとって望ましい流通業者であろう。そこで，一部の生産者は，販売系列化（流通系列化）を行なう。販売系列化（流通系列化）とは「製造業者が自己の商品の販売について，販売業者の協力を確保し，その販売について自己の政策が実現できるよう販売業者を掌握し，組織化する一連の行為」(野田編〔1980〕, p.13) である。「販売についての自己の政策」の具体的な内容の１つは，再販売価格の維持である。このような系列化は，自動車，家電製品，医薬品，化粧品などの製品分野でみられ，生産者が卸売段階を資本統合している場合が多い。また，それにより小売業者にも再販売価格の維持などの面で強い影響を与えている。

　多くの生産者は，再販売価格の維持の実効性を高めるために，流通業者に対して様々な取引慣行を用いることが多い。この具体的行為類型として，小売商が仕入れ可能な卸売商を１つに限定する一店一帳合制，流通業者の営業地域を限定するテリトリー制，一定販売量を達成した場合などに金銭が支払われるリベート，競合他社の製品の取り扱いを制限する専売店制などがある。

　ただし，このような流通系列化の具体的行為類型は法律とも密接に関係する点に注意が必要である。たとえば，一店一帳合制が行なわれていれば，特売を行なった小売商に対して自社製品の出荷を停止することは容易になる。しかし，これは独占禁止法上問題となる。

●──────●キーワード●──────●

マーケティング・チャネル，マーケティング・ミックス，ダイレクト・マーケティング，卸売商，小売商，販売系列化（流通系列化），再販売価格維持政策，テリトリー制

第4節　マーケティング・コミュニケーション

1．マーケティング・コミュニケーションの定義と目的

　生産者がいくら技術的に優れている製品を製造していても，標的顧客がその製品の存在自体を知らなければ，あるいは，その製品の優れた特性に興味をもち理解していなければ，販売は実現しないだろう。本節では，マーケティング・ミックスの1つである，広告や人的販売（販売員活動）などのマーケティング・コミュニケーションについて述べる。

　マーケティング・コミュニケーションとは，ある目的をもって企業が自社の製品に関する情報を標的とする顧客や流通業者に向けて発信し，それを伝達し，統制する一連の活動である。目的には，最終的な目的である販売(消費者にとって「購買」)だけでなく，ブランド名を知ってもらうこと（知名）や，関心をもってもらうことなども含まれる。また，コミュニケーションの対象は，最終の標的顧客だけではなく，最終顧客に通じる流通業者，株主などの利害関係者なども含まれる。

　マーケティング・コミュニケーションは，目的も対象も多様であるため，様々なコミュニケーション手段が含まれる。伝統的な分類に基づけば，マーケティング・コミュニケーションは，広告，パブリシティ，人的販売，販売促進（狭義の意味での販売促進）の4つからなる。近年は，パブリシティをより広くパブリック・リレーションと捉えた分類や，伝統的な4つの分類に加えて，イベント，ダイレクト・マーケティング手法（ダイレクト・メールやEメールなど）の2つを加えた6分類も提示されているが，これらは伝統的分類の販売促進の

一種とも捉えることができるため，ここでは伝統的な4分類に基づき，以降その特徴を説明する。

2．コミュニケーション手段の特徴

　広告は，主に企業や製品，ブランドに対する知名や関心，理解を目的に，新聞，雑誌，テレビ，ラジオ，インターネットなどのメディアを通じて行なわれる活動である。一般的に，広告は事前に購買意図をもった消費者が積極的に見るものではないため，製品の詳細な情報を伝達する目的には適していないことが多い。ブランドの知名を高めることや良いイメージの伝達のために，ブランド名の連呼やイメージを重視した広告などが行なわれることが多い。パブリシティとは，メディアが独自の判断で，企業や製品の情報をニュース，記事として取り上げることである。企業がパブリシティで取り上げられる内容をコントロールすることは難しいが，顧客に対する影響力は大きい。そのため，メディアへの適切な広報活動が重要となる。

　人的販売は，主に確信や購買を目的に販売員を通じて双方向で行なわれる営業，接客である。見込み顧客1人当たりのコストは高いが，双方向のコミュニケーションにより高い信頼を獲得できる可能性がある。ただし，そのためには販売員管理が重要である。販売促進は，広告，人的販売，パブリシティに分類できないコミュニケーション手段すべてであり，特に短期的な効果を狙うコミュニケーション手段である。具体的な手段として，最終消費者向けの景品，試供品，クーポンや，流通業者向けのリベート（たとえば，自社製品の売上が一定の基準を上回った時に支払われる金銭など）や陳列アロウワンス（生産者の希望に沿う店頭陳列を行なった時に支払われる金銭）などが挙げられる。特に，消費者向けの販売促進手段は，最終的な購買を促す目的で行なわれることが多い。

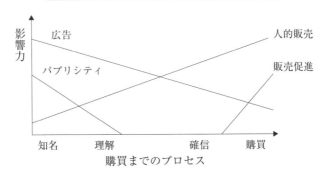

図表6-3 主要なコミュニケーションの特徴

出所：Rosenberg〔1977〕p.407, 図表17-4を筆者が一部修正し作成。

3．コミュニケーション・ミックスとIMC

　一般的に，生産者は4つのコミュニケーション手段を組み合わせたコミュニケーション・ミックスを形成し実施するが，各手段の影響の相違を考慮したミックス形成が重要である。4つの手段の購買意思決定プロセスへの影響度の相違をまとめたものが図表6-3である。広告やパブリシティは，知名や理解などの購買意思決定プロセスの前半の段階で大きな影響力を発揮する一方，人的販売，販売促進は確信や購買などの購買意思決定プロセスの後半の段階で大きな影響力を発揮する。こうした各手段の特性を考慮し，目的に応じた適切なコミュニケーション・ミックスを形成することが重要である。

　また近年，ブランド構築の視点に立って，コミュニケーション全体を統合する統合型マーケティング・コミュニケーション（Integrated Marketing Communication: IMC）という考え方が広まっている。これは，これまでのコミュニケーション・ミックスと異なり，ブランド構築の視点から一貫性をもった最適なコミュニケーション・ミックスを検討し，経時的にも一貫したコミュニケーション活動を行なうことを指す。また，IMCは，製品デザインや価格などのマーケティング・ミックス全体を下支えし推進しているという立場もあり，ブランドの構築と管理が重要になる中で，IMCの重要性も高まっている。

●キーワード●

広告, セールス・プロモーション, 販売促進, 販売員管理, ブランド

【参考文献】

石原武政・池尾恭一・佐藤善信〔2000〕『商業学（新版）』有斐閣。
岸志津江・田中洋・嶋村和恵〔2000〕『現代広告論』有斐閣。
鈴木安昭・田村正紀〔1980〕『商業論』有斐閣。
田島義博・原田英生編〔1997〕『ゼミナール流通入門』日本経済新聞社。
野田實編〔1980〕『流通系列化と独占禁止法―独占禁止法研究会報告―』大蔵省印刷局。
矢作敏行〔1996〕『現代流通』有斐閣。
和田充夫・恩蔵直人・三浦俊彦〔2006〕『マーケティング戦略（第3版）』有斐閣。
Kotler, P.〔1980〕*Marketing Management: analysis, planning and control*, 4th Edition, Prentice-Hall.（訳書, 村田昭治監修, 小坂恕・正田聡・三村優美子訳〔1983〕『マーケティング・マネジメント（第4版）』プレジデント社。）
Kotler, P. and K. L. Keller〔2006〕*Marketing Management*, 12th Edition, Pearson Prentice-Hall.（訳書, 恩蔵直人監修, 月谷真紀訳〔2008〕『コトラー＆ケラーのマーケティング・マネジメント（第12版）』ピアソン・エデュケーション。）
Rosenberg, L. J.〔1977〕*Marketing*, Prentice-Hall.
Rossiter, J. R. and L. Percy〔1997〕*Advertising Communications and Promotion Management*, McGraw Hill Companies.（訳書, 青木幸弘・岸志津江・亀井昭宏監訳〔2000〕『ブランド・コミュニケーションの理論と実際』東急エージェンシー出版部。）

（石淵　順也）

第7章

財　　務

═══ **この章のポイント** ═══

　企業の目的は利益の獲得であるが，そのためには，企業の存続が絶対的な条件である。すなわち，制約条件の1つとして流動性の確保がある。この目的実現のための経営管理の一領域である財務管理では，企業における資金の流れが取り扱われる。より具体的に表すと，財務管理とは企業における資本の調達と運用に関する計画と統制である。したがって，財務管理論においては，株式会社がいかにお金を調達し，そして，いかに運用するのかということが論じられるのである。

　本章においては，まず財務管理とは何か，そして，そこではいかなる問題が扱われるのかということを説明する。次に，資本の運用として投資の問題を考察する。ここでは，投資案の評価方法として正味現在価値法を取り上げ，その意義を論じる。さらに，資本調達の問題として，資本調達の方法ならびにそれらの特徴について説明する。また，それらに多大な影響を及ぼす資本コストについても考察する。資本コスト以上の収益を獲得することで，企業は利益を獲得できるのである。最後に，企業統制の手法として財務分析を取り上げ，企業の収益性と流動性の分析手法について説明する。

第1節　財務管理

　企業は，ヒト・モノ・カネ・情報という経営資源を投入し，商品を生産・販売し，利益を獲得することを本源的な活動としている。その際，経営資源を入

手するには資金が必要であり，企業はそれを投資家による出資，債権者からの借入あるいは商品の販売などによって獲得しなければならない。企業の活動を簡略化すると，図表7-1のように表される。

　財務においては図表7-1の下部分，すなわち経営資源の流れの中でお金の問題を扱う。より具体的には，財務管理とは企業における資本の調達と運用に関する計画と統制である。したがって，財務管理論においては，株式会社がいかにお金を集め，いかに使うのかということについてのプランとチェックが論じられるのである。
　その際，収益性と流動性という2つの問題が取り上げられる。企業において利益の獲得は目標の1つであるが，財務管理論においてはとりわけ株主のために利益を獲得することを目標とすることが前提とされている。すなわち，そこでは株主価値の最大化が目指されるのである。その一方で，この目標を達成するための制約条件として，流動性が確保されなければならない。現実には，利益を獲得しているにも関わらず倒産する企業が存在する。このことは黒字倒産と称されるが，これは流動性が確保されていないこと，言い換えると，お金のやりくりがうまくいっていないことが原因である。したがって，企業が存続するための最低条件として流動性が確保されなければならないのである。
　以上のことから明らかなように，財務管理では，収益性と流動性という2つの観点から，企業がいかにお金を運用するのか（投資の問題），そして，そのためのお金をいかに調達するのか（資本調達の問題）ということが取り扱われるのである。

●―――――●キーワード●――――――――――――――――――――●

経営資源，財務管理，資本，収益性，利益

第2節 投　　資

　財務管理論において，あるものの価値とはそれが将来にわたって生み出すキャッシュ・フローの割引現在価値の合計であると定義される。したがって，企業価値とはその企業が将来にわたって生み出すキャッシュ・フローの割引現在価値の合計であると考えられる。企業はそのようなキャッシュ・フローを獲得するために投資を行なう。すなわち，お金を使うことによってお金を増やすことができるのである。図表7-2で示されるように，貸借対照表の借方にお金の使い方（運用），そして，貸方にお金の集め方（調達）が表されている。企業は資産に投資することによってキャッシュ・フローを獲得するが，この獲得されたキャッシュ・フローはその投資に資金を提供した人（債権者と株主）の取り分となるのである。そのような投資においてはもっとも良い投資案が選択されなければならない。そのために，回収期間法，内部利益率法あるいは正味現在価値法などの多くの手法を用いて，投資案が評価される。財務管理論においては，正味現在価値法がもっとも良い評価方法であると考えられている。以下では，正味現在価値法について簡単に説明した後に，財務管理論においてなぜその評価方法がもっとも適切であると考えられているのかということについて明らかにする。

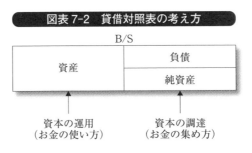

図表7-2　貸借対照表の考え方

投資案の評価では，その投資によってもたらされる価値が導き出されなければならない。前述したように，財務管理論において，プロジェクトの価値とはその投資案によってもたらされるキャッシュ・フローの割引現在価値の合計である。正味現在価値法は，毎期のキャッシュ・フローを割引率（資本コスト）で割り引いたものを合計することで正味現在価値を算出し，その大きさによって投資案を評価するのである。

$$NPV = CF_0 + \frac{CF_1}{(1+r)} + \frac{CF_2}{(1+r)^2} + \cdots + \frac{CF_n}{(1+r)^n}$$

NPV；正味現在価値，CF；各期のキャッシュ・フロー，r；割引率，n；計画期間

正味現在価値が0より大きい場合，その投資は企業にとってプラスの影響をもたらす。また，複数の投資代替案が相互排他的であるとするなら，正味現在価値がもっとも大きい代替案が選択される。もちろん，その値が0より大きいということが最低条件である。

財務管理論においてこの評価方法が推奨される要因として，そこでは株主価値の最大化を企業目標とするという前提が挙げられる。この関係を明らかにするために，正味現在価値法の計算式におけるキャッシュ・フローについて取り上げる。この場合のキャッシュ・フローは増分である。すなわち，プロジェクトを実施した場合のキャッシュ・フローからプロジェクトを実施しなかった場合のキャッシュ・フローを差し引いた差額分である。この金額は以下の式から導かれる。

$$NOCF = (\Delta R - \Delta OC - \Delta D - \Delta IP)(1-\tau) + \Delta IP(1-\tau) + \Delta D$$
$$= \Delta NI + \Delta IP(1-\tau) + \Delta D$$

$NOCF$；純営業キャッシュ・フロー，R；売上収益，OC；営業費用（減価償却費を除く），D；減価償却費，IP；利子支払額，NI；純利益，τ；税率，Δ；増分

純営業キャッシュ・フローは，売上収益から営業費用と税金を控除したものに，営業キャッシュ・フローの範疇には入れられない利子支払額と現金支出を伴わない費用である減価償却費を足し戻すことによって算出される。それを変形した式では，右辺第1項では株主の取り分としての純利益，第2項では債権者の取り分としての利子支払額，そして，第3項では投資額の回収分としての減価償却費が示される。このことから明らかなように，そのキャッシュ・フロー

においては株主の取り分と債権者の取り分が表されており，その合計額を割り引いて求めた正味現在価値は株主価値の増分と債権者価値の増分の合計を意味する。その際，債権者においてはその投資による利益の大きさにかかわらず，あらかじめ受け取る利子が契約によって決められている。それゆえ，投資による利益が大きくなれば，その増分は株主の取り分となる。したがって，正味現在価値の大きい投資案を選択するということは，株主価値の増大につながる。つまり，財務管理論は株主価値の最大化を前提とするため，そこでは正味現在価値の大きい投資案を選択することが最適であると考えられるのである。

　以上のことは次のようにまとめられる。企業価値はその企業において行なわれる投資からもたらされるキャッシュ・フローの割引現在価値合計である。したがって，各投資案の正味現在価値を大きくすることによって企業価値は増大する。その際，企業価値は株主価値と債権者価値の合計であるが，債権者価値は事前に決められているため，企業価値が大きくなるほど株主価値が大きくなる。したがって，正味現在価値が0より大きい投資案を採択すること，さらに，複数の相互排他的な投資案が存在する場合は正味現在価値が最大であるものを採択することが，株主価値の最大化をもたらすのである。

―――― ●キーワード● ――――

回収期間法，企業目標，キャッシュ・フロー，減価償却，資産，資本コスト，正味現在価値法，貸借対照表，内部利益率法，負債

第3節　資本調達

　企業の活動には資金が必要であり，それを獲得するために資本調達が行なわれる。その際，企業にとって資本調達はそれ自体が目的になるのではなく，投資などのなんらかの目的のために実施されるのである。それゆえ，資本調達においては次のことが考慮されなければならない。第1に，株主による出資や銀行からの借入などの多くの資本調達方法が考えられるが，利用できる方法はそ

れぞれの企業において限定されている。たとえば、零細企業が株式を発行しても見ず知らずの第三者は出資しないであろうし、また、設立したばかりの企業に対して銀行は資金を貸し付けないであろう。第2に、資本調達方法の利用条件には相違がある。したがって、企業がどの方法を選択するかによって、それにかかるコストは異なるし、また、その利用期間も異なる。第3に、資本調達によって入手した資金をいかなる目的に利用するのかということに合わせて、その方法は選択されなければならない。たとえば、新しく工場を建設する場合に短期借入を選択することは明らかに誤りであり、株式や社債の発行あるいは銀行からの長期借入が利用されなければならない。以上のことからも、資本調達は企業における資金の使用目的（資金需要額、コスト、利用期間など）に合わせて、その企業が利用できる方法の中から最適なものが選択されなければならないのである。

　資本調達方法に関してさまざまな区分があるが、大きく分けると、外部金融と内部金融に分けられる。外部金融とは企業外部から資金を調達する方法である。

　株主による出資において、企業は出資者に株式を譲渡することにより資金を獲得する。その際、出資者である株主には、企業利益や精算財産への請求権と

図表7-3　外部金融による資本調達

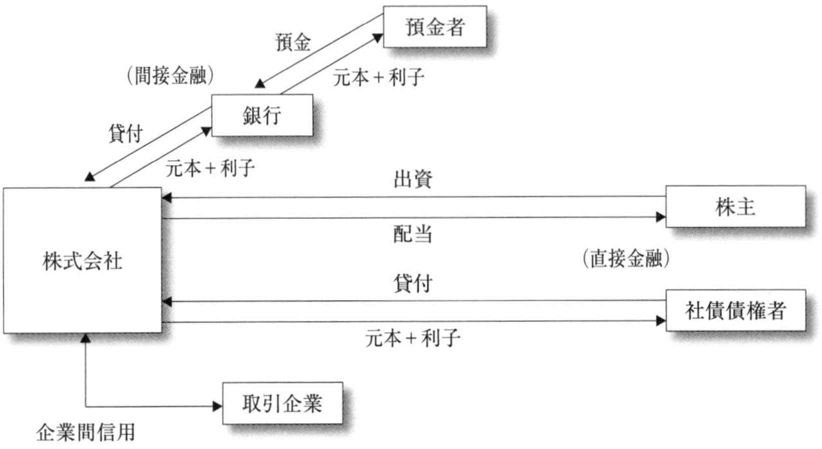

```
                     預金
              ┌─────────→┐ 預金者
   （間接金融）│           │
              │  元本＋利子│
     貸付     │ 銀行      │
  ┌──────────→│           │
  │           │元本＋利子 │
  │           └───────────┘
  │                出資
  │       ←────────────────── 株主
  │                配当
株式会社  ──────────────────→
  │                         （直接金融）
  │                貸付
  │       ←────────────────── 社債債権者
  │              元本＋利子
  │       ──────────────────→
  │
  └──── 取引企業
   企業間信用
```

ともに企業経営への参加権が与えられる。その一方で，株主には，企業が損失を被った場合には配当が得られない可能性や，債務超過により企業が倒産した場合には株式の価値が0になる可能性がある。すなわち，株主はその企業の所有者としての地位を得るとともに，自らの出資額に応じたリスクを負わなければならないのである。

それに対して，社債債権者は，企業が発行した社債を購入することで資金を提供するが，あらかじめ定められた期日に元本が返済され，また，あらかじめ定められた利子が与えられる。それゆえ，彼らは，企業の業績に関係なく元本の返済と利子の受け取りが可能であるため，株主と比べてリスクが小さいと考えられる。しかしながら，株主と異なり，原則的に企業経営への口出しは認められないのである。社債債権者が企業の外部者として企業情報を入手することは困難であるにも関わらず，社債は広く一般に公募される。そのため，その企業に社債の返済能力があるのかということについての第三者による評価（格付け）が重要視される。

このような直接金融に対して，間接金融の代表として銀行からの借入がある。株式や社債による資本調達は市場での調達を前提とするため，資金入手に時間がかかるのに対して，銀行借入は企業と銀行との個別契約により可能であるため，迅速な調達が可能である。また，当事者間の合意に基づき契約書を作成するだけでよいため，事務手続きも容易である。さらに，企業の資金の使用目的に合わせて，短期借入と長期借入が使い分けられる。その一方で，複数の銀行による協調融資が行なわれない限り，1つの銀行からの借入だけでは多額の資金調達は困難である。

以上のような外部金融と異なり，取引先からの借入としての企業間信用は実際に資金提供を受けるものではない。多くの企業が仕入業者や供給先企業との長期的な取引を前提とするため，売買において現金取引を行なうことはほとんどなく，1ヶ月あるいは数ヶ月分をまとめた精算が実施される。そのため，企業が仕入を行なう場合，商品の納入が行なわれたにも関わらず，現金を支払っていないという状態になる。この場合，企業は未払の現金を実際の支払期日まで自由に使うことができるため，仕入先からお金を借りているのと同じ状況にある。商品を掛けで販売した場合はその逆であり，貸付と同じ状態になる。こ

のような長期的な取引関係に基づく買掛金や売掛金は資本調達の1つの方法として考えられるのである。

　内部金融としては，留保利益による方法と減価償却などの引当金による方法が挙げられる。企業が利益を獲得した場合，それを株主に分配せずに留保利益として企業内に留めておくことがある。このことは企業が将来に必要な資金を積み立てておく効果を有するが，株主にとっては配当が少なくなるというデメリットが生じる。しかしながら，それらは企業において将来の投資に利用され，将来の利益を生み出すと考えられ，最終的に株主に還元される。すなわち，利益を分配せずに投資に使用することによって利益が増大すれば，株価も上昇するため，株主にとってもメリットが生じるのである。

　また，減価償却費や年金積立金による引当金は，現金支出を伴わずに費用計上されるため，実際の支出の時期まで企業内に留まる。すなわち，企業が他の目的のために利用できる資金となりうるのである。以上のような内部金融では，外部金融と異なり配当や利子などの明確なコストは発生しないけれども，実質的にコストが生じないわけではない。

―――●キーワード●―――――――――――――――――――――――

外部金融，株式，間接金融，企業間信用，債務超過，社債，増資，直接金融，内部金融，引当金

第4節　資本コスト

　企業は利益を獲得するために資金を運用（投資）しなければならず，また，そのための資金を調達しなければならない。資金を運用する際にさまざまなコストがかかるように，その調達においてもコストが発生する。このコストが資本コストと称せられる。企業が利益を獲得するためには，その他のコストとともに資本コスト以上の収益を獲得しなければならないのである。それに対して，資本提供者の観点から見ると，資本コストは資本の提供に対する最低要求利回

りである。それは、銀行などの他人資本提供者にとって貸付に対する利子であり、自己資本提供者としての株主にとって配当などによる利回りである。企業においては留保利益などによる内部金融も行なわれる。一見すると、内部金融では資本コストが発生しないと考えられる。しかし、たとえば留保利益においては、本来なら株主に配当すべき利益を企業内に留保しているため、配当以上の株主価値の向上がもたらされなければならず、その最低利回りが資本コストとして把握されるのである。

このような資本コストをいくらに設定するのかということは企業あるいはプロジェクトごとに異なる。一般的に、そのコストは自己資本コストと他人資本コストをプロジェクトにおける資本の構成割合で加重平均することにより導き出される。

加重平均資本コスト $(WACC) = w_e \times k_e + w_d \times k_d$

w_d：他人資本の構成割合, w_e：自己資本の構成割合, k_d：他人資本コスト, k_e：自己資本コスト

前述したように、資本コストは資本提供者の最低利回りであるため、他人資本コストは負債の契約利子率である。その一方で、自己資本提供者は他人資本提供者よりもリスクが大きいため、前者が求める利回りは後者が求めるものより大きくなる。このことから、自己資本コストは、もっとも安全な貸付に対する他人資本コストである安全資産利子率（たとえば国債の利子）にリスク・プレミアムを加えることによって導かれる。リスク・プレミアムの算出には数学の知識が必要であり、その数値はたとえばCAPMと呼ばれる技法を用いることによって求められる。

─────●キーワード●─────

CAPM，自己資本，他人資本

第5節 財務分析

　ここまでは資本に関する計画について言及したが，最後に資本に関する統制を取り上げる。すなわち，企業における資本の集め方や使い方のチェックについて簡単に説明する。そのための手法の1つに財務分析がある。財務分析とは，貸借対照表，損益計算書およびキャッシュ・フロー計算書などを用いて，企業の状態を分析する手法である。

　この分析手法は実数分析法と比率分析法に二分される。実数分析法は財務諸表の数値を直接的に利用する方法である。たとえば，前年度と今年度の売上の増減や同業他社との利益の差異などが比較される。さらに，変動費と固定費の割合から損益分岐点となる売上高あるいは販売数量を算出する損益分岐点分析も，これに該当する。

　比率分析法では，財務諸表における関連項目の比率が算出される。その際，収益性分析や流動性分析に役立つ比率が用いられる。たとえば，総資本利益率は企業が投下した総資本に対する利益の比率であり，それによって企業がどれだけ効率的に利益を獲得したのかということが明らかになる。総資本利益率は売上利益率と総資本回転率に分解される。前者は売上に対する利益の割合であり，これが大きい企業はマージンの大きい商品を販売している。それに対して，後者は総資本に対する売上の割合であり，薄利多売の経営を行なっている企業でこの値が大きいと考えられる。

$$総資本利益率（\%）= \frac{利益}{総資本} \times 100 = \underbrace{\frac{利益}{売上}}_{（売上利益率）} \times \underbrace{\frac{売上}{総資本}}_{（総資本回転率）} \times 100$$

　流動性分析(安全性分析)においては，企業の安全性が考察される。たとえば，自己資本比率では，企業が調達した資本における自己資本の比率が算出される。これによって，企業にとって返済義務がなく，長期的に利用できる資金がどれくらいあるのかということがわかる。また，企業にとって利益の獲得が一義的な目標であるが，制約条件として流動性の確保がある。短期的な資金のやりくりは絶対条件であり，このことは流動比率や当座比率によって分析される。そ

の一方で，資金はなんらかの目的のために調達されるのであり，したがって，その目的に適合した調達方法が選択されなければならない。たとえば，工場の建設などの大規模な投資のための資金調達を銀行からの短期借入でまかなうのは明らかに誤りである。このように，資金の調達方法と運用方法のバランスは長期的な流動性分析として固定比率や固定長期適合率を用いて分析される。

$$自己資本比率（\%）= \frac{自己資本}{総資本} \times 100$$

$$流動比率（\%）= \frac{流動資産}{流動負債} \times 100$$

$$当座比率（\%）= \frac{当座資産}{流動負債} \times 100$$

$$固定比率（\%）= \frac{固定資産}{自己資本} \times 100$$

$$固定長期適合率（\%）= \frac{固定資産}{自己資本＋固定負債} \times 100$$

財務分析にはそのほかにも多くの手法が存在し，どのような立場であるいはどのような目的で分析するのかということによって必要となる数値も異なるであろう。また，ここで紹介した数値も含めて，財務分析において絶対的に適切な数値は存在しない。すなわち，財務分析では相対的な比較が行なわれる。それゆえ，ここで求められた数値は，過去の年度との比較や同業他社との比較によって評価されなければならないのである。

―――― ●キーワード● ――――

安全性分析，固定資産，固定長期適合率，固定費，固定比率，固定負債，財務諸表，自己資本，自己資本比率，収益性分析，損益計算書，損益分岐点分析，当座資産，当座比率，変動費，流動資産，流動比率，流動負債

【参考文献】
砂川伸幸〔2004〕『コーポレート・ファイナンス入門』日本経済新聞出版社。
砂川伸幸・川北英隆・杉浦秀徳〔2008〕『日本企業のコーポレートファイナンス』日本経済新聞出版社。
井出正介・高橋文郎〔2009〕『経営財務入門（第4版）』日本経済新聞出版社。
鳥邊晋司・川上昌直・赤石篤紀〔2008〕『戦略財務マネジメント』中央経済社。
西村慶一・鳥邊晋司〔2000〕『企業価値創造経営』中央経済社。
西村慶一・鳥邊晋司・岡崎利美・川上昌直・赤石篤紀〔2005〕『財務マネジメント──企業価値とリスクの評価』中央経済社。
牧浦健二〔2007〕『財務管理概論（改訂版）』税務経理協会。
森田松太郎〔2009〕『経営分析入門（第4版）』日本経済新聞出版社。
若杉敬明〔2011〕『［新版］入門ファイナンス』中央経済社。

（関野　賢）

第8章

管　　　理

═══ **この章のポイント** ═══

　われわれの生活を取り巻く全ての企業において，その目標を達成するために経営管理は非常に重要である。とりわけ，今日のようにグローバル化やIT化の進展した環境変化が激しい時代においては，経営管理やその機能を担う経営者・管理者の重要性がますます高まっている。企業が持続的な発展を遂げていくためには，迅速かつ的確な意思決定が行なわれ，環境の変化に対応することが不可欠だからである。

　このような経営管理の機能や経営者・管理者の役割について学習するのが経営管理論である。本章においては，まず，経営管理論がいかに生成し発展してきたのかを明らかにする。テイラーやファヨールに始まる流れとバーナードからサイモンへとつながる学説を明確化し，経営管理論の全体像を理解していく。また，経営管理の意味と機能，さらには，経営者・管理者の階層や彼らの役割についても学習する。その際に，多種多様な経営管理の課題の中でも，近年，非常に重要視されている経営戦略についても明らかにしている。

第1節　経営管理の生成と発展

　経営学とは企業を研究対象とした社会科学であり，19世紀末から20世紀前半にかけて，資本主義の発展にともなってドイツやアメリカを中心に生成・発展してきたものである。このような経営学は，経営管理を体系的に学ぶ学問領域である経営管理論から始まったと考えられている。

経営管理の重要性が最初に認識されたのは，18世紀後半の産業革命以後である。産業革命を通じて生産現場に作業場の集中と分業，また，機械化と作業の特殊化という変化が起こったために，この当時，管理が必要であると考えられた。その後，19世紀後半から20世紀初頭にかけて先進資本主義諸国において重工業化が進展し，経営の大規模化にともなって管理組織の複雑性が急激に増大した。このことにより，経営管理の体系的な研究が行なわれるようになった。すなわち，先進資本主義諸国のとりわけ大企業において生じた管理問題を解明する必要性から，経営学（経営管理論）は生成したのである。

1．経営学の古典理論

以上のような経営管理の必要性を明らかにし，管理の科学化を最初に図ったのが，経営管理論の創始者とみなされているアメリカのテイラー（F. W. Taylor）とフランスのファヨール（H. Fayol）である。

テイラーは，19世紀末から20世紀初頭に，アメリカ産業で広がっていたストライキや集団による意図的な作業スピードダウンという組織的怠業を打破するための方策として，科学的管理法（テイラー・システム）を提唱した。ここにおいては，低賃金と生産性の停滞という労使双方の不利益を解消するために，作業標準を設定し，それによる管理を行なうことが主張されている。このような管理方法は課業管理と呼ばれ，これを推進するために熟練の移転や時間・動作研究，差別的出来高給制，機能別職長制などが採り入れられた。しかし，このシステムに対しては，経営者側の一方的な経営体制を作り上げる，労働者の人間的要素を無視しているなどの批判がなされた。このような人間の機械化に対する反発から，労働者の労働意欲の減退，欠勤率・退職率の増大などの問題が生じることとなった。

テイラー・システムは，その後，フォード（H. Ford）に引き継がれ，彼はこのシステムを生産現場から生産システム全体へと拡大させて適用し，フォード・システムを確立させて大量生産の実現を可能にした。

フランスのファヨールも20世紀初頭に，自らの社長という立場から『産業並びに一般の管理』を著し，経営管理を科学化して企業における管理の重要性

を明らかにした。彼の管理論は，管理職能と管理原則から構成されている。すなわち，管理職能がすべての企業にみられる6つの職能のうちのもっとも重要なものであることが指摘され，さらにこれを構成するものとして5つの管理の要素が挙げられた。また，彼は管理職能の円滑な遂行のために一般原則が不可欠であると考え，14の管理原則を提示した。

図表8-1　テイラーとファヨールとの異同点

人　名	同　じ　点	異　な　る　点
テイラー	20世紀初頭に，管理の科学化を図った経営管理論の創始者の1人とみなされていること	[立場] 職長 [内容] 作業レベルの科学的管理を行うことに貢献
ファヨール		[立場] トップ・マネジメント [内容] 組織一般に適用可能な管理の概念を明確化

出所：筆者作成。

2．経営学の新古典理論と近代理論

1920年代に入ると，ホーソン実験が端緒となって人間関係論が展開された。これは経営学の新古典理論と称され，労働者を機械的存在としてではなく人間的存在と見る新しい管理論が確立されることとなる。メイヨー（G. E. Mayo）やレスリスバーガー（F. J. Roethlisberger）などの研究者により，労働者の集団における人間関係および心理的満足を重視するという社会人としての側面を重視するという人間観の転換が促された。また，インフォーマル組織が従業員の生産性に影響を及ぼすことも明らかにされた。

その後，1960年前後より，人間関係論を基礎に置きつつも行動という観点から管理の問題を捉える行動科学的管理論が展開された。内容としては，個人の欲求に注目したモチベーション理論や，集団を研究対象とするリーダーシップ研究が指摘される。他方，それとは異なった流れの中で，1930年代以降から経営学の近代理論（近代組織論）が明らかにされていった。バーナード（C.

I. Barnard）の組織論やサイモン（H. A. Simon）による意思決定論が展開され，経営学は飛躍的な発展を遂げることとなる。図表8-2は，第1節の中で明らかにされた経営管理論の展開を表している。

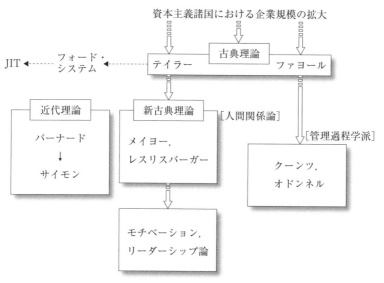

図表8-2　経営管理論の展開

出所：筆者作成。

●キーワード●

経営学，経営管理学（論），テイラー，テイラー・システム，フォード，フォード・システム，ファヨール，管理の要素，管理原則，経営学の古典理論，経営学の新古典理論，ホーソン実験，メイヨー，社会人モデル，経営学の近代理論，バーナード，サイモン

第2節　経営管理の意味

　経営管理とは，具体的にどのような活動を指すのであろうか。
　一般に，経営管理は「組織体の目標を効率良く達成するために，人々の活動を調整すること」を意味する。具体的な活動としては，企業をその目的に即して効率的に運用するための，計画，組織，指導，調整，統制などが指摘される。経営者・管理者は，企業活動のための適切な意思決定を行なうために，企業目標をもとに計画したり，組織を編成したり，企業成果が基準どおりに行なわれているかどうかをチェックしたりする。
　このような管理の活動を最初に明らかにしたのはファヨールであり，彼が管理の要素として計画，組織，命令，調整，統制という個々の管理機能を指摘したのち，多くの論者によってさまざまな要素が指摘されてきた。ファヨールの見解はクーンツ（H. Koontz）らに受け継がれ，彼らは経営管理をおもに管理職能の問題として捉える管理過程学派と称されることとなる。
　以上で明らかとなった経営管理の機能は，経営者・管理者の仕事の過程を表したものであり，計画（plan）―実行（do）―統制（see）という1つの循環過程を形成する。計画された事柄が実行に移され，事後的に統制が行なわれた後，その結果が次の新たな計画のためにフィードバックされるためである。この循環過程はマネジメント・サイクルと呼ばれる。
　ここで注意しなければならないのは，「実行（do）」は経営者・管理者の役割ではないということである。実行の際の彼らの役割が組織や指導などの意味を含む「指揮（directing）」であることから，実際のマネジメント・サイクルは計画―指揮―統制というプロセスを形成する。近年，マネジメント・サイクルは統制の段階におけるチェック活動と修正活動が別々に取り上げられることから，PDCAサイクルと表現される（図表8-3参照）。

第 8 章 管　　理　117

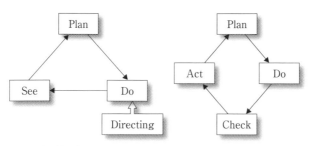

図表 8-3　マネジメント・サイクル

出所：筆者作成。

───●キーワード●──────────────────────

管理，クーンツ，管理過程学派，アメリカ経営学の学派分類，マネジメント・サイクル

第 3 節　管理の活動

1．計 画 策 定

　企業の将来の進路を確定する活動が計画策定である。すなわち，これは，企業が環境に適合して持続的に発展しうる方向を定め，それを実現するための進路を選択する活動である。

　このような計画策定は，期間性や階層性という特徴をもつ。まず，計画は策定期間に応じて分けられ，長期経営計画（5 年から 10 年）と中期経営計画（3 年），短期経営計画（1 年）の 3 つが指摘されることとなる。そして，長期経営計画によって，中期と短期の経営計画は規定される。次に，計画策定の階層性とは，計画が経営に関する基本的な計画である基本計画と，業務の具体的な実行計画

である執行計画という2つに分けられるということを意味する。

また、計画はいくつかの観点から様々な種類に分類されうる。たとえば、計画対象が広いか狭いかによって総合計画と個別計画に、環境適応のパターンによって戦略的計画と戦術的計画などに分けられる。

2. 指　　揮

前述のように、マネジメント・サイクルの実行段階における管理者の役割は指揮であり、これには組織や指導などの機能が含まれている。組織に関しては組織構造などの問題が指摘されるが、ここでは詳細は取り上げない。本章においては、指導の機能、すなわち従業員に対して企業目標を達成するように影響を及ぼす活動であるモチベーションやリーダーシップが明らかにされる。

モチベーションは動機づけともいわれ、ある行動が喚起されそれが一定の方向へ導かれる状態を総称したものである。企業の中では、個人のモチベーションを高めていかに仕事へと向かわせるのかということが重要となる。このような動機づけについて明らかにしたのがモチベーション理論であり、これは内容理論と過程理論に区分される。前者は、個人の行動を動機づける特定の要因を解明することを重視したものであるのに対し、後者は動機づけがなされる心理的な過程を明確化したものである。

内容理論に関する代表的な研究として、マズロー（A. H. Maslow）の欲求階層説や、この考え方に基づいて展開されたマグレガー（D. McGregor）のX理論とY理論、アージリス（C. Argyris）の未成熟─成熟モデルが指摘される。また、ハーズバーグ（F. Herzberg）の動機づけ─衛生理論は、マグレガーらの研究に実証的な根拠を与え、職務満足につながる要因（動機づけ要因）と職務不満足につながる要因（衛生要因）がまったく別のものであることを明らかにした。動機付け要因とは仕事自体やその内容を、衛生要因とは職務遂行に関わる外的状況要因を指す。

過程理論に属するおもな研究としては、ハル（C. L. Hull）の動因理論や、ブルーム（V. H. Vroom）やポーター（L. W. Porter）とローラー（E. E. Lawler）によって展開された期待理論が挙げられる。期待理論は、モチベーションが生起する

心理的メカニズムを解明しようとするものであり，とりわけ注目に値する。

　他方，集団の行動が目標達成のために努力するための，リーダーとフォロワー（部下）との間の双方向的な影響力や影響するプロセスがリーダーシップである。これに関してはさまざまな研究が行なわれてきており，古くはリーダーシップの有効性はリーダーの個人的資質に依存するというリーダーシップ資質論が挙げられる。また，オハイオ研究や三隅二不二のPM理論に見られるように，リーダーシップ行動を2次元で捉えようとする研究や，1960年代後半以降は，リーダーシップの有効性が集団の状況に依存するとしたフィードラー（F. E. Fiedler）やハーシー（P. Hersey）とブランチャード（K. H. Blanchard）の研究に代表されるリーダーシップのコンティンジェンシー理論が展開されることとなる。現在，変革型リーダーシップが注目されており，これはリーダーに関する見解として興味深い内容となっている。

図表8-4　モチベーション論とリーダーシップ論の体系

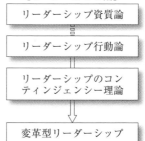

出所：筆者作成。

3．統　　制

　企業の活動が計画どおりに行なわれたかどうかを事後的にチェックし，必要に応じて修正する活動が統制である。統制が行なわれるプロセスにおいてまず，統制の対象とそれに関する標準値の決定が行なわれる。そののちに実際の企業

成果が測定され，実績値と標準値とが比較される。通常，これらの間に差異が生じるためにその分析と評価が行なわれ，次の計画段階のための是正措置がなされることとなる。そして，統制のための手法としては，予算統制や利益管理のための手法であるCVP分析および損益分岐点分析がおもに指摘される。

──── ●キーワード● ────

経営計画, 短期計画, 長期計画, 動機づけ, マズロー, 欲求階層説, 職務拡大, ハーズバーグ, 職務充実, 動機づけ要因—衛生要因, 期待理論, リーダーシップ, ミシガン研究, オハイオ研究, フィードラーのリーダーシップ・コンティンジェンシー理論, 予算統制

第4節　経営者・管理者の階層と役割

1．経営者・管理者の階層

　すでに述べたように，経営管理機能を担当するのが経営者・管理者である。彼らに関しては，「管理の幅」の問題が生じるために従業員数の増大に伴ってその階層が多段階に積み重なっていくことになる。

　「管理の幅（span of control）」は管理限界やスパン・オブ・コントロール，統制の幅とも称され，その問題とは一人の上司が効果的に統率できる部下の数が限定されるというものである。すなわち，一人の上司が多くの部下を直接的に管理できるならば階層が少なくなり，彼が直接的に管理できる部下の数が少なければ階層がより多段階なものとなる。そして，このように指揮命令系統で結ばれた上下の階層構造が形成されることを，職能の垂直的分化という。

　以上のような理由から形成される経営者・管理者の階層は，一般に，トップ・マネジメント，ミドル・マネジメント，ロワー・マネジメントという3つに区分されうる。

まず、トップ・マネジメントとは、最高経営者層、統合管理とも称され、取締役や代表取締役から構成される。ミドル・マネジメントは中間管理者層、部門管理層を意味し、部長（事業部長）や課長などがこれにあたる。彼らはトップ・マネジメントとロワー・マネジメントをつなぐ役割を担っており、トップ・マネジメントの指揮下において各部門を管理する。最後に、業務的な意思決定を行ない、労働者を直接的に監督する係長や職長はロワー・マネジメントと称され、下位管理者層と呼ばれる。管理階層の下にいくほど「管理の幅」が広くなることによって1人の管理者が統率できる部下の数が増加するため、ピラミッド型の企業組織が形成される（図表8-5参照）。

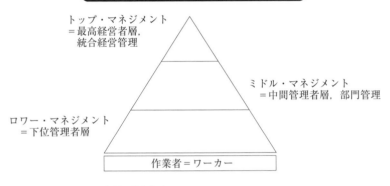

出所：筆者作成。

2．経営者・管理者の役割

経営者・管理者の役割は、それぞれの階層によって大きく異なっている。まず、トップ・マネジメントは、企業活動を全体的な観点から包括的に捉えることが求められ、ミドルやロワーに属する管理者と比較すると非常に幅広い役割を担っている。職務は長期的なものであり、戦略的な内容に重点が置かれることになる。ミドル・マネジメントからロワー・マネジメントへと階層が移行するにつれ、対象領域が1つの部門や職場というように徐々に狭くなる。彼らは戦略を実現するための具体的な手段や方法に係わることになり、したがって、職務内容は短期的で業務的なものとなる。

これらの中で，トップ・マネジメントの役割はミドルやロワーの意思決定の基となるという意味で非常に重要である。以下においては，トップ・マネジメントが関わる計画としての経営戦略について触れておく。

　経営戦略は企業と環境との関わり方を示すものであり，経営学の中では1960年代に理論として登場し，今日，経営管理にとって非常に重要な課題となっている。そして，経営戦略論の重点も，これまでさまざまに移り変わってきた。1970年代に，多角化した事業へ経営資源を配分するためのプロダクト・ポートフォリオ・マネジメント（PPM）などの手法が開発され，さらに1980年代には，ポーター（M. E. Porter）によって競争戦略の重要性が指摘された。1990年代以降は資源ベース理論が登場し，企業が活用できる資源の観点から戦略を考えるようになっている。

　トップ・マネジメントはこのような戦略策定に関わる。たとえば，自社が競争相手と戦っていく土俵であるドメイン（domain）を定義したり，経営資源の蓄積と配分に関する資源展開戦略を決定したりする。企業が長期的に存続していくために自社が活動していく事業領域を決定し，そこに経営資源をいかに配分するのかを考えることが，トップ・マネジメントにとっての重要な課題といえよう。

──●キーワード●──

管理の幅，管理限界，職能の垂直的分化，職能の水平的分化，トップ・マネジメント，ミドル・マネジメント，ロワー・マネジメント，戦略と戦術，経営戦略，ポーター，競争戦略，ドメイン

【参考文献】
石井淳蔵・奥村昭博・加護野忠男・野中郁次郎〔1996〕『経営戦略論（新版）』有斐閣．
金井壽宏〔1999〕『経営組織』日本経済新聞社．
坂下昭宣〔2007〕『経営学への招待（第3版）』白桃書房．
塩次喜代明・髙橋伸夫・小林敏男〔1999〕『経営管理』有斐閣．
野中郁次郎〔1983（1980）〕『経営管理』日本経済新聞社．
渡辺峻・角野信夫・伊藤健市編著〔2003〕『マネジメントの学説と思想』ミネルヴァ書房．
Herzberg, F.〔1966〕*Work and the Nature of Man*, World Pub. Co.（訳書，北野利信訳〔1968〕

『仕事と人間性』東洋経済新報社。)
Taylor, F. W.〔1947〕*Scientific Management*, Harper & Row.（訳書，上野陽一訳・編〔1957〕『科学的管理法』産業能率短期大学出版部。)

(小澤　優子)

第9章

組　　織

===== この章のポイント =====

　企業は内部に広がりをもつ。その広がりがこの章で扱う組織であり，企業が組織をもっていると言う場合，それが骨格に似たものをもち，それにより企業の各部分の調整が図られ企業全体の仕事が効率的に進められる事態が念頭に置かれる。その際組織とは主として仕事の枠組みなのである。他方でまた，企業が組織であると言う場合もある。この場合には，それが人の集合体であることが念頭に置かれ，仕事の枠組みとしての組織に人が就いた場合にどのような事態が予想されるのかを考察し，管理する立場からそのような事態を解決する理論的な究明ならびに実践的な提案がなされることとなる。本章では，まず仕事の枠組みとしての組織の意味を主として管理組織を中心に論じ，続いて，人の集合体としての組織の意味を主として意思決定志向の管理論や動機づけ理論を中心に論じる。

第1節　管理組織

　企業が組織をもっていると言う場合にも，組織には大きく分けて，商品の製造を直接担当する作業組織と，それを管理運営しまたは外部とのつなぎを行なって事業を進める管理組織がある。ここでは管理組織を中心に話をしよう。
　まず管理組織の発生史から始めよう。大量生産の創生期には，おおむね調達，生産，販売といった基本的な職能によって組織の全体の分類をしていたし，それで環境に十分適合的であった。加工対象の製品の種類が限られていたからな

のである。企業の基本的職能によって企業内を分割する方法によってできあがるこうした管理組織は，機能別組織ないし職能別組織と言われる。

　機能別組織ないし職能別組織は，単一品種生産の状況においてもっともその強みを発揮するのであるが，1社で多品種の生産をしなければいけない状況に直面するとこの組織は弱点をもった。多品種の生産をするこうした必要性とは，たとえば，以前には，1種類の自動車のみを販売していれば社会に受け入れられたが，所得の平均的上昇と共に人々の好みが多様化し複数種類の自動車を人々が求め出すようになると，企業はそうした事情に対応しないと生存できなくなるという事態を表している。

　単一品種生産から多品種生産への切り替えないし多角化は，経営戦略と呼ばれる企業政策の幕明けでもある。

　多角化に直面すると，企業は，以前の機能別組織ないし職能別組織によっては，複数の製品それぞれに潜む部品業者との特殊な関連，生産工程・生産技術上の独自性，販売上の秘訣等を，調達部門，生産部門，販売部門といった一括した部門の中で処理し実勢に即応する形で活かしきれなくなった。そこで企業は，基本的機能に従ってではなく，むしろ製品に従って組織を打ち立てる方法を採用した。

　ここに事業部制組織が成立したのである。現在でも基本的には，多品種生産ないし多角化が企業戦略の基礎にあると見られるので，事業部制組織の長所は発揮され続けている。

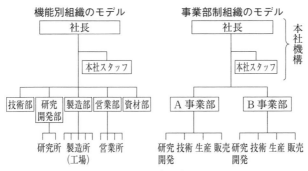

図表9-1　職能別組織と事業部制組織

出所：東北大学経営学グループ〔2008〕p.75から引用。

ここで，こうした発展史にあるような，単一品種生産という戦略があって，機能別組織がそれに適合した組織形態として採用されるという選択が続いて起こり，また，多角化という戦略があって，事業部制組織がそれに適合した組織形態として採用されるという選択が続いて起こったという経過的事態は，戦略がまず先行して，管理組織の形態が後続することを示している。著名な経営史家のチャンドラー（A. D. Chandler）は，この事態を「組織は戦略に従う」という有名な言葉で表現している。

さて，管理組織の形態は，事業部制組織に留まるものではなかった。

事業部制組織は，製品ごとの情報を処理活用するのには適していたが，製品部門を越えて共通利用できる有益な情報については，それが事業部の壁によってはばまれて企業内を行き来しないという短所をもっていた。

この点を補うために，基本的には事業部制組織の形態を縦軸に展開して採用

図表9-2　マトリックス組織

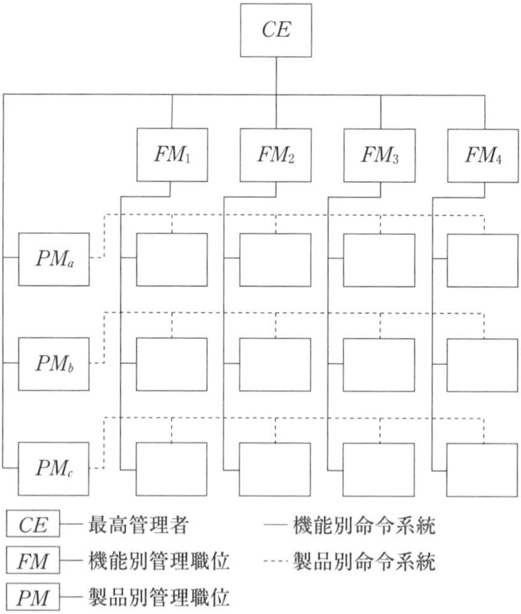

```
                    CE
                    │
        ┌─────┬─────┼─────┬─────┐
       FM₁   FM₂   FM₃   FM₄
        │     │     │     │
 PMₐ ──┼─────┼─────┼─────┤
        │     │     │     │
 PM_b ──┼─────┼─────┼─────┤
        │     │     │     │
 PM_c ──┼─────┼─────┼─────┤
```

CE ─ 最高管理者　　── 機能別命令系統
FM ─ 機能別管理職位　‥‥ 製品別命令系統
PM ─ 製品別管理職位

出所：田島〔1984〕p.260から引用。

しながら，横軸にたとえば生産，研究開発，販売促進といった本部的な組織を機能別に展開するといった2次元型の組織が考えられた。マトリックス組織がこれである。マトリックス組織は各事業部で把握された情報を他の事業部に流通させる限りで利点をもっていたが，この組織も万能というわけではなく，その最大の欠点は，その中で働く人々が，それが基本的には事業部制の組織であるが故に事業部内の指令を優先するべきなのか，事業部に本部からの指示が有ったときには，そうした指示を優先するべきなのかといった指示の優先度の葛藤があることである。

　以上は，管理組織の外郭というか，組織の第1次的な構成部分への分かち方である。組織のこうした第1次的な構成部分への分かち方が決まってくると，問題になるのはその中での組織の特質である。

　組織の中の話に立ち入るためには，まずは，企業は，社会的に必要な財・サービスを供給することによって，その生存を正当化しうると言う事態を理解しておこう。つまり，社会的に必要な財・サービスを供給する企業のみが正当にも企業の名で呼ばれるのである。

　この事態を企業側から言えば，企業は，社会的に必要なものを感知し，それをつかみ取って，自らの生産目的にする必要がある。ここに企業と社会との基本的なやり取りが生じている。ちなみにこの考え方を発展させ，企業の構想と社会との交渉過程で企業の戦略が決定されると見て，その方向に議論をのばしてきたのが企業ドメイン論である。

　さて，社会的要求が企業目的として受け取られるのであるが，企業は，これを達成するために諸種の行為を準備し体系化する必要がある。

　換言すれば，企業は，企業目的を介して，社会的要求を自らの目的として受け取り，これを達成するために諸種の行為を果たしていくのである。

　諸種の行為とはもちろん組織内の仕事であるが，それは，企業目的の達成のために，分割されている。企業目的を達成するために分割され体系化されたものが仕事の枠組みなのである。その際，仕事の枠組みを巡って，第1に，その枠組みどおりに仕事が進むわけではなく，そこへ人間が就いたときに人間の実際の行動と枠組みが期待している行動との乖離が起こることが問題となり，第2に，人間が仕事の枠組みに就いて仕事をするときには，権限や文書化といっ

た仕事を公式的に取り巻く特質が付与されているはずであり，この特質の適切な付与が問題となる。

このうち第2に触れた，仕事を公式的に取り巻くこうした特質は，組織構造の問題であり，まず次節でその問題をみて，第3節で人間の集合体としての組織から生まれる問題をみよう。

―――― ●キーワード● ――――

職能的組織，事業部制，マトリックス型組織，ドメイン

第2節 組 織 構 造

組織構造の側面として，組織内の権限の配分，文書化の程度，階層化の進んだ成層の多重な組織かどうか等といった，組織の第1次的な外形が決まった後の特質が指摘されうる。

これらの特質の多くは，官僚制組織に範を取り，それらを企業組織の組織構造上の特質に利用しうるかどうか，という流れで研究されてきた。特に，この研究の流れを決定づけたのは，それらの組織構造上の特質については，最高の効率を発揮する唯一無二の形の組み合わせがあるのではなく，組織構造上の特質の効率は，組織が置かれた環境との条件相対的（コンティンジェント）な関係で決まってくるという考えであった。

たとえば，組織内の権限の配分については，組織が置かれた環境からの企業に対する要求が頻繁に変動する不安定的な環境下では，それがより下位に配分され組織が分権化した構造をもつ方がより効率的であるが，逆に，組織が置かれた環境からの企業に対する要求が変動的ではない安定的な環境下では，それがより上位に配分され組織が集権化した組織構造をもつ方がより効率的であると考えられる。

ここで取り上げた権限の配分は，組織構造の1つの側面であり，他の組織構造の側面も，組織が置かれた環境の特性に影響を受けながら効率的な特性が決

まってくる。
　また，組織構造を決める要因として考えられるのは，環境のみならず，その他にも，企業が使用する技術，企業の規模，企業の歴史といったさまざまなものが挙げられ，それらとの間の関係が理論的，実証的に究明されてきた。
　さて，以上の話は，第1次的大綱的な骨格としての管理組織の形態は，戦略に合わせて作られ，引き続いてないし同時に管理組織の中ではなすべき仕事としての枠組みが作られ，仕事の枠組みを巡る構造上の特性が環境その他の要因によって決まってくるという事情についてであった。
　ここで管理組織の中におけるなすべき仕事としての枠組みと人々との関係についてみておこう。企業においては，企業目的を達成するための仕事の枠組みが作られ，それが企業の中の人々になすべき仕事の内容を教える。
　企業内の人々が仕事の枠組みそのままに行動するならば，人に対して働きかける行動は必要とされない。ところが，企業内の仕事を達成するためには，言うまでもなく人間を必要としていて，企業内の仕事の枠組みに人間が就くことによって，企業の管理側によって期待される行動が必ずしも出てくるわけではないという事態が発生する。企業内の仕事の枠組みに人間が就くことによってどのような事態が生じるのかについて，企業の管理側がそれにどのように対処するのかを中心に見ておこう。

―――― ●キーワード ――――

官僚制組織，コンティンジェンシー理論，環境

第3節　人間の集合体としての組織

　組織といった場合，仕事の外郭を意味するのみならず，人の集まりとして捉えられる場合もある。この捉え方によれば，確かに企業には仕事の枠組みとしての組織があるが，それとならんで，仕事をするために職位についた人々の集団としての組織もあるということになる。そしてこの意味での人々ないし集団

が，事実上の企業の動きを最終的に決定することとなる。

つまり，集団としての組織の特性が注入されることによって，実際の行動が仕事の枠組みとしての組織という軸からそれるという現象が発生することとなる。その際，実際の行動が軸からそれる程度を最小限に食い止めることが管理の課題となる。この課題は，組織に人間が入ることによって生まれる不確実性を解消していくことが管理の課題であるとも換言できる。

集団としての組織についての研究は多岐にわたるが，人間の意思決定過程を中心に据え組織現象を見る流れは，そのうちの１つの展開をなす。

その見方によれば，組織は人々から成り立っており，人間は自らがもっている記憶から，直面している意思決定に関連した情報を引き出して，その情報に基づいて行動する。

この場合，当該の意思決定に関連した情報を意思決定前提と言うが，人間のこうした行動モデルに立つ限り，管理者が企業の構成員に企業目的の実現のために意思決定させようとすれば，その実現に沿った意思決定前提を，それらの人々の意思決定の直前に呼び出させる必要がある。その際，企業目的の実現に沿った意思決定前提の内容の主だったものが，達成されるべき仕事の内容であり，それは先に触れたように，企業内の仕事の枠組みである。

つまり，管理者は，仕事の枠組みを，企業の構成員が意思決定を行なう直前にそれらの人々に想起させようとし，それに沿う行動に出るように個人に働きかける必要がある。

つまり，企業の構成員に，進むべき目的についての情報が与えられ，またそれを達成する手段についての情報が与えられたときに初めて，それらの人々の実際の行動が企業目的の実現に向かう条件が整う。目的と手段について企業の構成員についての環境整備をして，構成員の行動を導くことが管理者の仕事となり，この場合，対人的な仕事となる。

また，管理者は，構成員の行動を導くために，目的ならびに手段以外の情報をも相互にやり取りしながら交渉を行なう中で，企業目的を実現させようとする。構成員にとって肯定的な意味のあるものを与える約束をしたり，逆に，否定的な意味をもつものを与える通告をすることによって，構成員の行動を誘導することがこの種の行動の典型となる。

以上は，集団としての組織に，行動を導くという意味での管理が生まれる必要性についての話であったが，さらに，行動を導くことに加えて，行動を自ら進んでしたくなる仕事の環境に個人を置くという必要も発生する。行動を導くことが，対人的管理ならば，こうした自主的行動の引き出し行動は，動機づけである。

人が何に対して動機づけられるのかについても，見解は多様であるが，もっとも基本的な事情は，一方での，人がしたいこと，つまり人がもつ欲求と，他方での，賃金，仕事の形，上司のリーダーシップの形といった仕事を巡る条件との整合性が，仕事に対する動機づけを決めているという事態である。

たとえば，職場では賃金のみを求めて，帰宅後，趣味に時間を使おうとしている人に，職場で工夫が必要な興味深いであろうと思われる仕事を与えても，それはかえって押し付けになり，その仕事を与えられた人にとっては迷惑であり，組織的成果も出ない結果となり，組織にとっても不幸である。反面，上司に指図されることなく，創意工夫を凝らし職場に働きがいを求めてやまない人にとっては，興味深い仕事に就けば，仕事に対する動機づけは増す。

以上では，構成員の行動を導くという管理行動と，動機づけについて触れたが，結局，企業の構成員の行動を導く管理行動も，対象となる構成員の欲求を見抜いて，動機づけを引き出すようにも行なわれるべきことは当然であるから，前者は後者の側面を含むと言えよう。

●キーワード

リーダーシップ，動機づけ，バーナード，サイモン

第4節 結 び
―日本的な組織の事情―

動機づけを含むこれまで論述してきた管理行動は，日本で紹介されている経営学における多くの発想と同じようにアメリカ発信の理論であり実践である。アメリカにおいては産業社会が発展する段階において，仕事や企業からの労働者の離反を食い止める必要から，欲求理論に基づきながら動機づけ理論や実践

が提唱された。

ところが日本では，産業化の初期つまり大量生産を定着させる工場制が展開してきたとき以来の伝統で，まず現場の労働者についてはそれらの人々が進んで現場の革新行動に参加し生産効率の上昇に寄与したという事情が存在する。これは職場の小集団活動につながって今日に至っている。

管理組織の日本的事情については，例示的に2点触れよう。

第1に，高度成長期において構成員の企業に対する高い一体感が形成されたと言われているが，その後，企業の構成員全体としてみた場合には，一体感が薄れ，それに対する新たな誘因が模索されている。この点は，動機づけの現代的展開に関わる問題である。

この関連では，従来の日本企業においては，企業目的を個人にも共有させようとする努力が主として行なわれてきていた。この努力は，企業が個人を丸がかえして，企業が追求する目的を企業内の個人にも刷り込み，このやりかたで個人を企業に惹き付けようとするものであり，企業と個人との目的的な一体化の努力と言いうるものである。

こうした努力とは対照的に，最近の日本では，企業は必ずしも個人にとって共有するべき目的を与えるものではなく，そこは，個人にとって企業外部から評価されるための仕事の提供場所であるという位置づけがなされる傾向がみられるようになった。この傾向は，特に専門職の特質をもつ職種にみられるとされる。こうした傾向に基づいて個人を企業に惹き付けようとする努力は，企業を手段として位置づけさせ，外部からの高い評価や次の職へのステップとして利用させようとする限りで，企業と個人との手段的な一体化の形成の努力と言われる。

第2に，管理組織の構成員には，ミドル・マネジメントつまり中級管理層が含まれていて，その人々の任務は，トップ・マネジメントと現場従業員との間に入り意思疎通を図ることであると考えられている。この点は，中級管理層に対する仕事の枠組みとしての組織の内容の現代的な重点変化に関わる問題である。

近時，日本企業の事業領域の組み替えが，かつてより精緻に市場を見極め小規模ながら成長の見込める市場を選ぶ形で行なわれる必要が出てきた。このような状況下では，トップ・マネジメントが考える次の商品理念と現場で対応可

能な商品造りの擦り合わせがいっそう精緻に高速に行なわれる必要がある。この限りで，中間管理層の任務としては，一方ではトップ・マネジメントには，迅速に現場の状況と可能性を誤りなく伝達して，他方では現場には，トップ・マネジメントからは大きくではなく少し先を行く意味の理念を引き出しこれを伝達するという積極的な任務が期待されているわけであり，こうした意味で日本企業における中間管理層の実践上ならびに分析対象としての重要性はますます重要になるであろう。

　以上の例示にも現れているように，日本では必ずしもアメリカ発信の管理行動がそのまま有効であったわけではなく，それを軸としながらも日本的事情を考慮に入れた組織の実態解明ならびにその理論的根拠の探求と，それに基づく日本型組織とそこで働く個人双方にとって肯定的意味をもちうる管理行動の模索が今日も要請され続けているのである。

―――●キーワード●―――

トップ・マネジメント，ミドル・マネジメント，組織人格と個人人格（組織目的と個人動機）

【参考文献】
太田　肇〔1996〕『個人尊重の組織論―企業と人の新しい関係―』中央公論社。
榊原清則〔1992〕『企業ドメインの戦略論―構想の大きな会社とは―』中央公論社。
田島壮幸〔1984〕『企業論としての経営学』税務経理協会。
東北大学経営学グループ〔2008〕『ケースに学ぶ経営学（新版）』有斐閣。
藻利重隆〔1965〕『経営管理総論（第二新訂版）』千倉書房。
渡辺敏雄〔2000〕『管理論の基本的構造（改訂版）』税務経理協会。
Chandler, A. D.〔1962〕*Strategy and Structure:Chapters in the History of the Industrial Enterprise*, MIT Pr.（訳書, 三菱経済研究所訳〔1967〕『戦略と組織―米国企業の事業部制成立史―』。有賀祐子訳〔2004〕『組織は戦略に従う』ダイヤモンド社。）
Herzberg, F.〔1966〕*Work and the Nature of Man*, World Pub. Co.（訳書, 北野利信訳〔1968〕『仕事と人間性』東洋経済新報社。）
Simon, H. A.〔1945〕*Administrative Behavior*, Macmillan.（訳書, 松田武彦他訳〔1989〕『経営行動』（原書第3版〔1976〕の訳）ダイヤモンド社。）
Thompson, J. D.〔1967〕*Organizations in Action*, McGraw-Hill.（訳書，大月博司・廣田俊郎訳〔2012〕『行為する組織―組織と管理の理論についての社会科学的基盤―』同文舘出版。）

（渡辺　敏雄）

第10章

人的資源

=== この章のポイント ===

　本章では経営資源としてのヒトをどのように管理し，どのようにしてその価値を高めていくかについて説明する。企業はヒトで成り立っている。その経営資源としてのヒト（人的資源）をどのように管理するかを考えるのが人的資源管理論である。それにはヒトを管理する制度（人事制度）が用いられる。日本の人事制度には日本独自の特徴があり，それが日本的経営といわれる強みの源泉になってきたといわれる。本章ではまず人的資源管理の機能とその基本的活動について説明し，あわせて日本型人事制度の特徴について説明する。

　その上で人的資源をいかに育成していくかという人材育成についての説明を行う。ヒトの育成には大きく分けて，「現場で仕事をやりながら学ぶ」「研修で学ぶ」「自分で学ぶ」の3つの方法がある。その方法について理解しながら，「現場での学習」の必要性を説く。

　同時にキャリア開発とキャリアデザインについて概観する。キャリア論の進展とともに，自律的なキャリア志向は高まっている。企業が個人のキャリアを支援するキャリア開発と，個人が自身のキャリアを考えるキャリアデザインは車の両輪のような存在である。キャリアデザインについては，いくつかの考え方を提示している。

　最後に知識労働者としての人的資源と，知識のマネジメントについて議論する。知識労働者という人的資源の形は，ナレッジ・マネジメントの研究の進展とともにますます重要性を増している。その入り口にして重要な理論である知識創造理論について概観し，知識のとらえ方について説明する。

　本章は多様な理論の入り口だけをまとめて紹介し，今後の学習にいかせる内容になっている。興味のある分野があれば，続けて学習してほしい。

第1節　人的資源管理の成立

1. 人的資源管理とは

　企業はヒトで成り立っている。企業を構成する経営資源にはヒト・モノ・カネ・情報があるが，その中でヒトはもっとも重要な存在である。その経営資源としてのヒトを人的資源といい，それをどのように管理していくかを考えるのが人的資源管理（Human Resource Management: HRM）である。

　人的資源管理と類似の用語には，労務管理，人事管理，あるいは人事労務管理といったものがある。本来は労務管理はブルーカラーを，人事管理はホワイトカラーを，人事労務管理はその両方を管理対象にするという区別があるが，近年はこれらの用語は同義として扱われることも多い。人的資源管理を含め，人事施策を通じていかに人材の有効活用を図るかを考えるという点は共通しているからである。人的資源管理は他の労務管理・人事管理らと比較して，人材育成・能力開発など，人的資源の質を向上させる志向をもっている点と，動機づけやリーダーシップなどの経営組織論・行動科学の知見を，その管理に援用している点が特徴である。近年では経営戦略とのリンケージを重要視する戦略的人的資源管理（Strategic Human Resource Management: SHRM）の研究も出てきている。

2. 人的資源管理の機能

　企業における人的資源管理の果たす機能は，①作業能率促進機能・②組織統合機能・③変化適応機能の3つにまとめることができる（奥林〔2003〕pp. 13-15参照）。作業能率促進機能は個人や組織の作業能率を高める機能である。目標管理は上司と部下で一定の期間の目標を決め，期間の終わりにその達成度合いをチェックすることを通じて，作業能率を高める制度であるし，仕事の成果に応じて与えられる報酬額を調整する成果主義的報酬制度は，間接的に作業

能率に影響を与える制度として，テイラーの科学的管理法にも含まれている。

組織統合機能は従業員を組織に引き留め，一体感を高め，組織と個人のコンフリクトを少なくする機能である。従業員のモティベーションを引き出すためのインセンティブ・システム（伊丹・加護野〔2003〕）や，後述するキャリア開発支援制度は，そのことで組織へのコミットメントを高める施策である。また企業の経営理念を浸透させる研修制度は，企業文化や価値観の共有を促進し，企業としての一体感を高めることにつながる。

変化適応機能は経営環境の変化に対して組織を適応させる機能である。人事部による人材の再配置やジョブ・ローテーション制度は，人的資源を戦略的に組み替えることで，環境変化に対応するとともに，頻繁な人員削減を抑制することができる。また労働時間管理におけるフレックス・タイム制度や裁量労働制も，労働時間を柔軟に考えることで，環境変化に対応する勤務形態を可能にしているのである。

これら3つの機能について，人事制度は複数の機能を重複して果たすことも多い。たとえば賃金制度も出来高制を通じて作業能率を促進するとともに，適切な報酬を与えることができれば従業員のモティベーションは高まりコンフリクトは減少する。そして適切な人件費の算定は企業の体力に直結し，環境変化への対応にもつながる。次節で説明する人的資源管理の各領域における諸制度が，3つの機能をどのように果たしているのか，考えてみることは重要である。

―――●キーワード●―――

労務管理と人事管理，人的資源管理，組織，行動科学，動機づけ，リーダーシップ

第2節　人的資源管理の基本構成と日本型人事制度

1．人的資源管理の基本構成　―採用から退職まで―

　企業における人的資源管理を，諸活動が連続する一連のプロセスとしてみることができる（今野〔2008〕pp.18-22）。それは企業における人材の入り口にあたる「採用管理」から，出口にあたる「退職管理」までの一連の流れである。すなわち企業は企業の外部（外部労働市場）から人材を採用し（採用），適切な仕事に配置し（配置と異動），仕事に必要な教育をし（人材開発），働く条件を整備し（就業条件），働きぶりを評価し（人事考課），昇進させ（昇進・昇格），賃金体系を決定し（報酬），退職させる（退職）という，連続した諸活動それぞれにおいて，人的資源を有効活用するために管理が必要なのである。

図表10-1　人的資源管理の基本構成

入口 ──────────────────────────────────→ 出口

| 採用管理 | 配置・異動管理 | 人材開発教育訓練 | 就業条件管理 | 人事考課 | 昇進・昇格管理 | 賃金報酬管理 | 退職管理 |

出所：筆者作成。

　管理の必要性を理解するには，もしその管理活動がなかったら，という問題を考えるとよい。もし採用管理がなければ，企業は能力や意欲にあふれた人材を集めることはできない。もし配置・異動の管理がなければ，企業は従業員の適材適所を達成することはできない。もし教育管理がなければ，企業や従業員は学習できず，能力を伸ばすことができない。もし就業条件管理がなければ，従業員は働き過ぎで困憊し，高い生産性を達成することはできない。もし人事考課管理がなければ，従業員は自分の労働の成果を確認することができない。もし昇進・昇格管理がなければ，企業は能力に見合った地位や責任を従業員に付与することができない。もし賃金管理がなければ，企業が人件費の負担に苦

しむか，逆に従業員が生活できなくなってしまう。そしてもし退職管理がなければ，人材の新陳代謝を正常に進めることができない。これらの諸管理活動が適切に行なわれることにより，企業は人的資源を合理的に活用することができるのである。

またこれらの諸管理活動は外部条件からの影響を受ける。それは外部労働市場，労働組合と労使関係，そして労働関係の政策と法律である。外部労働市場は採用や退職に影響を与え，政策と法律は就業規則を通じて，労働組合は労使関係管理を通じて，雇用や賃金に影響を与える。

2．日本型人事制度とその変貌

日本的経営の強みについての議論において，1972年OECD（経済協力開発機構）の報告書が指摘したその3つの大きな特徴は，日本的経営の「三種の神器」と呼ばれた。そしてそれはいずれも人事制度に関するものである。終身雇用制・年功制・企業別労働組合というその3つの特徴は，日本型人事制度と呼ぶことができる。

終身雇用制は従業員を定年まで1つの企業で雇用することであり，年功制は給与や地位が勤続年数によって決められ，それとともに上昇することである。そして企業別労働組合は，欧米の労働組合が産業別に組織されるのに対し，日本では1つの企業に1つの労働組合という具合に，企業別に組織されることを指す。

この三種の神器は相互に影響を与えあいながら，日本企業の強さの源泉になってきた。たとえば日本企業の従業員は企業への忠誠心が高いといわれるが，これは終身雇用制により長く1つの企業に勤続することによるコミットメントの増加がある。また年功制はその1つの企業に居続ける動機づけになる。そして企業別労働組合は経営者と労働組合が企業の発展のために協調する労使協調の遠因となるという具合である。

しかしグローバルな競争環境の変化や，バブル経済崩壊後の危機的な経済状況により，これらの日本型人事制度は変貌を余儀なくされた。不況下での相次ぐ人員削減により終身雇用制は保障できないができるだけ長期に雇用する方針

に変化している。人件費の抑制と有効活用から，年功制は従業員の上げた成果によって報酬が上下する成果主義へと大きく舵を切る企業が相次いだ。企業別労働組合の形態は変化はないものの，組織率は若年層を中心に低下し，労働組合自体のあり方が問われている。未だに日本型人事制度の有効性に対する議論は根強い。日本企業はできる限り長期雇用を目指しながら，成果主義により処遇するという，相反する方向性を両立させるような，新しい日本型人事制度を志向しているが（加護野・坂下・井上〔2004〕），その答えはまだ模索中である。

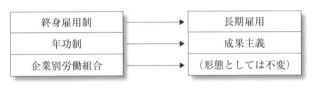

図表10-2　日本型人事制度の変貌

出所：筆者作成。

●——●キーワード●————————————————

人事考課，賃金体系，昇進と昇格，就業規則，労働組合，日本的経営，終身雇用，年功制，成果主義

第3節　人材育成

1．企業で必要とされる能力

評価における成果主義の色彩が強まっている現在，人材育成の重要性はさらに強まっているといえる。仕事において成果をあげるには従業員の能力を向上させることが不可欠であるからである。

企業での仕事に必要な能力の種類にはさまざまな議論がある。たとえば組織で働く能力として課題設定能力・職務遂行能力・対人能力・問題解決能力の4

つに大別されるという考え方（今野〔2008〕p.133）や，キャリアに関連づけて基礎力・専門力に大別されるという考え方もある（大久保〔2006a; 2006b〕）。また仕事の現場において，変化する状況に対応して自らのスキルを使い分ける能力という考え方もある（松本〔2003〕）。

いずれの考え方にも次の2点においては共通している。まず第1点は，仕事の能力はさまざまな種類で構成される複合的なものであることである。その仕事の内容によって必要とされる能力は異なるし，また仕事の成果は複数の能力が複合的に発揮されて達成されることが多い。営業の仕事を考えてもルート営業であれば職務遂行能力，提案型であれば問題解決能力が要求されるし，その過程においては営業先との対人能力が重要である。第2点は，仕事の能力はそこで扱う専門知識を含め，仕事をしている間ずっと学習し続けるものであることである。日本では特に文系の新卒採用の際，入社後企業の中で能力を身につける基礎的学習能力が身についているかを重視する。先述の日本型人事制度も，生涯にわたる能力向上が前提となっており，その意味では企業の中で学習し続ける能力こそが，実はもっとも重要であるといえる。

2．人材育成の方法

企業での人材育成においては，それが基本的に「自学」のプロセスであることをまず理解しなくてはならない（伊丹・加護野〔2003〕）。学校教育と異なり，従業員が自分で学習する姿勢がもっとも重要であり，企業での人材育成は基本的にはそれを支援するものであるからである。

その上で企業での人材育成の方法は大きく，OJT，研修，自己啓発の3つに分類することができる。OJT（on-the-job training：職場内訓練）は職場において仕事をやりながら学ぶという実践をもとにした経験学習である。研修（Off-JT）は企業内外で講義・ワークショップ形式で実施される。そして自己啓発は従業員が自分で読書や外部機関を利用して学習し，企業がそれを支援するという方法である。いずれも自学の姿勢が重要であることが理解できるであろう。

このうち企業での人材育成の方法としてもっとも多く用いられているのはOJTである。それには実践をもとに能力を身につけられること，文書などで

表現できない暗黙的な能力も身につけることができること，仕事に必要な能力を仕事時間内に学ぶことができ時間的・労力的コストが少ないこと，学習者の育成成果がすぐに仕事に反映され，教える側の利点になること，適切なフィードバックがすぐに得られること，経験をもとに企業文化など目に見えないものも学習することができること，などの利点があるからである（小池〔2005〕参照）。しかしこのような OJT の特徴を教える側も学ぶ側も理解して実施しているかは疑問が残るところである。OJT には教育の進捗状況が把握しづらい，上司の教育資質に効率が影響される，などの問題もあるが，一番の問題はただ「やりながら学べ」の一言だけで学習者が実質的に放任されてしまうことであろう。上司が常に教育する姿勢をもつことは当然であるが，学習者の側も「仕事の現場での学習」を，意識して行なう必要がある。仕事の現場は必要な知識や能力向上のヒントが多く埋め込まれているのであり，それらを積極的に活用して学習する姿勢が重要なのである（中原ほか〔2006〕；松本〔2003〕）。

────── ●キーワード● ──────

OJT と Off-JT

第4節　キャリア開発とキャリアデザイン

1．キャリア開発

　勤労観および勤労形態の多様化にともない，キャリア（仕事人生）への関心は高まる一方である。そこから企業が個々の従業員のキャリアを支援する活動と，個々の従業員が企業における自身のキャリアについて考える行動が生まれている。ここでは前者をキャリア開発，後者をキャリアデザインと呼ぶことにしよう。
　キャリア開発，つまり企業が個々の従業員のキャリアを支援する活動は，キャ

リア・ディベロップメント・プログラムと，コース別人事管理の2つが代表的なものとして挙げられる。キャリア・ディベロップメント・プログラムは，従業員の能力開発や経験を，企業と従業員双方の意向を反映させながら組み立てていく教育活動である。特徴は長期的な能力形成を目指し，従業員のライフ・サイクルとリンクさせながら，適切な教育機会を提供することである。具体的な制度としては定期的な部署異動により多様な部署で経験を積ませるジョブ・ローテーションのほかに，公募型・選抜型研修も含まれる。ジョブ・ローテーションにより特に若手の従業員は多様な経験により能力や人的ネットワークを形成したり，適職について考えるチャンスを得たりすることができる。異動において自己申告制度により希望の部署を考慮することができればよりその効果は高まる。

　コース別人事管理は複線型人事管理とも呼ばれ，画一的なキャリア・コース（単線型）ではなく，従業員の意欲・能力によって複数のキャリア・コースから自主的に選択することができるようにするものである。たとえば正社員は全国転勤はあるが給与が高い総合職と，転勤はないが給与が抑えられ仕事内容も限定される一般職に雇用区分がなされるが，この2つの間に中間職として「勤務地限定社員制度」を設けたりする。勤務地限定社員は一定のエリア内での転勤がある代わりに，一般職より高い給与と広い仕事内容が与えられる。肉親の介護などどうしても全国転勤は受け入れられないが，総合職に準じる仕事がしたいと希望する従業員にとって，有効な選択肢を提示するものである。また新規のプロジェクトなどに携わる社員を公募する社内公募制や，管理職や研究職とは別に高度の専門能力を持つ従業員を別体系で処遇する専門職制度も，コース別人事管理の施策の1つであるといえる。

　キャリア開発において重要なのは，個人の意向と組織の意向をいかにうまく折り合わせるかということである。いかに従業員の望むキャリアを支援するとはいえ，すべての希望を聞き入れるわけにはいかない。組織には組織の人的資源管理に基づく計画があるのである。個人の問題と組織の問題をいかにうまく折り合わせ，両者の意向を相互作用させ調和させるかが，キャリア開発における本質であるといえる（Schein〔1978〕）。

2．キャリアデザイン

　キャリアデザインは従業員自身が自らのキャリアについて自律的に考えを深め，その実現について計画し実行することである。すでに労働に従事している社会人はもちろん，まだ働いていない学生にとっても，将来の仕事人生について考え，その実現について行動することは重要である。キャリアには過去と現在の具体的な経歴（客観的キャリア）のほかに，その経歴においてどう考え，どう行動し，またこれからどう行動するかについての自己イメージ（主観的キャリア）も含まれる。個人のキャリアは個人の意向と組織の意向が調和することで構築される。自律的なキャリアは方向性としての確固たる自己イメージがあって初めて組織の意向と相互作用することができるのである（金井〔2002〕）。

　キャリアデザインには，キャリア概念の捉え方の変遷にともなう形でいくつかのアプローチがある。キャリア研究の始まりは1890年代にさかのぼり，社会階層や社会構造が職業決定要因に大きく影響を及ぼすという考え方から出発している。この考え方から，育ってきた環境の影響を受けて自己イメージと職業イメージは形成され，それらとアクセスできた選択肢との折り合いから職業は決定されるという研究がある。これまで育ってきた過程や自身に影響を与えた考え方などを振り返り，そこから理想的なキャリアについてのイメージを構築するというのが，キャリアデザインの方法として導き出せる。

　次は個人特性と環境とのマッチングを考える研究である。これは個人の特性と環境（就職する企業や働く環境）の特性がよくマッチする職業を見つけるというもので，いわゆる「天職」を探すイメージである。自分に合った仕事を探すというキャリア支援会社のサービスはおおむねこのアプローチによる。そこから自身の特性をよく知り，それに合った職業を探すというのがキャリアデザインの方法として導き出せるし，実際そのような有料のサービスも数多く存在する。しかし個人特性を理解すれば自動的に職業が決定するというものではなく，あくまで検討材料を提示するにすぎないことを理解する必要がある。

　次はキャリアにはいくつかの段階が存在するという研究である。これは部課長などの管理職におけるキャリアを考えるというように企業における職務階層を目安にするものと，たとえば35歳にはどんなキャリアを歩んでいるか考え

るというように，人のライフ・サイクルに関連づけるものがある。いずれにしてもキャリアのある時点における目標やイメージを明確にすることがキャリアデザインの方法であるが，それはあくまで目標であり，不確実性の高さから必ずしも思い描いたようにはいかないことを理解して臨む必要がある。

そして現代では1つの企業でずっと働き続けることを必ずしも前提としないキャリアを考えるバウンダリレス・キャリア（boundaryless career）研究がある。もちろん転職を繰り返すキャリアを志向する必要はないが，1つの企業の中だけにキャリアを限定してしまう必要もない。そのような制約を外して将来を考えることも考慮すべきである。

これまで述べてきたキャリアデザインの方法は，キャリア概念の研究の変遷から導き出されているが，デザインする方法としては排他的なものではなく，むしろ複数のアプローチを相補的に用いることも可能である。より多くの材料をもとに，充実した自己イメージを形成したり，将来の方向性を熟慮したりすることにつなげることが重要である。

●キーワード●

キャリア・ディベロップメント・プログラム，コース別人事管理，自己申告制度，専門職制度

第5節　知識労働者と知識のマネジメント

1．知識労働者と知識創造

知識労働者（knowledge worker）は，それまでの工業社会における肉体労働者（labor worker）に対比する形で提示された。企業における付加価値を生み出す基本的資源は知識となり，知識を活かし生産性を高める知識労働者が，知識社会において主要な役割を果たすとされている（たとえばDrucker〔1993〕を

参照)。そこから知識を経営資源の1つと考える知的経営資源の考え方や，それへの投資や学習を重要視する戦略のあり方，知識集約化戦略が議論されている。

しかし知識の経営における影響力が強まったのは，組織学習理論において知識獲得が議論されるのに前後して登場した知識創造理論がそのきっかけであるといえる（Nonaka and Takeuchi〔1995〕）。そこから組織の中で知識を生み出す方法と，それを企業変革やイノベーションに活かす方法が提唱され，知識社会の実現に向けた具体的道筋を明らかにしている。

知識創造理論の基本的前提となるものが，知識には言語化された知識（形式知）と，言語化されていない知識（暗黙知）という2種類存在するということである。われわれは多くのことを知っているが，そのすべてが言葉や文書になっているわけではない。知識創造理論はこの暗黙知と形式知を相互変換することがそのメカニズムの中心となっている。その相互変換のパターンは，①共同化（暗黙知→暗黙知），②表出化（暗黙知→形式知），③連結化（形式知→形式知），④内面化（形式知→暗黙知），の4パターンある。①共同化は観察や共通体験を通じて暗黙知を伝達・蓄積することである。ここで多くの暗黙知を獲得することが，次以降につながる。②表出化は暗黙知を言葉や文書を通じて形式知に変換することである。暗黙知を形式知に正確に完全に変換することはできない。そこでメタファーやアナロジー，仮説等を用いて形式知化する。そのことがコミュニケーションを促進することになる。③連結化は形式知同士を組み合わせて新しい形式知を作り出すことである。表出化された知識はこの連結化を通じてより具体的になる。そして④内面化は形式知を行動や実践によって深く理解することである。この4パターンを繰り返しながら，新しい知識を創造していく。

そして組織的知識創造は暗黙知と形式知の相互作用を個人レベルからグループ・組織レベル，組織間レベルまで行き来しながら行なう「知識スパイラル」によって達成される。それを具体的行動レベルに表現したものが組織的知識創造のファイブ・フェイズ・モデルである。①暗黙知の共有フェイズで蓄積された暗黙知から，その表出化により②コンセプトの創造が行なわれる。③コンセプトの正当化がなされた段階で，それを具体的なモノに落とし込む④原型の構

築が行なわれる。それが成功した段階でその原型とともに他の組織へ⑤知識の転移がなされるが、うまくいかなかった場合はまた①暗黙知の共有に戻る。これによって新製品開発やイノベーションにつながるコンセプト、あるいは企業変革のもとになる経営理念の創造につながるのである。

2. ナレッジ・マネジメント

　知識創造理論の登場に前後して、企業においていかに知識を管理していくかについての諸研究、ナレッジ・マネジメントの動きが活発になった。現在も続くその流れは3つの取り組みに分けることができる (Wenger, McDermott, and Snyder〔2002〕pp.25-28)。まず最初はIT技術によって知識を管理しようとする取り組みである。知識データベースの中に企業における知識を集約・保管し、必要なときに取り出して使うことを目的に、多くのナレッジ・マネジメント・システムが開発された。しかしデータベースの管理の難しさから、この取り組みは大きな成功を収めたとはいえなかった。次は先述の知識創造理論を中心に、知識を理論的にとらえ、行動につなげたり、知識創造を盛んにする企業文化を考えたりという取り組みである。これは研究レベルでの発展はもたらしたが、実践レベルでは机上の空論に終わることが多かった。

　そして現在も続く第3の時期では、人や組織を知識の保管場所とし、その中で知識をどのように発展させていくかという取り組みが中心である。知識は人や組織が保管することで、常に新しく更新され、また創造されるのである。この取り組みの中心となるのが、実践共同体（communities of practice）の概念である (Wenger, McDermott and Snyder〔2002〕)。それは興味関心によって集まった人々が、特定の領域の知識を、交流や実践を通じて深める共同体である。学習を目的にする実践共同体を組織の中で作り出すことで、仕事に役立つ知識を常に最新の状態で保有することができる。人を基盤にしたナレッジ・マネジメントの取り組みはその意味でも合理的なのである。

●キーワード●

知識,知識労働者,知的経営資源,知識集約化戦略,暗黙知と形式知

【参考文献】

伊丹敬之・加護野忠男〔2003〕『ゼミナール　経営学入門』日本経済新聞社。
大久保幸夫〔2006a, 2006b〕『キャリアデザイン入門〈1〉基礎力編』『キャリアデザイン入門〈2〉専門力編』日本経済新聞社。
奥林康司編著〔2003〕『入門　人的資源管理』中央経済社。
加護野忠男・坂下昭宣・井上達彦〔2004〕『日本企業の戦略インフラの変貌』白桃書房。
金井壽宏〔2002〕『働くひとのためのキャリア・デザイン』PHP研究所。
小池和男〔2005〕『仕事の経済学（第3版）』東洋経済新報社。
今野浩一郎〔2008〕『人事管理入門（第2版）』日本経済新聞社。
中原　淳・荒木淳子・北村士朗・長岡　健・橋本　諭〔2006〕『企業内人材育成入門』ダイヤモンド社。
松本雄一〔2003〕『組織と技能　技能伝承の組織論』白桃書房。
Drucker, P. F. 〔1993〕 *Post-capitalist society*, Harper Collins Publishers.（訳書，上田惇生訳〔2007〕『ドラッカー名著集8　ポスト資本主義社会』ダイヤモンド社。）
Nonaka, I. and H. Takeuchi 〔1995〕 *The Knowledge-Creating Company : How Japanese Companies Create the Dynamics of Inovation*, Oxford University Press.（訳書，梅本勝博訳〔1996〕『知識創造企業』東洋経済新報社。）
Schein, E. H. 〔1978〕 *Career Dynamics: Matching Individual and Organizational Needs*, Addison-Wesley.（訳書，二村敏子・三善勝代訳〔1991〕『キャリア・ダイナミクス－キャリアとは，生涯を通しての人間の生き方・表現である。』白桃書房。）
Wenger, E., R. McDermott and W. M. Snyder 〔2002〕 *Cultivating Communities of Practice*, Harvard Business School Press.（訳書，野村恭彦監修，櫻井祐子訳〔2002〕『コミュニティ・オブ・プラクティス―ナレッジ社会の新たな知識形態の実践』翔泳社。）

（松本　雄一）

第11章

計算制度

この章のポイント

　経営における意思決定には，必ず計算制度を通じて得られた情報を必要とする。したがって，計算制度は経営学における1つの重要な研究領域とみなされるのである。この計算制度の構成要素のうち，特に重要なものは，財産計算，損益計算および原価計算である。まず財産計算は，企業の一時点における財政状態（資産，負債，資本の状態）を示す一覧表であり，貸借対照表として企業外部者にも公表される。資産側には資金の運用状態，負債・資本側には資金の調達源泉が示してある。次に，損益計算であるが，企業の一期間の経営成績を明示する役割を担っている。すなわち，一期間において発生したすべての費用と収益を記録し，その差額である利益（あるいは損失）を明らかにするものである。さらに，原価計算は，製品の製造に当たって，いくらの原価を要したかを分類・測定・集計・分析して報告する手続きのことである。この原価計算のもっとも重要な課題は，生産過程の経済性の管理である。これらから得られたデータを利用して，企業の将来の経営的展開を予測することができるのである。

第1節　計算制度の役割

　経営における意思決定には，必ず計算制度を通じて得られた情報を必要とする。したがって，計算制度は経営学の重要な一領域であると理解できる。とはいうものの，わが国においては，計算制度はもっぱら会計学の領域で論じられることが多い。経営学と会計学は密接に関わり合うと認識しながらも，それぞ

れ独立した学問として確立してきたためである。しかし，ドイツにおいては，経営学と会計学とを切り離して論ずるのではなく，経営学の領域の中で，必ず計算制度を取り上げている。本書では，ドイツの経営学と同様に，経営学の書物の中で計算制度を取り上げることから，より経営学の視点に立った計算制度の説明を行なうため，ドイツの計算制度を概観したい。

　計算制度は，企業のあらゆる数量化できる事象を体系的に把握するための手段である。企業が掲げた目標を実現させようとするならば，これら数量化されたデータを必要とし，その結果，計画や統制，指示などを行なうことができる。計算制度の役割を詳細に列挙すると，以下のようになる。

① 企業の資産や資本の在高に影響を及ぼすあらゆる取引事象を内容とした文書の作成。
② 企業内外の関係者に対する企業の資産，負債および成果の状態の情報開示。
③ 企業管理に対する統制義務（すなわち，経営過程の経済性や収益性，ならびに企業の支払い準備を示す流動性の直接的な監視ができること）。
④ あらゆる企業計画や企業決定にとっての基礎の形成。

　これら上記の役割を果たすために，計算制度にとって必要なことは，情報把握，情報収集，情報処理，情報保管，情報公開である。

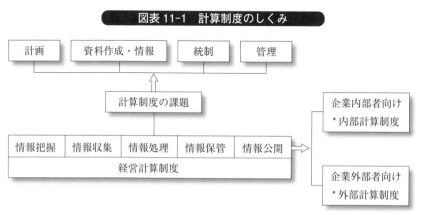

図表11-1　計算制度のしくみ

出所：Gabler〔1997〕S.3199.を一部改変。

以上のことを簡潔にまとめると，図表 11-1 (前ページ下) のようになる。

ところで，図表からも明らかなように，計算制度は情報の受け手が企業外部者か企業内部者かによって分類されており，前者を外部計算制度，後者を内部計算制度と呼んでいる。

まず，外部計算制度においては，企業と企業を取り巻く環境との間で生じた財務的な性質のあらゆる事象を把握し，企業の財産状態，財政状態や収益状態に関心を持つ外部者へ報告する義務を負う。この企業外部の情報の受け手は多岐に渡るので，計算目的も受け手側の情報欲求によって異なってくる。たとえば，出資者は期間利益の把握や，過去のデータによる期間利益，収益状態，資本流動計算から将来のキャッシュフローの予測を行なうことに興味があり，また国家は，現在および将来の租税支払い額に興味をもつ。さらに，信用機関，供給業者，得意先や労働者は同様に，企業との永続的な関係の効果を判断するために，情報を必要とする。

これらの情報は，企業から企業外部へ向けて公表された計算書から手に入れることができる。その公表された計算書の代表的なものが，貸借対照表と損益計算書である。また，これら計算書作成のために，企業のあらゆる取引を期間的，実質的に整理して記録し，提供する役割を担う簿記は，計算制度全体の基盤を形成する重要なものと理解される。すなわち，貸借対照表の決算日における資産と資本の有高の作成や，損益計算書における費用と収益の対照表の作成には，この簿記が必ず必要となるのである。

さらに，公表された計算書は，企業側にとって有利で，企業外部の情報の受け手にとって不利となるような虚偽の報告であってはならない。たとえば，株主への高い利益配当や国庫への高い納税を回避するために，とりわけ良好な経営状態を悪く公表したり，逆に，株主や債権者が企業に投入する資本を縮小することを阻止するために，あまり良好ではない経営状態を良いように公表することは決して許されない。そのために，計算書の形式，方法ならびに計算の内容は法的に規制されている。

次に，内部計算制度であるが，その目的は企業経営者の情報欲求が基準となる。企業経営者は計画や決定判断のための情報も，統制や行動制御のための情報も必要とする。したがって，それぞれ個々の企業経営者の手腕に利用できる

内部計算制度そのものを準備することが重要であり，そのためには内部計算制度は法的に規制を受けるものではない。内部計算制度は，経営目的に関連した事象だけを反映し，企業経営者によって本質的に影響が及ぼされ，または操作されうるものだからである。また，内部計算制度は企業の方向性を決定づける重要な役割を担うため，外部計算制度よりもより詳細な情報が要求される。

　この内部計算制度の中心的手段は原価計算であり，あらゆる企業管理レベルにおいて必要な情報が伝達される。原価計算は，本来の経営活動の実現によってひき起こされる価値消費（原価）や価値増加（給付）を把握し，これをもとに経営成果を算出するものであることから，生産過程の経済性を判断することができる。また，原価計算によって，算出された製品の製造原価をもとに，製品の販売価格の下限設定や，さらに生産計画の決定のための最良のデータが提供される。

　上述したように，計算制度は外部および内部計算制度に区分することができるが，これらの計算制度は互いに密接な関係にあり，異なった視点ではあるが，同じ数量化されたデータを利用する場合もある。

　また，計算制度は上記の外部，内部計算制度の区分の他に，伝統的区分として，簿記，原価計算，統計，計画計算という4つに分類する考え方もある。簿記と原価計算については，すでに上述したとおりである。統計は，調達，在庫，生産，売上高，従業員，原価，貸借対照表，成果の領域に対して，一覧表または図表で処理されたデータを提供し，企業管理者にとって重要な決定要因となる，期間比較や経営比較を行なわせるためのものである。さらに計画計算は，企業の将来の経営的展開を予測するためのものであり，企業全体の目標設定を明確にする全体計画と，この全体計画に基づきより詳細な内容を展開する部分計画とから成る。この部分計画とは，投資計画，調達計画，生産計画，販売計画，財務計画を指す。計画における目標数値と実際数値との比較によって差異が明らかとなるが，企業にとってはその差異の原因を究明かつ改善することが重要となる。

•——— ●キーワード ———•
経済性,収益性,資産,負債,資本

第2節　貸借対照表

　貸借対照表は,企業のある特定の決算日における財政状態を,資産と資本の在高を対比する形式で示したものである。資産（借方側）は投入された資金の具体的な運用状況を表し,資本（貸方側）は資金の調達源泉を表す。

　資産は,その運用項目の流動性によって,すなわちどれほど早く貨幣に転換されることができるかによって,固定資産（土地,建物,機械,備品等）と流動資産（現金預金,売掛金,製品等）とに区分される。また,資本は調達された源泉の違いから,自己資本（出資者からの調達分）と他人資本（出資者以外の第三者からの調達分）とに区分される。すなわち,他人資本は債権者の請求権を示し,自己資本は資産と他人資本との差引残高として,出資者からの出資金に加え,利益の内部留保分も含まれる。したがって,資産と資本は同一の価値を示すものであるから,資産＝資本（他人資本＋自己資本）という貸借対照表等式が成り立つ。

　この貸借対照表によって,企業の過去や将来における財政上,収益上の状況や展開を評価していくのであるが,たとえば従来からの,あるいは潜在的な自己資本提供者や他人資本提供者は,資本投入の合目的性や安全性についての情報を,労働者は職場の安全性や今後の所得展開の可能性を,国家は税収入や経済全体の発展の見通しという目的で貸借対照表を利用している。

　通常,貸借対照表は規則的な間隔で（たとえば毎年）作成される。作成の理由は,合法的な規定（たとえば決算日における期末貸借対照表）や,企業と信用機関等の間での契約上の取り決めによっても作成されることがある。また,企業の設立や清算時のような特別な理由の場合も,貸借対照表は作成される。

図表 11-2　貸借対照表の構造

借　　方	貸借対照表	貸　　方
A．固定資産 　Ⅰ．無形資産 　Ⅱ．有形資産 　Ⅲ．投資資産 B．流動資産 　Ⅰ．棚卸資産 　Ⅱ．債権およびその他の資産 　Ⅲ．有価証券 　Ⅳ．小切手，連邦銀行預金および郵便振替預金，信用機関預金 C．計算限界項目		A．自己資本 　Ⅰ．引受済資本金 　Ⅱ．資本準備金 　Ⅲ．利益準備金 　Ⅳ．利益繰越金／損失繰越金 　Ⅴ．年度利益／年度損失 B．引当金 C．負債 D．計算限界項目

出所：Jung〔2009〕S. 1041. Abb.12 を一部改変。

●キーワード●

貸借対照表，固定資産，流動資産，他人資本，自己資本，貸借対照表等式

第3節　損益計算書

　損益計算書は，貸借対照表が計算書作成日における資産と負債を互いに対比する在高計算であるのに対して，いわゆる運動計算として，会計期間において発生したすべての費用と収益を記録し，それらを総計して明らかにする期間計算である。企業における1期間の間で生じた費用と収益の差額である成果（利益あるいは損失）は，自己資本額を変化させるものであり，その成果の額は，貸借対照表の当期利益あるいは当期損失の項目に見い出すことができる。このように，両者の計算書は必然的に同じ期間成果を提供するが，期間成果の総額のみを明らかにしたいのであれば，貸借対照表だけで充分間に合う。しかし，成果がどのように実現されたかという成果の源泉は，損益計算書における費用

と収益の個々の項目の記録によって明確となるのである。したがって，損益計算書は貸借対照表の補助的な役割を担うものと一般的に認識されているが，年次決算の確固たる構成要素である。

損益計算書の記述の方法は，階梯式と勘定式の二通りがあるが，一般には階梯式が推奨されている。それは，企業外部の利害集団にとって，成果の源泉がどこであるか比較的簡単に見極めることができるからである。たとえば，経営成果そのものが高い企業は，本来の商取引において順調な活動ができていることを示すが，特別な成果で年度利益の大部分が構成されている企業の場合，将来性に関してかなり不安が生じるといえる。階梯式における損益計算書は，図表11-3のようになる。

図表11-3 階梯式による損益計算書

```
      経営成果
  +   財務成果
      ─────────
  =   通常の商業活動の成果
  +   特別成果
  −   税金
      ─────────
  =   年度利益／年度損失
```

出所：Weber/Weißenberger〔2002〕S.180.

―――●キーワード●―――

損益計算書

第4節　原 価 計 算

原価計算は，企業管理の問題に対する情報需要から導き出されたものであり，内部計算制度の中心的役割を果たすものである。原価計算は以下のような役割を担う。

① 給付過程（生産過程）の経済性管理ができる。これは，原価計算のもっとも重要な課題として認識される。
② 原価計算は計算期間内における本来の経営活動から生じた，価値消費（＝原価）と価値増加（＝給付）を記録し，これをもとに企業全体ならびに製品ごとの成果を把握することができる。
③ 算出された製品の製造原価をもとに，製品の販売価格の下限を求めることができる。また，財やサービスの調達のための価格上限の算出もできる。
④ 生産計画の決定のための最良のデータを提供する。いくつかの代替方法が存在し，企業にとってより有利な方法が選択されるべき場合，それぞれの方法の原価を予測し，将来においてどれだけの成果が得られるかという情報を提供する役割をもつ。
⑤ 原価や給付の予定額と実際額を比較することによって，許容できない差異が生じた場合，差異の原因をつきとめる差異分析が行なわれる。企業管理はここから得られた情報で，生じた差異の原因を追究し，その原因を取り除く努力ができる。

原価計算の構造は，図表11-4のようになる。

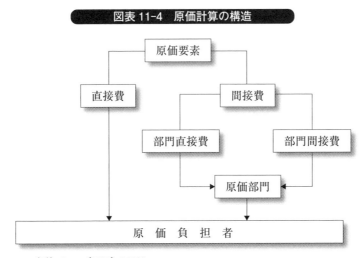

図表11-4　原価計算の構造

出所：Jung〔2009〕S.1128.

図表から明らかなように，原価計算の出発点は原価要素別計算である。原価要素別計算は発生したすべての原価を集結させ，これら原価を2つのグループに分類する。すなわち，直接的に製品に帰属させることができる原価（直接費）と，直接的に製品に帰属させることが適切でない原価（間接費）とに分類する。前者は直接，原価負担者（製品やサービス）計算に計上され，それに対し後者は，原価が発生した原価部門に帰属させる。この原価部門別計算においては，直接に原価部門に帰属させることが可能な原価と，複数の原価部門に振り分けられる原価とに分類されるが，最終的にはすべて原価負担者に割り振られる。
　以下では，原価計算の主要な構成要素である原価要素別計算，原価部門別計算および原価負担者計算について説明する。

（1）原価要素別計算

　原価要素別計算（または費目別計算）の役割は，企業において発生したすべての原価を把握することである。したがって，これら原価と給付を対比することによって，短期の期間業績を求めることも可能であるし，期間比較や企業比較をすることによって，原価要素の構造を明らかにすることも可能である。この原価計算の出発点となるさまざまな原価要素に従って原価を分類することは，原価を次の原価計算的領域である原価部門または原価負担者に関係づけるために必要なことである。すなわち，原価要素として描写されないものは，原価部門あるいは原価負担者に分類されることはできない。
　一般に，原価要素に対する普遍妥当な分類規準は存在しないが，より広まった分類規準は原価を次の原価要素に整理する。1．材料費，2．人件費，3．経営手段費（たとえば減価償却費など），4．外部給付費（たとえば運賃など），5．資本費（たとえば利子など），6．危険費，7．租税である。さらに，操業度が原価に直接に影響を与えるか否かによって，固定費と変動費の分類を，ならびに個別製品（原価負担者）に直接に原価を帰属させることができるか否かによって，直接費と間接費の分類も行なわれなければならない。

（2）原価部門別計算

　原則的には，あらゆる個々の給付生産過程に個々の原価部門が相応する。し

たがって，あらゆる個別過程にとって，原価発生の額と構造，ならびにもたらされた給付が明確になる。このことは，その企業の計画と統制を可能にする。さらに，原価部門形成は，原価について多段階の給付生産過程に正しく分類できる前提を作り上げている。

　上記の原価要素別計算において把握された原価は，できる限り直接に原価負担者に帰属させられる。けれども，これは直接費の場合にのみ可能であり，間接費の場合は，常にいくつかの原価負担者に帰属することになるので不可能である。したがって，原価部門別計算の役割は，発生した間接費をその発生の場所である原価部門に公正に帰属させることにある。

　さらに，原価要素別計算での間接費は，直接に原価部門に帰属させることができる部門直接費（たとえば，組立部門で働く職人に対する賃金は，原価要素別計算においては間接費として取り扱われるが，組立部門という原価部門においては直接費を表すものとなる）と，企業全体に対して発生し，配賦率を用いて各原価部門に帰属させられる部門間接費（たとえば租税や保険料）とに分けられる。その際，部門間接費は原価負担者を通じて，原価部門（たとえば機械）の利用度に相当するように割り振られなければならない。

(3) 原価負担者計算

　原価負担者は，一般に原価を負担しなければならない対象であり，具体的には企業において生産された製品やサービスを指す。すなわち，原価計算における第三段階での締めくくりとなる原価負担者計算において，各原価負担者に，すでにこれまでの段階で個別原価のように分類された原価を組み入れることになる。

　この原価負担者計算は，原価負担者期間計算と，原価負担者単位計算とに分けることができる。

　まず，原価負担者期間計算においては，ある一定の期間の直接費と間接費が個々の原価負担者に割り振られ，当該期間の売上高と比較されることによって，経営成果の分析を行なうものである。すなわち，原価負担者期間計算は短期成果計算を表している。

　次に，原価負担者単位計算は，個々の企業給付の原価を，たとえば製品の原

価を算出するためのものである。これは販売価格決定のための基礎となる。

以上,原価計算の三段階の構造をまとめると,

・原価要素別計算は発生した原価を集める。
・原価部門別計算は,生産過程の経済性の統制と,経営内部の給付ネットワークの計算を可能にする。
・原価負担者計算は,経営的生産物(製品やサービス)の計算を可能にする。

こうして,さまざまな原価負担者の給付と原価は比較可能となり,ここから企業の毎年の期間成果が算定できる。

──────●キーワード●──────

原価計算,原価

【参考文献】
Die Gabler Lexikon-Redaktion〔1997〕*Gabler Wirtschaftslexikon*, 14. Aufl., Wiesbaden.
Jung, H.〔2009〕*Allgemeine Betriebswirtschaftslehre*, 11. Aufl., München Wien.
Kußmaul, H.〔1999〕Externes Rechnungswesen, in : Corsten, H. und Reiß, M.(Hrsg.):*Betriebswirtschaftslehre*, 3. Aufl., München Wien.
Melcher, W.〔2002〕*Konvergenz von internem und externem Rechnungswesen*, Hamburg.
Troßmann, E.〔1999〕Internes Rechnungswesen, in:Corsten, H.und Reiß, M.(Hrsg.):*Betriebswirtschaftslehre*, 3. Aufl., München Wien.
Weber, J. und B. E. Weißenberger〔2002〕*Einführung in das Rechnungswesen*, 6. Aufl., Stuttgart.

(木村　貞子)

第Ⅲ部

経営学の現代的諸問題

第12章

コーポレート・ガバナンス

=== この章のポイント ===

1990年代から最近にかけての20年近くのあいだで一般的になったビジネス用語の1つに,「コーポレート・ガバナンス」がある。日本語では「企業統治」と訳されることが多いが,では「コーポレート・ガバナンス」とはいったいどのような問題領域をもっているのであろうか。

コーポレート・ガバナンスというときに取り上げられることが多いのは,「経営者をどのようにチェックもしくはコントロールするのか」,そして「企業は誰の(ための)ものか」という2つの点である。これを,それぞれ「業務執行に対する監督」「利害関係者の意思の反映」と呼ぶことにする。この2つはまったく別個の問題ではなく,むしろ密接に関連している。

本章では,コーポレート・ガバナンスがこれら2つの問題領域からなることを歴史的な観点から明らかにしたうえで,その内容について考察する。それを踏まえて,世界のなかでも主要経済国であるアメリカ・ドイツ・日本におけるコーポレート・ガバナンスの実態を2つの問題領域を切り口にして,みていくことにしよう。コーポレート・ガバナンスにおいては,世界的に共通している点と地域によって異なっている点があり,それぞれに長所や短所があることを理解してもらいたい。

第1節　コーポレート・ガバナンスとは何か:その歴史

コーポレート・ガバナンスの問題領域が注目されるようになったのは,1930

年代である。この時期，アメリカやドイツをはじめとして，企業規模が急激に拡大していった。それにともなって，経営者に求められる能力が専門的になっていった。同時に，資本規模も拡大したことで自己資本提供者＝株主の数も増大し，それまでのような単独で株式の大半を所有するという大株主の比率も減少していった。このような「所有と経営の分離」という状況をバーリ／ミーンズ（A. A. Berle/ G. C. Means）は『近代株式会社と私有財産』〔1932〕という著書で明らかにし，さらにバーナム（J. Burnham）は『経営者革命』〔1941〕において，経営者が支配的な階級になる社会（経営者支配）が到来すると主張した。また，ゴードン（R. A. Gordon）は，企業の最高意思決定を担う取締役会が，株主だけでなく，さまざまな利害関係者の影響や圧力によって経営政策を決定していることを『ビジネス・リーダーシップ』〔1945〕において明らかにしている。

このように，株式会社企業において，本来もっとも強い影響力をもつはずの株主ではなく，法律的には株主の代理人（エージェント）である経営者が実質的な権力をもつようになったという現象が，コーポレート・ガバナンス論の出発点といえる。ただ，コーポレート・ガバナンスという表現が用いられるようになったのは，1960年代のアメリカであるとされている（菊澤研宗〔2004〕12頁）。

この頃，ベトナム戦争に対する反戦運動や黒人の権利をめぐる公民権運動，ゼネラル・モーターズ（GM）に対する「キャンペーンGM」をはじめとする消費者主権運動，さらには公害問題への注目など，巨大化した企業の非倫理的行為や非人道的行為に対する反発や批判が急激に高まっていた。「企業の社会的責任」という表現が知られるようになったのも，この時期である。

同じ頃，ドイツにおいても企業に対する批判や，企業をいかにして規制するかという問題が浮かび上がっていた。ドイツでは，もともと法学領域から問題が提起されたこともあって，企業を規制するためのルールやしくみをどのようにして構築するかという点に重きが置かれていた。そのため，企業体制（Unternehmungsverfassung）という表現が広く用いられるようになった。

1970年代になると，株主をはじめとする投資家の観点からもコーポレート・ガバナンスに対する関心が高まっていった。とりわけ，アメリカのシカゴ学派と呼ばれる研究者たちは，企業の社会的責任は株主のために利潤極大化を図る

ことであって，それ以外ではないと主張した。加えて，それまで個人株主（個人投資家）が資本所有の主流であったのが，この頃には投資信託や年金基金，生命保険，財団などの機関株主（機関投資家）の比率が増えるようになった（奥村〔2005〕；関〔2008〕）。これらの機関株主は，個人や企業などから財産を信託され，その増殖を目指す。そのために，投資している企業に対して影響力を行使し，株価や配当の上昇を要求することになる。この傾向は2000年代初頭まで続いた。

　一方，従業員や消費者，地域住民ないし地域社会，さらには自然環境保護団体など，株主以外の利害関係者も企業に対して積極的に発言するようになっている。ヨーロッパ連合（EU）では，ドイツだけでなくすべての加盟国に属する一定規模以上の企業において，経営協議会あるいは労使協議会（works council / Betriebsrat）の設置が可能となり，情報入手や協議など，経営参加するための権利が従業員に与えられている。

　そのようななかで，エージェンシーの理論や所有権理論など，株主や債権者，従業員をはじめとするさまざまな利害関係者と企業とのあいだの契約関係を明らかにしようとする新制度派経済学が理論的な分析方法として発展してきた。

　このように，コーポレート・ガバナンスと呼ばれる問題領域においては，さまざまなステークホルダー（利害関係者）の意思が，企業経営にどのように反映されるかが主として考察されてきた。そして，経営者によってなされる業務執行をどのようにして監督するのか，そのために適切なしくみはどのようなものであるのかが論じられてきた。

―――― ●キーワード● ――――

コーポレート・ガバナンス，所有と経営の分離，経営者支配，個人株主，機関株主，利害関係者，エージェンシーの理論，所有権理論，バーリ＝ミーンズ，ゼネラル・モーターズ

第2節　コーポレート・ガバナンスの問題領域

　ここでは，「業務執行に対する監督」と「ステークホルダー（利害関係者）の意思の反映」それぞれの問題内容について，もう少し詳しく考えてみよう。
　「業務執行に対する監督」という問題領域では，実際に企業の経営（法律では「業務執行」と称する）を行なう人々を，「誰（どの機関）が」「どのようなしくみで」監督（チェック）するのかが問われる。具体的には，後で国や地域ごとの実例を取り上げながら，その特徴について考えていくことにして，ここではまず，なぜ「業務執行に対する監督」が問題になるのかという点を明らかにしておこう。
　コーポレート・ガバナンスが問題となるのは，主に株式会社形態をとる企業である。株式会社については，第2章で説明されているとおりであるが，自己資本をすべて証券化し有限責任とすることで，自己資本を集めやすくしているところに大きな特徴の1つがある。これは，結果として単独で大量の自己資本を提供する株主，つまり大株主が減少し，小規模の出資を行なう株主がきわめて多くなるという現象を生み出す。この現象を"所有の分散"と呼んでいる。所有の分散によって，株主の意思が分散する可能性が高まる。
　加えて，社会経済的環境が複雑かつダイナミックになっていくにつれて，企業を経営していくうえで求められる能力も高度になる。経営学が発展してきた根拠は，まさにこの点にあるわけだが，これによって専門経営者が必要とされるようになってきた。専門経営者は，企業経営に関する高度な知識や能力をもっているため，自己資本提供者（＝所有者）である株主よりも，実質的な経営権を手にするようになった。こうして，株式所有が分散化した大規模な株式会社では「所有と経営の分離」と呼ばれる現象が発生してきた。かくして，専門経営者が適切に企業経営（業務執行）を行なっているかどうかを監督する必要が生じる。これが「業務執行に対する監督」の問題である。
　もう1つの問題である「利害関係者の意思の反映」について考えてみよう。これが問題となるのは，企業が利害関係者との交換関係を通じて，価値創造に必要な資源を獲得する必要があることに起因する。これを利害関係者の立場か

らみてみると，自らが提供した資源が適切に活用され，その代償となるものが企業から適切に提供されるのかどうかが問題となる。たとえば，株主であれば，自らが提供した自己資本が適切に価値創造プロセスに投入され，利益を生み出すように活用されているかどうかに関心をもつ。従業員の場合，自らの労働の対価として適切な報酬が支払われているかどうか，また債権者（他人資本提供者）であれば，提供した他人資本（債権）が適切に償還されるかどうかなど，それぞれのステークホルダー（利害関係者）は企業に対して，固有の利害関心を抱いている。

　利害関係の問題は，企業が価値創造とその分配によって存在しえている以上，避けられない問題である。その際に，利害関係者がどのようにして自らの意思を反映させるかが1つのポイントとなってくる。

　この問題は，先ほどの「業務執行に対する監督」とも密接に関係している。というのも，提供された資源を活用し，価値創造に結びつけていくのが業務執行の根本的な役割だからである。第1章において言及されているR.-B. シュミット（R.-B. Schmidt）は，この点を踏まえて企業用具説を提唱した。これは，業務執行の核心であるトップ・マネジメントによる意思決定，つまり企業政策がどの利害関係者の意思の反映として形成されるのかを明らかにしようとする考え方である。ドイツ経営学（経営経済学）におけるコーポレート・ガバナンス論としての企業体制論は，この企業用具説を基礎とするものも少なくない。また，アメリカでもゴードンが取締役の役割をビジネス・リーダーシップと規定し，そこに利害関係者がどのような影響を及ぼしているのかを明らかにしている。"誰が""どのように"企業政策もしくは経営戦略の決定に影響をおよぼしうるのか，そしてそれが"どのように制度化されているのか"という点は，コーポレート・ガバナンスにおける最重要問題の1つなのである。

　このように，コーポレート・ガバナンスについて考える際には，「業務執行に対する監督」と「利害関係者の意思の反映」という2つの問題が浮かび上がってくる。では，この2つの問題を克服するために，どのようなしくみが考えられうるのか。コーポレート・ガバナンスのしくみについては，国や地域，さらには個々の企業によって違いがある。そこで次節では，アメリカ・ドイツ・日本におけるコーポレート・ガバナンスのしくみについてみていくことにしよう。

•————●キーワード●————•
株式会社,自己資本,他人資本,経営権,専門経営者,ステークホルダー(利害関係者)

第3節　コーポレート・ガバナンスの国際比較

1. アメリカにおけるコーポレート・ガバナンス

　アメリカ企業の場合,伝統的に自己資本=株式による資本調達が主流である。また,金融機関による企業の支配が厳しく制限されている点も特徴の1つである。それゆえに,個人株主や機関株主の存在が,企業に大きく影響を与えている。当然,それはコーポレート・ガバナンスにも影響する。

　バーリ／ミーンズが1930年代に株式所有の分散化現象と,それにともなう所有と経営の分離現象を指摘したように,20世紀前半のアメリカにおいては個人が小口の株主を保有する形態が多かった。このような個人株主は株式市場における株価の動向をもとに,自由に株式を売買することで利回りの極大化を目指す"ウォールストリート・ルール"にしたがって行動していた。

　ところが,1970年代ごろから,個人株主(投資家)に代わって機関株主(投資家)が中心的存在となってきた。機関株主は,個人や企業(法人)などから財産を信託され,それを株式への投資などを通じて運用することで資産の増殖を図ろうとする。その際,信託された資産は巨額になる。そのため,個人株主に比べて,株式売買が株価に与える影響もきわめて大きい。とりわけ,大量に株式を売却した場合,株価が急落し,機関株主自身が莫大な損失をこうむる可能性がある。そして,その損失は信託者である個人や企業ないし法人に反映される。そうなると,機関株主は個人や企業ないし法人からの信用を失い,存立が危険にさらされることになる。それゆえ,機関株主は自由な株式売買によってその企業から「退出」するのではなく,企業に対して「発言」することで,

業績改善などを通じた株価の上昇や配当の向上を経営者に要求するという行動をとる（「エキジット・アンド・ヴォイス」）。このような株主を「もの言う株主」あるいは「株主行動主義」（shareholder activism）と呼んでいる。このような性格をもつ機関株主の代表的存在として，カリフォルニア州公務員退職年金基金（CalPERS）などがある。加えて，1980年代以降，世界的に資本の動きが活発化し，合併や買収（M&A）がさかんに行なわれるようになった。

　このような動向に対して，経営者は(1)買収によって解任もしくは権限の縮小などが発生した場合に多額の退職金を支払うという締結を結ぶことで現金の流出をひき起こし，それによって買収の魅力を失わせてしまおうとする「ゴールデン・パラシュート」や，(2)買収者だけが行使できないようなオプションを既存株主に与える「ポイズン・ピル」などの買収防衛策を導入した。これによって，機関株主は大きな損害をこうむることになった。

　さらに，機関株主は個人株主に比べれば，相対的に企業経営や経済動向などについて知識や情報を有していることが多いが，それでも経営者と比べると企業に関する知識や情報の獲得には制約がある。2001年に起こったエンロン事件や2002年のワールドコム事件は，会計の粉飾などによって企業経営の情報が正しく株主に伝えられていなかったという点，そしてそれに対する監督が機能していなかった点が問題の原因として挙げられる。これらの事件以降，経営者に対する監督を強化するべく，2002年に「上場企業会計改革および投資家保護法」（通称：サーベンス・オクスリー法〔SOX法〕／企業改革法）が制定されるなど，アメリカにおいてもコーポレート・ガバナンス改革が進められた。法律名からもわかるように，ここでは企業情報の根幹としての会計報告およびそれに基づく監督，とりわけ内部統制の強化が図られている。

　アメリカのコーポレート・ガバナンスのしくみは，図表12-1のように示される。先に述べた機関株主の影響力増大にともなって，アメリカでは株主価値重視の経営という考え方が根づいている。とりわけ，取締役会のメンバーの過半数が社外取締役（独立取締役）であることが求められている。そのため，取締役会は企業の基本的な政策や戦略などを決定することはもちろんであるが，それ以上に取締役会が選任する業務執行役員（officer）によってなされる業務執行の監督に重点を置くことになる。それを機能的に行なうために，監査委員

図表 12-1 アメリカにおけるコーポレート・ガバナンス

```
株主総会 ← 株主
  │ 選任・解任
  ↓
取締役会（Board）
 社内取締役／取締役会議長／社外取締役（過半数）
 最高経営責任者（CEO）

各種委員会（取締役によって構成）
  監査委員会
  指名委員会
  報酬委員会
  経営委員会

選任・解任／監査／候補者指名／報酬額決定

業務執行役員 ← 監督／報告
選任・解任
```

＊サーベンス・オクスリー法およびニューヨーク証券取引所の規則により，上場会社には，社外取締役による監査・報酬・指名委員会の設置が求められる。

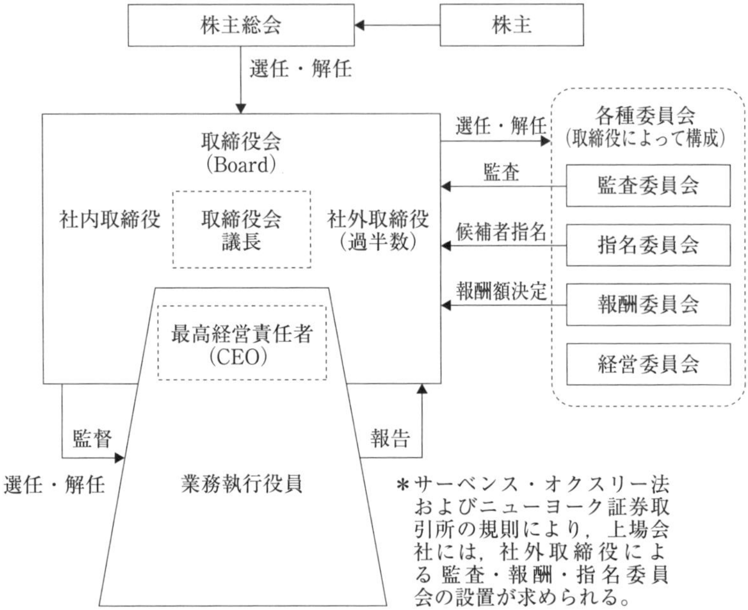

出所：土屋・岡本〔2003〕；関〔2008〕を参考に筆者作成。

会や報酬委員会，指名委員会などの様々な委員会が設置されているわけである。

2．ドイツにおけるコーポレート・ガバナンス

ドイツでは，コーポレート・ガバナンスの問題が企業体制論という枠組において，早くから議論されてきた。この企業体制論では，利害関係者のなかでも特に従業員の利害をどのように反映させるかという問題，そしてその点を踏まえて，業務執行を担当する取締役会（執行役会；Vorstand）をどのように監督するかという問題が取り上げられている。

図表 12-2 にも示されているように，ドイツにおけるコーポレート・ガバナンスのしくみは非常に特徴的である。なかでも，監督する機関が監査役会（Aufsichtsrat）として，独立して設けられていること，そして監査役会に労働

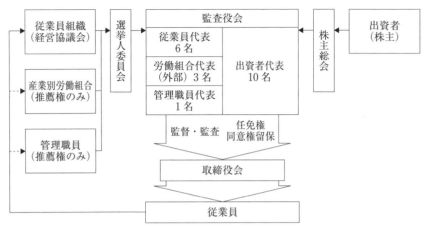

図表12-2 ドイツにおけるコーポレート・ガバナンス

出所：筆者作成。

側代表が参加できるしくみになっていること，この2点がよく知られている。

　監査役会は，取締役会によってなされる業務執行を監督する。さらに，取締役会メンバーを選任・解任するなど，強力な権限を有している。このしくみの特徴は，監査役会メンバーと取締役会メンバーとを兼任することができない（ドイツ株式法第105条）という規定からもわかるように，監査役会と取締役会の独立性がしっかりと保たれているところにある。

　ドイツ型のコーポレート・ガバナンスは業務執行を担当する経営陣を監督するうえで，非常に整った形式である。しかし，現実問題として，監査役会が十分に機能を果たせず，企業が破綻したり，不祥事を起こしたりするケースも少なくない。そこで，監査役会の監督機能や独立性を高めるために，さまざまな試みが進められている。1998年に制定された「企業領域におけるコントロールおよび透明性に関する法律」（KonTraG）などの法律，さらには「ドイツ・コーポレート・ガバナンス・コーデックス」（Deutscher Corporate Governance Kodex）のような指針は，その一例である。

　一方，監査役会など，企業におけるさまざまな機関に従業員代表が経営参加できるという制度は，労資共同決定制（wirtschaftliche Mitbestimmung）として，日本でもよく知られている。これについては，(1)企業レベルでの共同決定と，

(2)経営（事業所／職場）レベルでの共同決定の2種類に分けられる。まず(2)についてみておこう。

経営レベルでの共同決定で大きな役割を果たすのが，経営協議会（Betriebsrat）である。これは5人以上の従業員がいる経営（ここでいう経営とは，事業所や工場などを指す）であれば設立可能であり，原則として会社側はこれを妨害できない。この経営協議会は，日本の企業別労働組合とは異なり，ストライキなどのような争議権をもっていない。しかし，経営に関する重大な変更や従業員の生活に関わる事項（社会的事項）などに関して，情報入手や協議，共同決定に関する権限を有している。

一方，企業レベルでの共同決定においては，監督機関としての監査役会への労働側代表の経営参加が中心的なテーマとなる。これは企業規模，とりわけ従業員数によって相違がある。図表12-2に示されているコーポレート・ガバナンスのしくみ（企業体制）は，1976年に制定された共同決定法が適用される2,000を超える株式会社企業が対象となる。このモデルでは，監査役会のメンバーのうち半分は労働側から選任されることになっている。ただし，監査役会議長は株主側から選任されるほか，管理職員は将来の経営者候補となるホワイトカラー従業員の代表であるため，必ずしも労資同権というわけではない（ただし，近年では管理職員も人員削減や賃金削減の対象となっているため，一概に株主側もしくは経営者側とは言えなくなっている）。1951年に制定されたモンタン共同決定法（石炭・鉄鋼関連産業に属する大企業に限定して適用される）の場合は，監査役会議長も中立であることが求められるほか，取締役会メンバーである労務担当取締役の選任にあたっても労働側の承認が必要となっており，労資同権が徹底されている。

このような労使協議制や労働重役制に対しては，株主側あるいは経営者側からの反発が強く，長年にわたってこれを撤廃もしくは縮減しようとする動きがとられつづけている。その理由として特に挙げられるのは，労働側と協議することで利害調整に時間がかかり，意思決定の迅速さが失われるといった点である。にも関わらず，労資共同決定制が実際にドイツ企業の競争力を低下させていることを実証した研究はみられない。むしろ，ドイツ企業において労資協議制などが導入されているため，労資協調への可能性が拓かれ，ストライキなど

によって失われた労働日数はきわめて少ない。

　また，ドイツ企業のコーポレート・ガバナンスについて考える際には，銀行などの金融機関の影響力も見逃せない。もともとヨーロッパのなかで後発組であったドイツでは，資本市場が十分に発達していなかった。そのため，企業にとって銀行による資金調達がメインになったわけである。しかも，ドイツの場合，銀行は通常の金融業務だけでなく，投資などの証券業務も取り扱うことができるユニバーサル・バンクというシステムをとっている。加えて，ドイツの株式はほとんどが無記名式であるため，個人株主は無記名株式を銀行に寄託することが多い。その際，銀行は寄託された株式の議決権を株主に代わって行使することができる。これを「寄託議決権」と呼ぶ。これによって，銀行をはじめとする金融機関は債権者としてだけでなく，自らが株式を保有していなくても株主としての影響力を行使できる。ただ，以前に比べてドイツでも資本市場が発達してきたため，寄託議決権による金融機関の影響力は低下している。

　このように，ドイツ企業におけるコーポレート・ガバナンスは監督と執行の明確な制度的分離や労資共同決定制，そして金融機関の影響力という3つの点から読み解くことができる。近年の金融資本主義やグローバル化によって，ドイツ型コーポレート・ガバナンスは株主価値重視へと方向性を転換させたが，労資共同決定制がなくなったわけではない。むしろ，経営レベルでの共同決定はEU加盟国すべてにおいて可能になるなど，見逃せない動きも多い。企業にとってもっとも重要な利害関係者としての株主と従業員の利害をいかにして調整するかという点に配慮してきたドイツ型モデル，さらにはそれを基礎にもつEU型モデルが今後どのように展開されていくのか，注目する必要がある。

3．日本におけるコーポレート・ガバナンス

　日本におけるコーポレート・ガバナンスは，アメリカともドイツとも異なる独自の特徴をもっている。次ページの図表12-3は，長らく日本の株式会社において採られてきたガバナンスのしくみである。このしくみを採る会社を「監査役会設置会社」と呼ぶ。この図からわかるように，取締役会と監査役会が分離されている点はドイツ型コーポレート・ガバナンスとも似ているが，日本の

図表 12-3　日本におけるコーポレート・ガバナンス（監査役会設置会社の場合）

```
                    株主総会  ←―――  株主
                   ↓      ↑            ↓
           選任・解任    選任・解任       選任
    ┌─────────────┐  監査  ┌──────────────┐  ・
    │   取締役会        │←――│   監査役会        │  解
    │                   │    │ 社内監査役 社外監査役│  任
    │ 社内取締役 取締役会 社外取締役│    │            （過半数）│
    │            議長   （原則的に選任）│    └──────────────┘
    │                   │          報告  ↑
    │     最高経営責任者 │  監査    ┌─────┐
    │        （CEO）    │←――――│会計監査人│
    │                   │          └─────┘
    │   監督    報告    │
    │    ↓      ↑      │
    │  選任・解任        │
    │   業務執行役員     │
    │  （設置の義務なし）│
    └─────────────┘
```

出所：土屋・岡本〔2003〕；近藤〔2014〕を参考に筆者作成。

　監査役会はドイツのような強力な権限や独立性をもっていない。また，取締役会と監査役会のメンバーの選任・解任の権限を株主総会が有している点はアメリカ型とも似ているが，監査役会の設置などの点では違いがある。このように，日本においては欧米諸国の影響を受けつつ，独自のコーポレート・ガバナンスのしくみが発展してきた。

　その際，日本では取締役という役職が（あるいは監査役も）従業員の昇進のゴールのように受け止められてきた。もちろん，ドイツやアメリカにおいても同様の事例は少なくないが，日本の場合はとりわけ企業外部の人間が入ってくることに対して否定的な反応を示すことが多かった。社外から入ってくることがあっても，多くはその企業のメイン・バンクから出向してくるケースが一般的である。

　取締役の大半が内部出身者で占められる最大の理由は，企業内部出身者のほ

うが企業経営の実践に精通しているという点に求められる。また，形式的には，従業員すべてに対して企業のトップである取締役への昇進可能性が開かれているため，従業員のモチベーションを長期にわたり維持できるという側面もある。

さらに，日本企業においては労働組合の幹部経験者が取締役など役員に就任するケースがみられる。日本では，産業別労働組合よりも企業別労働組合が，労使交渉などで中心的な役割を担っている。しかも，終身雇用制が普及していたこともあって，労使関係の安定は経営側にとってもきわめて重要なテーマであった。そのため，労働組合とのパイプや交渉能力が経営者には求められていた。同時に，これが従業員の利害や意思をくみ上げる方法の1つとなっていた。

その一方で，このような特質は企業の閉鎖性を強めると同時に，取締役会内部においても社内での階層的な関係が反映され，代表取締役（特に会長や社長）の権限が強大になりすぎる可能性がある。日本における企業不祥事のなかでも，強大な権限をもつワンマン経営者が自己の利益ばかりを顧みるような行為を行なうことでひき起こされたケースが少なくない。監査役も形式的には株主総会によって選任されるが，人事提案は取締役会によってなされるために，十分な監督機能を果たせないという問題点が指摘されていた。加えて，過度の労資協調によって，労働組合も経営者に対する監督機能を果たしえず，いわば馴れ合いに陥ることも多い。

むしろ，監督機能を担っていたのはメイン・バンクから出向してきた取締役，そしてその背後にある金融機関と，経済政策などを展開してゆく官僚機構であった。日本においては，とりわけ第二次世界大戦後の急激な経済復興・成長に資本市場の発達が伴わず，資金調達を金融機関に依存せざるをえなかった。

また，第二次世界大戦後の財閥解体や独占禁止法の制定などによって，純粋持株会社の設立が長らく禁止されることになった。これは，企業にとって安定的な株主がいなくなり，つねに買収の危機にさらされることを意味する。そこで，旧財閥の企業どうしをはじめとして，株式持ち合いが盛んに行なわれた。

このような日本型コーポレート・ガバナンスのしくみが経済復興・成長を支えてきたのは事実である。しかし，1990年代以降のグローバル化の流れのなかで，日本企業の閉鎖性の強さや不透明性，労働組合やメイン・バンクによる監督機能の劣化，さらには政府による指導にもとづく「護送船団方式」が問題

とされるにいたった。そこで、近年さまざまなコーポレート・ガバナンス改革が進められている。

その集大成が2006年に制定された会社法である。もちろん、それまでにおいてもさまざまな改革が行なわれてきたが、それらを総括するかたちで商法から独立して会社に関連する諸法制が改正された。この法律は、2014年に初めての本格的な改正が行なわれている。そのなかで、コーポレート・ガバナンスにかかわってもっとも重要なのは、指名委員会等設置会社（図表12-4）と監査等委員会設置会社の導入（図表12-5）である。前者は、図表12-1に示したアメリカ型のコーポレート・ガバナンスときわめて類似したしくみで、取締役会のもとに指名委員会、監査委員会、および報酬委員会を設置する。これは2006年に導入され、ソニーなどがこのしくみを採用している。この場合、監査委員会と機能が重なるため、監査役を設置することはできない。また、取締

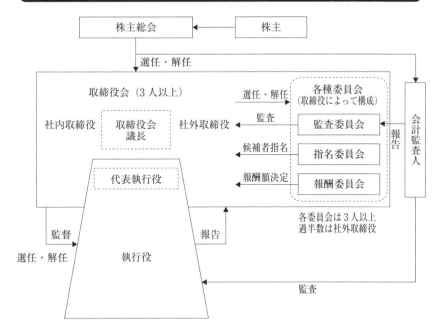

図表12-4　日本におけるコーポレート・ガバナンス（指名委員会等設置会社の場合）

出所：土屋・岡本〔2003〕；関〔2008〕を参考に筆者作成。

図表 12-5　日本におけるコーポレート・ガバナンス（監査等委員会設置会社の場合）

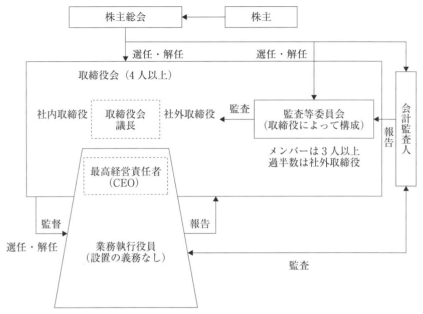

出所：近藤〔2014〕を参考に筆者作成。

役会は業務執行の決定と執行役による職務執行の監督に限定され，業務執行そのものは執行役に担わせなければならない。さらに，委員会の独立性を維持するため，3つの委員会の構成メンバーの過半数は社外取締役でなければならない。このような詳細な規定があることや，従来の監査役会制度で機能しているという認識から，指名委員会等設置会社はそれほど多くの企業に普及していない。

その一方で，オリンパスや大王製紙などにおける企業不祥事をチェックできなかったという事態をうけ，2014年の法改正で新たに設けられたのが監査等委員会設置会社である。これは，従来型の監査役会設置会社と指名委員会等設置会社の中間形態で，監査等委員会は取締役会の内部に設置され，監査役会と同様の権限をもつ。また，取締役会のメンバーであるので，取締役会での議決権も有する。ただ，業務執行と監督を分離するために，代表取締役になること

はできない。さらに，そのメンバーは過半数が社外取締役でなければならないなど，独自の特徴をもっている。

また，2014年の法改正によって，監査役会設置会社でも社外取締役を選任しない場合は，株主総会で説明することが必要となった。すでに2006年の会社法制定時に3人以上の監査役の任命とそのうち過半数の社外監査役の任命が義務づけられていたこととあわせて，より社外からの視線を意識するしくみとなった。

このほかにも，アメリカやドイツと同様に財務をはじめとする企業情報の透明性や公開性を高めるための試みがなされている。これまでの監督機能が財務諸表などに限定される傾向があったのに対して，企業経営のプロセス全体を監督することに比重が移りつつある。民間レベルでも，コーポレート・ガバナンスに関する原則や規範が設定されるなど，この問題に対する関心は高まりつつある。

―――― ●キーワード● ――――

エキジット・アンド・ヴォイス，内部統制，取締役会，執行役，監査役，監査役会（ドイツ），経営参加，労資共同決定制，経営協議会，労働組合，株式持ち合い，指名委員会等設置会社（方式），社外役員（社外重役）

第4節　コーポレート・ガバナンスの今後

社会経済的環境の急激な変化にともなって，各国のコーポレート・ガバナンスも大きく変化しつつある。コーポレート・ガバナンスは企業の基本的な枠組を示す。それゆえ，企業が発展していくうえで，ひじょうに重要なポイントとなる。ただ，ここで注意しておきたいのは，唯一最善のコーポレート・ガバナンスがあって，そこに収斂していくとは考えにくいという点である。あくまでも，コーポレート・ガバナンスは企業が社会経済において適切に価値創造し，さらに価値を分配・提供していくための"方法"であって，それ自体が目的な

のではない。社会経済が変化していく以上，コーポレート・ガバナンスも変化しつづけると考えるのが自然である。それぞれの国や地域，さらには個別企業における動向に注目していく必要があろう。

[参考文献]
奥村　宏〔2005〕『最新版 法人資本主義の構造』岩波現代文庫。
海道ノブチカ／風間信隆編〔2009〕『コーポレート・ガバナンスと経営学』ミネルヴァ書房。
菊澤研宗〔2004〕『比較コーポレート・ガバナンス論』有斐閣。
小林秀之編〔2006〕『新会社法とコーポレート・ガバナンス―委員会設置型会社 vs 監査役設置型会社―』中央経済社。
近藤光男〔2014〕『会社法の仕組み』〈第2版〉日経文庫。
関　孝哉〔2008〕『コーポレート・ガバナンスとアカウンタビリティ論』商事法務。
高橋俊夫編〔2006〕『コーポレート・ガバナンスの国際比較―米, 英, 独, 仏, 日の企業と経営―』中央経済社。
高橋俊夫〔2007〕『企業論の史的展開』中央経済社。
土屋守章・岡本久吉〔2003〕『コーポレート・ガバナンス論―基礎理論と実際―』有斐閣。
Berle, A. A. Jr. and G. C. Means〔1932〕*The Modern Corporation and Private Property*, Macmillan Co.（訳書，北島忠男訳〔1958〕『近代株式会社と私有財産』文雅堂書店。）
Burnham, J.〔1941〕*The Managerial Revolution ― What is happening in the World ―*, John Day.（訳書，長崎惣之助訳〔1951〕『経営者革命』東洋経済新報社, 武山泰雄訳〔1965〕『経営者革命』東洋経済新報社。）
Gordon, R. A.〔1945〕*Business Leadership in the large Corporation*, The Brookings Institution.（訳書，平井泰太郎・森昭夫訳〔1954〕『ビズネス・リーダーシップ ―アメリカ大会社の生態―』東洋経済新報社。）

（山縣　正幸）

第13章

国際化の進展と企業経営

=== この章のポイント ===

　本章では製造企業に限定して，企業が経営の国際化を進める手段としてどのような外国市場参入方式を用いるのが適切かを，経営資源力と取引コストを最重視しつつ，情報コスト，コミュニケーション・コスト，事業パートナーとの信頼形成コストなども決定因に交えて解明する。伝統的な参入方式だけでなく，戦略提携とM&A（Merger & Acquisition；企業の合併・買収）の選択条件も明示する。

　「事業の国際化進捗度」に照らせば，製品事業の国際化は本国からの製品輸出に始まり，プラント輸出とかライセンシングを経て，合弁事業，完全所有子会社の設営へと進み，一連のプロセスで海外事業経験を蓄積した後，戦略提携かM&Aを選好すると想定される。各種参入方式はある一時点で見れば代替的だが，経営の国際進化過程の中で参入方式間に補完関係が見られるかもしれない。そこで，日本のカラーTVメーカーの中国への参入方式展開に着眼し，その検証を行なう。

　本章では，経営資源力とともに取引コストによる参入方式選択への影響度を力説するあまり，外部環境条件への配慮を欠くかもしれない。だが，経営者の多くは，どの国際化進捗度まで事業展開すべきかを長期的視点から計画し，仮に外部資源活用方式に及んでも，自社の経営資源力への評価を最重視している。さらに，経営者は参入後の事業成果を意識して，パートナーとの関係をいかに管理すべきかを，参入意思決定時より取引コストの観点から考える必要に迫られる。

第13章　国際化の進展と企業経営　179

第1節　外国市場参入方式の類型

　外国標的市場に参入する手段として，市場取引形態としての輸出とライセンシング，中間組織としての合弁事業，内部組織としての完全所有子会社が挙げられる。後者2つには，親会社による外国への直接投資を伴う。事業への参画を目的とし，日本の親会社による在外子会社への出資比率が最低10％あれば，対外直接投資とみなされる。投資を通じて海外子会社が1カ国以上に設置されると，本国親会社と海外子会社とを合体して，「多国籍企業」と呼称される。
　外国企業へのプラント輸出を外国市場参入方式の1つとみなす論者もいる。製造品の輸出とは直接関係無くとも，工場機械・設備一式に製造ノウハウをセットにして外国企業へ輸出することで，自社プラントの有効性に加えて，仕向け国の技術者レベルをはじめ事業環境が把握でき，将来の事業展開の礎が築ける。ライセンシングと同様に，フィージビリティ・スタディ（企業化調査）的役割がプラント輸出に与えられるのである。なお，子会社設立時に親会社がプラント輸出を行なうケースは多いが，この場合のプラント輸出は対外直接投資に含まれるので，独立企業へのプラント輸出（市場取引形態）とは切り離して考えることにする。
　プラント輸出も含め，上記参入方式は広義の伝統的類型化と一致する。日本の繊維と電機の中には，1960年代より対外直接投資を開始した企業が割合に多い。
　1980年代後半より国際戦略提携や国際M&Aが日本の大企業の間で多用された。これらは伝統的な参入方式と一線を画し，外部資源活用戦略という側面から把握すべき参入方式とみなせる。とはいえ，伝統方式にも新方式にも，取引コストの観点を適用し，参入方式選択決定因を考察してみる。

―――●キーワード●―――

グローバル企業（多国籍企業），対外直接投資，合弁事業，ライセンシング，プラント輸出

第2節　伝統的な参入方式の選択決定因

1．外国市場参入方式選択決定因マトリクスの概略

　3種類のコスト要因と海外事業の期待売上高，外国市場への参入容易性および自社の経営資源優位が4タイプの参入方式の選択にどの程度影響するかを，「最小」，「小」，「中」，「大」，「最大」という5段階で表した評価マトリクスが，図表13-1に提示されている。受入国市場だけでなく，世界市場においてもライバル企業との競合に打ち勝つために，どの国の標的市場には，どの時点で，どういった参入方式が最適かを決める際，この評価マトリクスが役立つ。

図表13-1　参入方式選択のための各種要因評価マトリクス

参入方式＼決定因	取引コスト	情報コスト	コミュニケーション・コスト	期待売上高	参入容易性	経営資源優位
プラント輸出	中	小	小	小	大	小
ライセンシング	最大	中	中	中	中	中
合弁事業	大	大	最大	大	小	大
完全所有子会社	小	最大	大	最大	最小	最大

出所：ラグマン（A. Rugman）とカソン（M. Casson）の説などを参考にして筆者がまとめた。

　外国で事業を営む製造企業の多くは製品多角化を進めている。そのため，製品事業ごとに国際化段階を捉えるのが正しい。ルート（Root, F.）ら外国市場参入戦略に関する漸次的接近法の論者の見解をふまえて，①本国からの製品輸出→②プラント輸出→③ライセンシング→④合弁事業→⑤完全所有子会社の設営，といった参入方式の転換順に従って「事業の国際化進捗度」（以下，「国際化進捗度」と略記）が高まっていくと規定する。

　国際化進捗度がより高い参入方式を選ぶにつれて，親会社が現有する経営資源への要求レベルが質・量ともに高くなる。同時に，経営資源の移転可能性も

問われる。したがって，国際化進捗度が高い参入方式ほど，経営資源への制約が厳しくなるので，標的市場国への参入容易性は薄れていく。

参入容易性とは逆に，国際化進捗度を早めに高める誘引は大きい。合弁事業とか特に完全所有子会社では，長期的に多額の売上高と営業利益を見込める。一般に，ライセンシングに伴う技術使用料収入よりも営業利益を多く得やすい。なぜなら，標的市場国で他社よりも現地生産を早く始めれば，先発優位性を発揮できるからだ。現地市場の需要を先取りでき，規模の経済性と経験効果を享受できる。こうして，低コストでの生産や販売が継続でき，価格競争で優位に立てる。他社に参入障壁を築くのも容易となる。他方，高価格販売も見込める。ブランド名が消費者に早くから知れ渡り，ブランド・ロイヤルティを高めるには有利であるからだ。ただし，経営資源の国際移転度が高くなる参入方式だけに，移転可能な国の選択が最優先となる。

一般に，標的国での生産コストや販売コストならびに外国為替相場の変動が，参入方式の選択に影響を及ぼすのは自明だが，これら通常コスト以外に，取引コスト，情報コスト，コミュニケーション・コストも無視できない。

2．親会社の経営資源力

（1）プラント輸出

企業が優れた工場設備や製造機械を有していることが，プラント輸出の必要条件となる。十分条件は，現地で生産設備を建設し，その後，生産ラインの指導など現地人材教育を施して完全に操業可能な状態にして引き渡すことである。こうしたフルセットは「ターンキー・プロジェクト」と称される。工場機械・設備の優秀さと，製造ノウハウの優位性と国際移転可能性が問われる。

（2）ライセンシング（技術供与）

技術供与者が技術授与者（使用者）から技術使用料を得る目的で技術の使用権を譲渡する方式を，ライセンシングという。授与企業が技術を使って製造を行なうので，供与者は製品技術とか製造技術に優位性を持てば十分である。

(3) 合弁事業

　販売機能も併せもつ製販一体型子会社の設立を検討し始める際，経営資源の一部に弱みを見出せば，親会社は実質10%から90%所有の間で出資比率を決め，合弁パートナー探しに入る。現地パートナー候補企業が市場調査ノウハウ，現地販売網と製造技術に，自社が製品技術力とブランドに優位性をもつとしよう。「出資型合弁」としての出資比率に両社が合意した後，「契約型合弁」に欠かせない製品技術供与とブランド使用（料率と期間など），およびパートナー側が主導権をもつ共同販売に関する協定が交わされよう。こうして合弁事業協定が締結され次第，自社は現地ニーズに即した製品化と，現地パートナー工場の利用による参入の早期化と，現地販売網の広範な利用というメリットを得る。

(4) 完全所有子会社

　製販一体型子会社を完全所有方式により新規設立し，成功するには，親会社が，①資本（財務），②製品技術，③製造技術，④ブランドや販売網や市場調査ノウハウなどのマーケティング，⑤経営管理ノウハウ，⑥国際事業経験，⑦グローバル情報ネットワーク，から成る総合的経営資源力で他社より優位性を持たねばならない。完全所有子会社の経営に失敗すれば，他の参入方式に比べて損失額が圧倒的に大きく，親会社の経営にまで悪影響を及ぼす。ゆえに，親会社が競争優位にある経営資源をパッケージとして子会社へ十分に移転できることが先決となる。その資源力を梃子として，能力活用型子会社へと発展し，さらに能力創造型子会社へと進化すれば，その子会社は長期的に好業績を保てる。

3．取引コスト

　市場の不完全性が原因となって発生する市場取引（契約も含める）コストを「取引コスト」と呼ぶ。取引コストは，情報関連的経営資源（技術，知識，ノウハウ，ブランド，信用などの無形資産を指す）の取引において発生しやすい。
　情報関連的経営資源に特有な取引コストは主に，①知識消散コスト（dissipation cost），②監視コスト（policing cost），③サンク・コスト（sunk

cost；埋没原価）から構成される。なお，交渉コスト（negotiation cost）は製品輸出やプラント輸出など，いずれの参入方式でも生じるので，情報関連的経営資源に特有な取引コストとはみなせない。

「多国籍企業の内部化理論」を提示したラグマン（A. Rugman）は，国際化進捗度の段階を飛ばして，製品輸出→完全所有子会社→ライセンシングといった参入方式時系列を取引コストの観点から正当化している。取引コストの中でも知識消散コストを最重視し，技術ライフサイクルの初期に技術供与を実施すると，最大コストを負うので，回避すべきと唱える。技術授与者（技術購入企業）が高度な技術を使って製品の生産・販売に乗り出すと，技術供与者（技術販売企業）の製品市場で競争相手になる恐れがある。授与者が取得技術を改良して，供与者の技術を急速に陳腐化させてしまう恐れもある。むしろ知識に企業特殊的優位がある限り，技術開発企業は完全所有子会社を設立し，その中で技術を生産に活かす方が，技術使用料収入を上回る利益を生むという。

加えて，供与者は監視コストを払ってでも，授与者による第三者への技術の転売ないし漏洩や，当該技術使用製造品の輸出認可国以外への輸出といった，技術供与協定の条項に反した行為を阻止すべきとされる。

以上のように，ラグマンは，技術供与協定ではなく，合弁事業を選べば，合弁生産現場などでパートナーの行為を監視でき，知識消散コストと監視コストは抑えられる。しかし，合弁生産にはサンク・コストへの備えを要する。資産特定性（asset specificity）が高い生産設備への投資を一方的に行った企業に対して，合弁パートナーがその設備で製造された製品の販売打ち切りを宣言してくるとしよう。設備の用途限定性のため他の製品の生産に転用できなければ，設備廃棄コストを計上せざるを得ない。これこそがサンク・コストに他ならない。自社設備の資産特定性が高く，設備投資に多額を費やすほど，合弁パートナーからチーティング（cheating；騙し）を受けた時点で，サンク・コストによる損失は巨大になる。

最新鋭プラントの輸出にも，プラント稼動のために現地で製造ノウハウを移転する関係上，ある程度の知識消散コストは付きまとう。

取引コストをなるべく防ぐには，本国からの製品輸出か完全所有子会社の設営しかない。後者では，有形資産と無形資産を利用して子会社が得た利益を親

会社が単体決算と連結できる。親会社は子会社による無形資産の利用に対し，経営コントロール（経営支配力）を発揮しやすい。本社から子会社へ派遣する管理者も自社の戦略的意図に合致した人員が選出される。この派遣管理者が子会社内で事業活動への監視を徹底すれば，チーティング（cheating；自己利益のために事業関係者を欺く行為）は起こりにくくなる。その場合，派遣管理者を増やさざるを得なくなり，意思決定系統が複雑化し，人件費など組織管理コストが膨らむ。

結局，取引コストが最大化するのは，知識消散コストと監視コストの合計が最大になるという点で，ライセンシングだと考えられる。サンク・コストの発生を覚悟しなければならないという点で，合弁事業がそれに次ぐと言えよう。

バーニー（Barney, J.）が資源ベース論（resource-based view）で唱えたように，①価値があり（valuable），②希少であり（rare），③模倣困難である（imperfectly imitable），といった類の経営資源を保有できると，持続的競争優位を保てる。

親会社も子会社もこの種の経営資源を共有し，親会社 – 子会社間ならびに子会社相互間でのコミュニケーションが良好であれば，取引コストをあまり気にすることなく，全世界的に最適な企業内国際分業を展開できよう。

4．情報コストとコミュニケーション・コスト

多国籍企業の連結売上高に占める情報コスト比率（ICTSと略記）が最大となるのは，完全所有子会社すべてが現地志向型の研究開発・生産・販売を自己完結する場合と考えられる。各子会社が責任をもって現地事業環境情報を収集しなくてはならないうえに，親会社や他の子会社が有する情報の中から現地固有の経営に合致した情報を取り出しにくいからである。逆に，すべての子会社が全世界志向型であれば，情報の共有化と共通利用が進むため，現地志向型に比べてICTSは低い。その代わり，全社的な売上高に占めるコミュニケーション・コスト比率（CCTS）は，現地志向型よりも高くなる。全世界レベルでの最適な意思決定には，事業体間での密なコミュニケーションを多く要するためである。

総じて，合弁事業では現地環境情報を現地人パートナーが有しているので，

完全所有子会社よりも ICTS は低い。CCTS に関しては，完全所有子会社よりも合弁事業が上回る。両パートナー企業の経営者から従業員に至るまで国籍要件の違いから価値観に開きがあるのが原因となる。

　合弁事業形態の中で CCTS が最大となりやすいのは，対等出資型合弁事業のケースと考えられる。対等出資ゆえに，両パートナー間での合弁事業に対する権益争いの激しさから意思決定に時間がかかるし，利害調整に向けて両パートナー間のコミュニケーションを求めなければならないからである。

　ライセンシングでは，工業所有権も含めた技術保有・利用状況と技術供与先候補企業に関する情報の収集が不可欠である以上，情報コストを見積もらなくてはならない。そして，供与先候補企業との間で事前かつ事後の交渉を行なうため，コミュニケーションは避けられない。技術供与期限が満了するまでロイヤルティ（技術使用料）の見直し交渉や，技術使用トラブルの解消または和解に乗り出すとなれば，両コストの上積みも考慮すべきだ。

　プラント輸出に際しても，発注企業の国内事業環境はもとより，当該企業の財務力や技術力や社風などの情報を収集して当然である。受注先との交渉に始まり，プラント据付から稼動率アップまでの期間にわたり，現地生産指導のために本国からの派遣者と現地のエンジニアや従業員とのコミュニケーションが必須となる。しかし，ライセンシングに比べれば，取引コストがかからない分，情報収集と対話に時間とコストを省けるため，情報コストもコミュニケーション・コストも少なくて済む。

———●キーワード●———

取引コスト，工業所有権，ロイヤルティ

第3節　国際戦略提携 vs. 国際 M&A

1．外部資源獲得・活用戦略としての参入方式

　自社開拓型を代表する完全所有子会社とは異なり、戦略提携も M&A も外部の企業から経営資源を取り込む点で共通する。

　多国籍企業に自社開拓からの脱却を促した要因は、①世界市場競争の激化、②製品ライフサイクルの短縮化、③競合企業間での経営資源力格差の縮小、にある。自社が得意とする製品市場でも自社開拓式だけで競争優位を維持するのは難しい。逆に、得意な市場でなくても事業機会に魅力があれば参入への誘引が働く。同時点で両標的市場向けに戦略提携か M&A を選ぶかは、両方式から期待される自社と他社の経営資源の融合による相乗効果の大小に依存する。

　両方式の一番の違いは、自社資源投入量と企業所有権の面で M&A が戦略提携を上回る点にある。M&A が完全所有子会社に類して「階層型」であり、戦略提携が市場と階層の中間に位置する「ハイブリッド型」という点に起因する。

2．国際戦略提携の選択決定因

　図表 13-2 が示すとおり、戦略提携は契約型と階層型のハイブリッドに大別される。後者では合弁事業が主流をなすが、伝統的な合弁とは性格を異にする。伝統的合弁事業では、現地人パートナーが世界レベルの企業ではなく、事業の動機や経営管理に現地志向が目立つ。両パートナーともに出資比率によって共同事業への支配力を高め、そこから親会社の権益を引き上げようともくろむ。

　戦略提携型合弁事業となれば、世界的ライバル企業同士が手を組み、出資比率を競うのではなく、自社の経営資源（経営機能領域と関連）や製品分野や標的市場の弱みを、提携パートナーの協力によってどれだけ補完可能なのかに重点が置かれる。とりわけ提携の決定因が相手の経営資源の魅力にあるため、両

図表13-2 ハイブリッド事業形態における市場から階層までの連続体

事業活動＼参入方式	市場取引	契約型ハイブリッド	階層型ハイブリッド
1．部品供給 （後方統合）	長期供給契約 単一供給源契約	共同生産契約	顧客と供給者の合弁事業
2．流　通 （前方統合）	長期流通契約 フランチャイジング協定	相互マーケティング協定	マーケティング合弁事業
3．国際生産／水平生産協定 （水平統合）	ライセンシング協定 第2供給源協定	クロス・ライセンシング 技術共有 相互第二供給源	生産合弁事業
4．研究開発	研究開発契約	共同開発協定 共同研究契約 リサーチ・コンソーシアム （非出資型）	リサーチ会社 研究開発合弁事業

出所：Oxley〔1999〕p.28, Figure 2.3.

社とも提携事業に自社資源を差し出す以上に，相手から資源を引き出させることに主眼が置かれる。相互の競争優位の再構築に協力しつつ，得意市場を相手に侵攻されないよう防御し，共同事業の中で相手経営資源の学習の場を見出そうと躍起になる。協力事業でありながら，提携ビジネスの範疇を超えて親会社あるいは全社レベルにもおよぶ激烈なライバル間競争が常に内包されている。

　契約型ハイブリッドと階層型ハイブリッドのいずれを選択するかは，提携の重要な意思決定事項となる。提携相手国の工業所有権法が未整備なうえ，パートナーのモラル・ハザード（道徳的危険）が予知されると，取引コストが懸念材料となり，共同研究開発協定は特に選ばれにくい。情報の非対称性が加わると，取引コストの発生率，額ともに高まり，研究開発合弁事業が選択される。

　研究開発合弁事業の成果は，パートナー間の信頼度に左右される。パートナーには少なくとも自社並みの研究開発への貢献を期待し，交渉の席で対等出資が話題に上ろう。だが，契約型と比べて，相互に経営資源の学習の場や機会に恵まれるため，出資比率を対等にしても互いの知識吸収競争は抑えられない。

　パートナー選定の基本線は，①研究開発能力が自社と対等ないしそれ以上である，②提携事業の目標が一致している，③提携相手の組織文化と技術者の価

値観が自社と類似している，といった点にある。もしも取引相手の機会主義的行為を受けてサンク・コストが発生しやすいと知覚すれば，共同事業を契約型から始め，信頼性を確信してから階層型ハイブリッドへ移行するのが賢明だ。

その移行過程ないし移行後でも，信頼形成のために情報コストやコミュニケーション・コストを多く投じるのは，取引コストを抑える意味もあってやむを得ない。しかし，研究開発に限らず，戦略提携型合弁事業では伝統的なそれよりも，魅力ある経営資源の相互学習が盛んで，その際の機会主義的行為を止めにくく，取引コストが出やすい。そこで，以下の関係が成り立つであろう。

（技術供与に生じる取引コスト—伝統的な合弁事業にかかる取引コスト）＞（契約型ハイブリッドから生じる取引コスト—階層型ハイブリッドで負担すべき取引コスト）＞0

3．国際M＆Aの選択決定因

1990年代より情報技術，医薬品，鉄鋼，自動車の業界再編が世界の大型M＆Aを軸にして進行し，M＆Aの件数伸び率は戦略提携を上回っている。

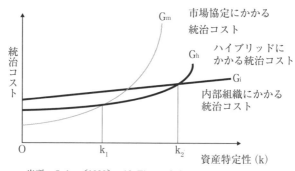

図表13-3　市場，ハイブリッド，階層における統治コスト

出所：Oxley〔1999〕p.18, Figure 2-2.

M＆Aは内部組織同然ゆえ，資産特定性が図表13-3のK_2を超える高い水準で取引が成立すると，第1選択肢に入ってくる。つまり，取引自体が生産設備

など特定資産（specific assets）への高度な投資を要する時，機会主義的行為を未然に防ぐのに戦略提携では不十分なため，M&Aが選ばれる。階層に不可避な組織管理コストが，機会主義的行為に遭った後のサンク・コストと事前回避に払うべき監視コストの合計を下回れば，提携ではなくてM&Aが選ばれる。

M&Aのうち，Aを表す買収に限定し，カソン（Casson, M.）は流通施設と生産施設とを関係させ，生産施設の買収が採用される条件を特定化している。

外部市場の利用コストが買収後の内部市場での信頼形成コストを上回っていると想定すれば，コストの大小関係は次のように表される。

① 下請契約生産＋流通施設の買収＞生産施設の買収＋フランチャイジング流通

② 下請契約生産＋共同所有の流通施設の利用＞生産施設の買収＋共同所有の流通施設の利用

上記結果は，技術市場における高い取引コストが買収後の信頼形成の容易さと結び合わさって，下請契約が推奨されず，その代わり，買収が支持されるという事実の拠り所となる。そして，支配によって取引コストを削減していくというプロセスは，戦略提携型国際合弁事業内よりも買収後の方で信頼形成コストが低いという前提を立てる限り続いていく。逆に，信頼形成コストが国際合弁事業において低いとなれば，生産施設の買収は否定される。

外部の中間生産物市場での取引コストが，買収に従って中間生産物市場で信頼を形成するコストを上回るならば，コストの大小関係は以下のようになる。

③ 生産施設の買収＋流通のフランチャイジング方式＞新設の生産＋流通施設の買収

以上より，戦略提携ではなく，買収を選択するための決定因として，信頼形成コストが買収後の方で低いことが認められる。

最後に，買収後に信頼形成コストをかけずに事業統合をしようとすると，買収側と非買収側の組織文化の違いなどから統合後の事業に失敗する恐れがある。その意味で，PMI（Post Merger Integration；M&A成立後の経営統合）がいっそう重要となる。

●───●キーワード●────────●

戦略的提携，M&A

第4節　日本カラー TV メーカーの対中参入方式の選択
——内部化理論の検証——

　次ページの図表13-4から図表13-6には，国際化の出発点となる製品輸出を除き，日本カラー TV メーカー3社が繰り広げた対中参入方式を年次順に例示している。一連の参入方式の展開が，第2節で提示された「事業の国際化進捗度」と「多国籍企業の内部化理論」のいずれに沿うかを検証してみる。国際進化過程の中で参入方式間に補完関係が見られるかどうかにも注目したい。ここでいう補完関係とは，調査期間内に直接投資とライセンシング（順序は問わない）をセットとしたサイクルが2回ないしそれ以上生起している場合を指す。1回切りのサイクルで完結すれば，代替的とみなす。

　中国政府による外資出資比率規制が厳しいため，日本の親会社が50％以上の出資比率を確保して子会社を設立した場合，内部化理論に反して，これを「内部化型」と規定し，ライセンシングを「外部化型」と定義しておく。

　① 日立製作所におけるカラー TV 事業の対中参入方式展開

　日本カラー TV メーカーのなかで在中子会社生産の最先発である。図表13-4より，「内部化先行型補完関係」の進展がうかがえる。プロジェクション TV に企業特殊的優位をもつので，完全所有子会社が設営されている。在中事業展開は「多国籍企業の内部化理論」に従う。

　② 松下電器産業におけるカラー TV 事業の対中参入方式展開

　図表13-5からわかるように，ブラウン管の製造およびプラズマディスプレイの製造ともに，子会社内部生産がライセンシングに先行し，こうしたパターンが繰り返されているので，「多国籍企業の内部化理論」に従った典型的な「内部化先行型補完関係」が展開されている。松下電器産業はブラウン管カラー TV では日立製作所に出遅れて，追随型進出となったが，プラズマディスプレイでは日立よりも企業特殊的優位を強く保持すると判断してか，

図表 13-4　日立製作所のカラー TV における対中参入方式の進展

参入年度	親会社による在中子会社への出資比率と子会社の事業内容と立地	参入方式
1979年		プラント輸出
1981年	70%　カラーテレビの製造・販売；福建省福州市	対外直接投資
1984年	TV 工場の改善	ライセンシング
1985年		プラント輸出
1986年	リニア IC 製造・検査技術；上海市	ライセンシング
1989年	60%　カラーTV用ブラウン管製造；広東省深釧市	対外直接投資
1989年		プラント輸出
1990年		ライセンシング
2001年	100%　プロジェクションTV用ブラウン管TV製造；広東省深釧市	対外直接投資
2001年	50%　プロジェクションＴＶの設計・製造・販売；福建省福州市	対外直接投資

図表 13-5　松下電器産業のカラー TV における対中参入方式の進展

参入年度	親会社による在中子会社への出資比率と子会社の事業内容と立地	参入方式
1979年		プラント輸出
1983年		プラント輸出
1984年		プラント輸出
1987年		プラント輸出
1987年	50%　カラーTV用ブラウン管製造・販売；北京市	対外直接投資
1988年		プラント輸出
1990年		プラント輸出
1993年	カラーTV「画王」年産10万台の組み立て；北京市	ライセンシング
1994年	55%　カラーTV用とVTR用 ICの製造・販売；上海市	対外直接投資
1995年	70%　カラーTVの製造・販売；　山東省済南市	対外直接投資
1995年		ライセンシング
2001年	55%　プラズマディスプレイ・パネルの製造・販売；上海市	対外直接投資

図表 13-6　東芝のカラー TV における対中参入方式の進展

参入年度	親会社による在中子会社への出資比率と子会社の事業内容と立地	参入方式
1978年		プラント輸出
1983年		プラント輸出
1984年		プラント輸出
1985年		プラント輸出
1986年		プラント輸出
1987年		プラント輸出
1994年		ライセンシング
1996年	65%　中大型カラーTV、プロジェクションTV、プラズマTVの製造・販売；大連市	対外直接投資
2002年	51%　デジタル放送用の放映設備の製造・販売；大連市	対外直接投資
2003年	100%　液晶カラーTVの製造・販売；大連市	対外直接投資

出所：図表13-4～図表13-6にかけて，稲垣清・21世紀中国総研『中国進出企業地図』蒼蒼社（2003・2004版），東洋経済臨時増刊号『海外進出企業総覧・上場企業編』（2005年版）中国家電網 http://www.cheaa.com/，日立製作所，松下電器産業，東芝のホームページを参照。資料収集には，羅旻氏からの協力を得た。

その現地生産に先行している。

③　東芝におけるカラー TV 事業の対中参入方式展開

　東芝は，外資として最後に認可されたカラーテレビ工場（大連東芝電視）を大連開発区内で設立した。わが国同業の最後発ゆえに，有力な合弁パートナー企業を得ることで，競合他社へのキャッチアップを図ったといえよう。図表 13-6 から，対中参入方式展開に「外部化先行型代替関係」が洞察できる。東芝は液晶カラー TV で企業特殊的優位をもつので，他社に先駆けて中国に液晶カラー TV の完全所有子会社を設立し，ブラウン管カラー TV の現地生産での出遅れを一気に取り返そうとしている。

　以上より，プラント輸出がほぼ同時開始であっても，現地生産面での先発ならびに追随企業は中国での事業展開期間に余裕がもてるので，時系列的な参入方式展開に「内部化先行型補完関係」が強く働きやすい。他方，後発参入企業は旧タイプの製品で現地生産に遅れただけに，より新しく高度な技術を要する製品で強みを発揮できると判断すれば，東芝の液晶カラー TV の対中国生産シフトのごとく，最新製品分野の中で早期の現地生産に照準を合わせ，巻き返しを企図しやすい。同一業界内で見ると，こうした参入方式展開は旧製品における初期の技術供与の延長線上にある場合が多く，「外部化先行型代替関係」と規定してよい。

　中国では工業所有権法が未整備であり，技術模倣への罰則が緩いため，契約取引を含め市場取引では大きな取引コストを強いられがちである。そのため，内部化誘引は強い。とはいえ，中国のカラー TV をはじめ家電業界の中から競争力を付けた多国籍企業が輩出しており，日本の製造企業にとってこうした中国の有力企業との戦略提携を避けるわけにはいかない。中国企業から提携相手に選ばれるためにも，日本企業は経営資源力の強化を使命としなければならない。仮に日本企業が競争優位を喪失すれば，提携中または提携終結後，中国企業に買収される運命が待ち受けている。いみじくも，世界で No.1 の生産シェアを誇る中国の家電メーカー，ハイアール・グループ（海爾集團；Haier Group）との間で，三洋電機が国際戦略提携型の合弁会社「三洋ハイアール株式会社」を 2002 年に設立したものの，2007 年 3 月にはかかる合弁会社が解散

され,2011年7月28日にハイアールが三洋電機の冷蔵庫,洗濯機およびその他家電用電化製品事業を買収することで合意したように,競合他社との力関係により市場参入方式はめまぐるしく変転している。

●キーワード●

対外直接投資,ライセンシング,プラント輸出,取引コスト

【参考文献】

江夏健一・長谷川信次・長谷川礼編〔2008〕『国際ビジネス理論』中央経済社。
藤澤武史〔2000〕『多国籍企業の市場参入行動』文眞堂。
諸上茂登・藤澤武史〔2004〕『グローバル・マーケティング』(第2版)中央経済社。
諸上茂登・藤澤武史・嶋正編〔2007〕『グローバル・ビジネス戦略の革新』同文舘出版。
Barney, J.〔2002〕*Gaining and Sustaining Competitive Advantege*(Second Edition), Prentice hall.(訳書,岡田正大訳〔2003〕『企業戦略論』(上)(中)(下),ダイヤモンド社。)
Casson, M.〔2000〕*Economics of International Business: Research Agenda*, Edward Elgar Publishing Limited.(訳書,江夏健一・桑名義晴・大東和武司監訳〔2005〕『国際ビジネス・エコノミクス』文眞堂。)
Dunning, J.〔1993〕*Multinational Enterprises and the Global Economy*, Addison-Wesley.
Hill, C.〔2006〕*International Business : Competing in the Global Marketplace*, Academic Internet Publishers.
Oxley, J.〔1999〕*Governance of International Strategic Alliances: Technology and Transaction Costs*, Harwood Academic Publishers.
Root, F.〔1982〕*Foreign Market Entry Strategies*, AMACOM.(訳書,中村元一監・桑名義晴訳〔1984〕『海外市場戦略』ホルト・サウンダース社。)
Rugman, A.〔1981〕*Inside the Multinationals*, London: Croom Helm.(訳書,江夏健一・中島潤・有澤孝義・藤沢武史訳〔1983〕『多国籍企業と内部化理論』ミネルヴァ書房。)

(藤澤　武史)

第14章

地球環境問題と企業経営

══ この章のポイント ══

　本章では，地球環境問題と企業経営というテーマのもと，経済発展と密接に関連し，地球全体にかかった負荷と言える地球環境問題に対し，企業がどのように関わっていくのかを探る。まず，地球環境問題の概要について述べ，何が地球環境にとって問題であるのかを紹介する。次に，環境先進国ドイツにおけるエコロジーとエコノミーの共生の理念を紹介し，環境や資源などを考慮した持続可能な発展を目指す循環型経済を理解する。また，ドイツ企業の環境保全意識における最近の傾向を概観する。さらに，環境経営がドイツ経営経済学の領域でどのように展開されているかを述べ，持続可能な循環型経済に根差した経営スタイルとしての環境経営とそのシステムについて説明する。最後に具体的な企業行動としての環境経営の姿を環境ビジネスに探り，21世紀を生き抜く企業の在り方を考察する。

第1節　地球環境問題の概要

　地球環境問題とは，人間が生活，生産活動を行なうことにより，その被害や悪影響が一国内にとどまらず，国境を越えて地球規模にまで広がる環境問題や，先進国や発展途上国も含めた国際的な取組が必要とされるグローバルな環境問題のことを指す。以下に主な地球環境問題を列挙する（大久保〔2001〕p.83-94）。
　① 　地球温暖化
　人間活動により大気中の温室効果ガス濃度が上昇し，温室効果が高まること

に基づいて気温が上昇することにより，異常気象の発生，農業生産や生態系への悪影響が生じる。

② オゾン層の破壊

大気中に放出されたフロンガスなどによって成層圏のオゾン層が破壊され，有害な紫外線の地表到達量が増大し，人への悪影響や生物の成育障害等を引き起こす。

③ 酸性雨

化石燃料を燃焼することで放出された硫黄酸化物や窒素酸化物が，雨や霧に取り込まれ，酸性の雨として森林や農作物に被害を与え，河川や湖沼を酸性化し，生態系に悪影響を及ぼす。

④ 熱帯林の減少

焼畑耕作や商業用伐採などにより毎年 1,420ha が減少していると推測され，熱帯林の減少は，野生生物の生息地が損なわれるなど生態系へ悪影響を及ぼすだけでなく，地球温暖化を加速する。

⑤ 砂漠化

気候変動による乾燥化や，開発途上国における過度の開墾による表土流出，薪炭としての過度伐採，家畜の過放牧等により引き起こされ，食糧生産基盤の悪化を招く。

⑥ 海洋汚染

河川からの汚濁物質の流入，船舶事故や，石油等の海底資源の開発に伴う油汚染，廃棄物の海洋投棄などによる汚染が生態系や漁業への悪影響を及ぼす。

⑦ 開発途上国の公害問題

開発途上国では，都市化や工業化の進展に伴い，公害問題が深刻化しているが，資金，技術，人材等の不足のため公害問題への十分な対応が困難な状態にある。

現在，企業はこうしたさまざまな環境問題への対応を求められており，環境問題の解決と経済性を両立させた形で実現するには，企業の自主的な環境対応，いわゆる環境に配慮した企業経営や環境ビジネスの育成が求められているのである。

●キーワード●

環境,環境マネジメント,公害

第2節　ドイツにおけるエコロジーとエコノミーの調和

　1960年代に始まったドイツの環境政策は,1970年代半ば以降,環境汚染の管理からさらに進んで,環境汚染の防止というより積極的な環境政策へ変化してきている。しかし,1970年代の産業界では,エコロジーはエコノミーの対極にあり,経済成長を抑制するものという考えが主流であったと言わざるを得ない。その後,1992年リオデジャネイロでの国連環境開発会議における共同宣言「持続可能な発展」のなかで「エコロジーとエコノミーの共生」が唱えられ,1993年には,ドイツ基本法第20条aに「次世代のために自然を守る責任がある。これによりドイツは「環境先進国」と言われるようになる」という条項が付記された。今日に至るまで,環境に関わる法律を成立させてきた経緯において,環境保護と産業の発展・雇用の確保の両立,つまり,エコロジーとエコノミーのバランスをどのように実現するかがつねに論じられてきたのである。

　国の基本的な環境政策では,エコロジー優先とエコノミー優先の対立の間で,経済,社会,個人生活におけるエコロジーへの取り組みを重視し,さらには,環境産業を次世代の重要な産業として育成していくという積極的な産業育成という道が選択されている。このような背景には,グローバル市場におけるドイツのIT産業の立ち遅れがあり,ドイツ独自の国家的戦略として,環境分野でのリーダー的地位の確立を狙っていることが挙げられよう。

●キーワード●

エコロジー,環境マネジメント

第3節　持続可能な発展の実現

　先述の「持続可能な発展」を実現させるためには，エコロジーに配慮した社会システムの構築と，適度な経済成長，そして充実した社会保障システムに基づく社会の安定化という3本柱の調和が重要な要素となる（図表14-1参照）。

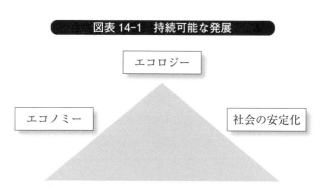

出所：在日ドイツ商工会議所〔2004〕p.4。

　現代社会は，企業という経済的基盤がなければその存立は困難であるが，現代はその経済活動のあり方が問われている時代であり，企業も対応を迫られている。したがって産業界は，環境保全の姿勢を企業経営に採り入れる「環境経営」を実践し，経済成長と環境保護の併存を目指し，さらには環境保全のための技術の提供を社会から求められることになり，それ故，ドイツ政府は法規制によってそれを誘導する政策をとり，消費者は環境への配慮を考えた行動でそれを支援している（在日ドイツ商工会議所〔2004〕pp.3-4）。

　さらに，社会の安定化にとっても，経済活動は大きな影響を与えている。社会の安定化には医療・介護保険の整備，年金制度の確立と資金の確保，雇用の確保等，社会保障制度の充実に加え，犯罪の防止等を含んだ多くの要因が存在すると考えられるが，社会の安定や成熟なしには環境問題に配慮した行動の発生が困難であるのは当然であり，いつまでも経済成長最優先型の社会構造からは脱却できないであろうと思われる。

　地球温暖化の問題で，先進国と発展途上国の間でコンセンサスが得られない

点から考えても，今まで，20％の人口を占める工業国が地球の資源の80％を利用してきた繁栄を，これからは発展途上国も加わって追求していくことになるのであるから，その解決は容易なことではないが，発展途上国への環境保全のための資金援助や環境技術機器の提供などを通じて，その解決を目指していく必要がある。

以上のように，エコロジー，エコノミー，社会の安定というこの3つの要素が整うことで，「持続可能な発展」が実現するのである。したがって，今後はこれらの要素をどのように誘導していくかということが重要な問題となる。ドイツの環境政策の目的は，政府の法規制によって企業に環境保全への対応を迫り，ドイツ社会に特有の社会的市場経済の中でエコロジーとエコノミー，社会の安定を一体化させることにあり，それは経済活動の全ての段階に環境保護の考え方を浸透させ，「持続可能な発展」が段階的に実現していくことを意味するのである（在日ドイツ商工会議所〔2004〕pp.5-6）。

───● キーワード ●───

共生，戦略的経営

第4節　ドイツ企業の環境保全意識

第二次世界大戦後の50年代から60年代にかけて，旧西ドイツにおいては，他の高度工業化諸国と同様に，マネジメントの実践や理論においては，企業は純粋に経済的組織と考えられ，利潤極大化の基準に基づいて財とサービスを生産し，職場と所得を生み出すことに責任をもつ存在であるとみなされ，その結果，成長と技術の進歩が保証された。社会的責任は制度としての企業の存在そのものに限られ，環境への責任は全く考慮されなかった。しかし企業を純粋に経済的制度として絶対視し，また一面的にみる考え方は，次第に問題視されるようになり，実務上効果的な新しいコンセプトが提起されるようになった。

この新たな変化とは，「企業の社会的責任，特に環境責任のコンセプトの拡

大，具体化，深化」の傾向が生じていることである。まず「拡大」についていえば，この問題領域の中で次第にテーマが広がりを見せていることである。たとえば，「異常気象」，「酸性雨」，「廃棄物による環境破壊」など，環境問題のキーワードが増大し，テーマの上では環境倫理に関する課題が生じ，また各種の専門分野では掘り下げられた議論が生じている。また「具体化」についてみると，国内的にも国際的にも環境責任に関する法規定が強化されるのみならず，法的強制とは無関係に個々の企業において環境責任に関する具体的な指導基準ないし原則（いわゆる環境憲章，環境倫理コードなど）が作られ，それに応じてさまざまなエコビランツ（生態的貸借対照表）が公表されるようになっていることである。

　環境責任コンセプトの「深化」というのは，企業の環境責任は企業の環境倫理の問題にまで深められたことをいう。環境倫理は本質的には「世代間倫理」と言われ，基本的には哲学者ハンス・ヨーナスの「未来責任原則」に由来している。ドイツの環境経営学で，このヨーナスの考え方を支持し，企業の環境倫理の根拠としている例は多い。つまり，環境破壊や資源枯渇の問題の加害者は現代世代であり，その被害者は未来世代である，という考え方である。したがって，世代間倫理無しには，環境問題の解決は不可能である（真船〔1994〕p. 27）。

　こうした傾向は，ドイツの社会的市場経済（soziale Marktwirtschaft）のシステムが変化し，次第にエコ・社会的市場経済（ökologische und soziale Marktwirtschaft）と言われるものへと変化しつつあることの反映と思われる。そこでの企業は，経済秩序そのものの効率によって利益を享受し，同時に労働者が立法や賃金協定などによって利益を受け，環境成果をも享受する社会である。現在，多くのドイツ企業は，従業員に対する任意の社会的給付を与えている。つまり，エコ・社会的市場経済においては，企業は，本質的にこれまでより強く従業員と地域住民の環境と健康問題に対する任意のエコロジー的貢献を行なわなければならなくなっているのみならず，また国内的にも国際的にも環境問題の解決に貢献しなければならないのである。しかし企業は市場競争の圧力があるため，必ずしもこれらの貢献を十分効果的に行なうことができない。このため，「価値中立の立場からは離れる」としながら，経済生活に関わるすべて

のものは，効果的な環境保全立法に賛成し，エコ・社会的市場経済への移行に貢献する必要があると強調される（真船〔1994〕p. 28）。

―――●キーワード●―――

企業の社会的責任，経営倫理，経営理念

第5節　環境経営と経営学

1. 環境志向的経営経済学の登場

　企業が環境問題に積極的に取り組む時代を迎え，環境経営（環境マネジメント）なる領域が経営学の対象として確立されている。ドイツ経営経済学においても，エコロジー志向的経営経済学が登場することとなり，ここではその環境保護に対する3つの視点について紹介してみたい。

　第一に，環境保護は回避すべきリスク要因であるという視点が挙げられる。この場合，環境保護と経済性は対立するものであり，利益目標を制約するものと考えられている。法的規制は，最小限に留められ，収益性，成長性重視の経営が尊重される。

　第二に，環境問題への取り組みを市場でのチャンスと捉える視点が挙げられる。この経営戦略の志向は，利益目標と環境目標の達成の両立を目指すもので，環境問題への取り組みは，経営戦略として企業の経済目標を達成するための手段と考えられている。

　第三に，環境問題への取り組みを企業倫理として捉える視点が挙げられる。企業の倫理的価値観に基づいて，経済的目標のみを追いかけてしまいがちな企業の姿勢を修正していくことである。ここでは，経済的な合理性の追求と企業倫理の狭間での，企業経営の展開が求められることになる。

　現在の企業経営にとっては，第二の視点がもっとも現実的で，ここに環境経

営の発生基盤があると考えられる。つまり，企業と社会の双方の利害に合致した環境問題への取り組みの姿勢であると言えよう。

2．環境経営とは何か

環境経営とは，企業の競争優位と成長（収益実現）のための経営戦略と結びついて，環境ビジョン，組織，エネルギー，廃棄物，化学物質，エコ・プロダクツ，研究開発，会計，マーケティング，報告書などの領域を対象にして企業活動を環境負荷削減（または環境改善）の方向へ誘導する。最高経営責任者が，環境対策で有効な実績を示しながら収益をも追求する管理方式である。

地球環境問題が活発に論議されている中，企業は従来の遵法的姿勢から一歩踏み出し，企業が自主的に環境保全に取り組むことを求められている。企業のそのような環境の自主的管理・監査活動を環境マネジメントと言い，これをシステム化すると次のようになる（大久保〔2001〕p.106）。

① 事業活動に伴う環境への負荷の把握・評価
② 環境に関する経営方針，目標，行動計画の設定
③ 目標や計画の実施にあたっての責任体制の明確化
④ 実施状況や達成状況の点検
⑤ 全体のマネジメントシステムの見直し

欧米では1970年代から企業の社会的責任が問題視されるようになり，環境問題への関心の高まりと相挨って，環境管理についての取り組みが始まった。当初は，その対応や考え方の違いから，環境管理，環境監査，環境監理，環境審査，環境評価など様々な名称があったが，1990年代に入り，イギリスの環境規格 BS 7750 の制定（1992年），EU の環境管理・監査規則 EMAS の運用開始（1995年）などの動きから，「環境管理」，「環境監査」という名称が一般的になり，現在では，それらを総称して「環境マネジメントシステム」と呼んでいる。環境マネジメントシステムと言えば，ISO 14000 シリーズが即座に挙げられるように，ISO 14000 シリーズ は「国際取引のパスポート」，「製品の環境パスポート」と捉えられている（大久保〔2001〕p.108）。

•―――●キーワード●―――•

環境マネジメント（環境経営），ISO，経営戦略

第6節　環境ビジネス

　この節では，種々の環境ビジネスをハード系とソフト系に分けて概観する。「環境の世紀」になるともいわれる21世紀の新産業として環境ビジネスは大いに期待されている。国際社会が持続可能な発展を望むならば，地球環境に負荷を与える要因や発展を阻害する原因を取り除く必要がある。この努力が新しいビジネスを創出するきっかけとなり，環境保全・維持に至るのである。したがって，環境ビジネスの成長・発展は，この社会が持続可能な発展を遂げているかを測るバロメーターになっている。

　現在日本ではハード系環境ビジネスが中心であるが，世界的な環境規制の強化，ISO 14000シリーズの発行，LCA（Life Cycle Assessment）の法制化などの動きを受けて，ソフト系環境ビジネスも活発になっており，21世紀中頃までには大きな市場になると期待されている。図表14-2に示すように，環境ビジネスはハード系とソフト系に大きく分けられる（大久保〔2001〕p.120）。

図表14-2　環境ビジネスの分類

環境ビジネス	ハード系	H1	エンド・オブ・パイプ
		H2	リサイクリング
		H3	グリーンエネルギー
		H4	エコシステムの修復
		H5	環境に調和した代替製品の開発
	ソフト系	S1	環境コンサルティング
		S2	環境アセスメント
		S3	情報関連
		S4	金融

出所：大久保〔2001〕p.120。

H1:エンド・オブ・パイプ

環境ビジネスの9割の市場を占めるのがハード系で,エンド・オブ・パイプはその中心である。有害な汚染物質を出口で除去することで,代表的なものには,火力発電所の排煙脱硫・脱硝装置,自動車の排ガス除去装置などの大気汚剰汚止技術,工場排水や浄化場などの水質浄化技術,大気,水質,土壌の汚染度をチェックする分析測定器などがある。

H2:リサイクリング

エンド・オブ・パイプについで市場規模が大きく,ごみの処理や再資源化,いわゆる静脈産業と呼ばれるものである。

H3:クリーンエネルギー

クリーンエネルギーは,自然エネルギーの利用,未利用エネルギーの利用,省エネルギー・省資源の分野に分かれている。自然エネルギーは,太陽光発電,太陽熱利用,風力発電,波力発電,地熱発電などがあり,未利用エネルギーは,ごみ焼却場,下水処理場,変電所などから出る都市排熱と,河川,下水,工場用水などによる温度差エネルギーがある。これら未利用エネルギーは電気,ガスに次ぐ第三の熱供給源として期待されている。省エネ・省資源の分野では,低公害車開発が代表的で,低燃費エンジン,電気自動車,複数の動力を組み合わせたハイブリッド車,水素自動車などがある。

H4:エコシステムの修復

エコシステムの修復の中では,汚染土壌・地下水の浄化が大きな位置を占めている。その他,有機肥料や木炭などによる土壌改良,都市の緑化,砂漠化防止などのビジネスとしての発展が見込まれている。

H5:環境に調和した代替製品の開発

環境にできるだけ負荷を与えない素材や製品を開発していくビジネスで,たとえば,生分解性プラスチック,非木材紙などの環境調和型商品が代表例である。その他,食品,衣料品,文具といった様々な分野で環境に配慮した製品・商品の開発が進められる。

S1:環境コンサルティング

環境マネジメントシステム導入に関連する諸々のビジネスを含み,ISO 14000シリーズの認証取得に向けたマニュアルの作成,取得セミナー,手続きの代行,

取得後のケアビジネスなど多様なビジネスチャンスがある。

S2：環境アセスメント

開発事業を行なうにあたって，調査，測定，分析，コンサルティングなどのビジネスの展開が期待できる。

S3：情報関連

ソフト系環境ビジネスの中でもっとも領域の広い分野で，マルチメディアによる環境情報サービス，対応するソフト開発やセミナー開催などの環境教育，環境保全・保護への理解を深めるためのエコツアー，企業の環境保全に対する理念や取り組みを提示する環境広告など多様なビジネスが展開できる。

S4：金　融

企業は環境賠償責任保険などによって環境リスクを回避しようとするため，金融機関にとって企業の環境リスクに関連したビジネスチャンスが生まれている。また，環境時代に対応して，環境保全に積極的な企業に融資したり，あるいは限定融資したりする独特の融資制度が生まれ，環境保全型の企業を積極的に支援していこうという新しいビジネスチャンスが出てきている。

―――●キーワード●―――

環境アセスメント，ISO

第7節　環境経営と企業発展

　現代企業にとってエコロジーとエコノミーの共存は常に困難であると言われ続けてきた。しかし，本当に環境保護を進めると経済発展を阻害することになるのであろうか。日本を例にとってみると，高度成長期，国内では公害が大きな問題になっていた。その当時の常識として，環境保護に配慮すると余分なコストがかかるとされていた。ところが，現在では，そのような意識も大きく変わって，環境経営という言葉が生まれ，CSR（企業の社会的責任）として環境へ配慮した企業経営が目指される時代となった。このことからも，環境保護と

経済発展は両立するものであり，そして，法規制，消費者の圧力，経営戦略，企業倫理，科学技術という諸要因が両立の鍵である。環境経営が，企業文化としての環境への取り組みであると考えれば，これらの諸要因によって企業文化が形成され，この企業文化をもって企業価値を高めていくことが，両立を実現するのである。

昨今投資に対する責任が企業に強く求められている中で，それと並行して地球環境に対する企業の責任も社会から強く求められている。投資に対する責任と地球環境に対する責任をいかに両立していくか，この今日的な課題を前に，単に業績の「黒字」「赤字」とは異なった第3の経営の座標軸が求められているのである。何故なら，企業発展は豊かな地球環境と健全な社会の存在を前提としているからである。また，地球環境は人類共通の財産であるから，地球環境に対する企業責任はステークホルダーの枠を超えて存在する。

企業の生産活動は様々なコストを発生させるが，その大部分は経済的コストが中心である。しかしそれ以外に地球環境が負担しているコストが存在し，地球環境がそのコストを負担するという状態こそが環境破壊を進行させるのである。こうしたことからも，企業は経済的な責任を果たすだけでは十分ではないのである。

また，コストダウンは企業にとって避けては通れない課題である。それは単に製品原価にとどまらず，地球環境が負担しているコストの削減も含んでいる。これは企業活動に伴って発生する環境負荷を削減することに他ならず，第3の座標軸とはこの地球環境が負担するコスト管理指標とも言えるもので，ここでの増益こそが豊かな自然環境の維持に貢献することに繋がるのである。

─────●キーワード●─────

経営の社会的責任（CSR），企業文化，メセナ，ステークホルダー，フィランソロピー

【参考文献】
今泉みね子〔2003〕『ここがちがう，ドイツの環境政策』白水社。
植田和弘・国部克彦〔2010〕『環境経営イノベーションの理論と実践』中央経済社。
エコビジネスネットワーク〔2005〕『新・地球環境ビジネス　2005-2006』。

大久保渡〔2001〕『企業文化と環境』泉文堂。
オット，K. & ゴルゲ，M.〔2010〕『越境する環境倫理学』現代書館。
川名英之〔2005〕『世界の環境問題　第1巻　ドイツと北欧』緑風出版。
在日ドイツ商工会議所〔2004〕『環境先進国 ドイツ（改訂版）』大阪・神戸ドイツ連邦共和国総領事館。
鈴木幸毅ほか〔2001〕『環境経営学　地球環境問題と各国・企業の環境対応』税務経理協会。
鈴木幸毅・関根雅則・畑中　稔〔2001〕『環境経営学　環境ビジネスの展開―環境に優しい企業への変革―』税務経理協会。
高橋由明・鈴木幸毅〔2005〕『環境問題の経営学』ミネルヴァ書房。
日経ビジネス〔2005〕『勝ち抜く環境経営』日経ＢＰ社。
林　哲裕〔2000〕『ドイツ企業の環境マネジメント』三修社。
平子義雄〔2002〕『環境先進的社会とは何か』世界思想社。
堀内行蔵・向井常雄〔2006〕『実践　環境経営論』東洋経済新報社。
真船洋之助〔1994〕「最近のドイツにおける環境経営学の発展」『産業経営研究』第15号。
Steger, U.〔1998〕*Umweltmanagement: Erfahrungen und Instrumente einer umweltorientierten Unternehmensstrategie*, Wiesbaden.（訳書，飯田雅美訳〔1997〕『企業の環境戦略―環境先進国ドイツの対応』日経BP社。）

（濱本　隆弘）

第15章

情報化の進展と企業経営

━━ この章のポイント ━━

　企業をとりまく情報化は，情報通信技術を利用してあらゆる企業活動の効率化や支援をはかる「産業の情報化」と，情報通信技術を利用して，情報を商品とする企業や産業が生まれて発展する「情報の産業化」という2つの面から考えられる。まず，その2つの側面から企業と情報化について概観する。次に，企業の管理部門において，情報処理や効率の良い意思決定を行なうために利用されてきた情報システムを，その発展段階に即して考察する。最後に，急速に進展する情報化の現状と今後の動向を示し，それが企業経営に及ぼす影響について考える。

第1節　情報化の進展

　「情報を制するものは…」という言葉が示すように古来，情報はあらゆる分野で重要視されてきた。近年，IT（information technology，情報技術）が急速な勢いで発展し，情報化はコンピュータやインターネットと結びつけて考えられるようになった。現在では，インターネットに接続するための情報通信技術が発展，普及したことからITに代わり，ICT（information communication technology，情報通信技術）という言葉が広く利用されるようになってきている。しかしながら，世界で最初のコンピュータと考えられているアタナソフ＆ベリー・コンピュータやENIACなどは1930年代から40年代に開発されたもので，今日のようにコンピュータやICTが著しく発展するまでは，新聞，出版，

テレビ，ラジオなどが情報を扱う産業と考えられていた。そのような ICT という言葉すら存在しない中で，60 年代に梅棹忠夫が「情報産業論」を著し，80 年代にトフラー（A. Toffler）が『第三の波』を著し，農耕社会，産業社会の次にやってくる社会として情報化社会を予見し，そのような社会が今まさに現実化しようとしている。

　蒸気機関の発明による産業革命が農業中心の社会から産業中心の社会へと変革をもたらしたように，ICT の発展による情報革命が産業中心の社会から情報中心の社会への変革をもたらすのであろうか。特に近年の ICT の飛躍的発展と情報通信インフラの充実により，コンピュータやスマートフォンに限らず，スマートカーやスマートハウス，それらの総称としてのスマートデバイスという言葉が生まれ，インターネットとつながった自動車や家庭内の電化製品など，スマートデバイスを通してあらゆる時間，あらゆる場所でネットワークとつながることをあらわすユビキタス社会という言葉も聞かれるようになり，現代は高度情報化社会であるとか，IT 社会と呼ばれている。また，ICT を活用した都市計画をスマートシティとして推し進めている政府や自治体も各国に出現し，エネルギーや水道，公共交通など各種インフラの効率化・高度化の実現に向けて様々な取り組みを行なっている。情報化社会とは，かつて産業革命が経済発展の中核を農業から産業に大きく変化させたのと同様に，経済発展の中核を物財生産から情報生産へと変化させる社会のことである。現在，農業や産業という生活基盤は成熟し確立されたと考えられており，その次に社会を飛躍的に発展させるものが情報化であると考えられているのである。

　情報化の進展は，単体独立型のコンピュータが企業中心に利用されていた 60 年代から 80 年代半ばの第 1 次情報化の時期と，それ以降のコンピュータを中心とした情報機器がオンラインシステムなどの通信技術によってネットワーク化され一般にも広く利用されるようになった第 2 次情報化の時期に分けることができる。第 1 次情報化の時期は，各企業や団体などでコンピュータを利用した個々の開発が中心であったが，インターネットに代表される ICT の利用がコンピュータの可能性を著しく高めた第 2 次情報化の時期に入ると，コンピュータはその普及を飛躍的に拡大させ，情報化の進展を加速させることになった。

------●キーワード●------

インフラストラクチャー，コンピュータ，産業革命，情報とデータ，情報化社会，スマートデバイス

第2節　企業と情報化

　情報化は社会全体を通して進展しているが，企業が情報化の進展に果たしている役割は大きい。ICT の発展による情報化は，デジタル化とネットワーク化がキーワードである。レコードが CD に，そして音楽配信されるようになり，テレビの地上波放送も日本では 2011 年 7 月，完全にデジタル化された。今後ますます多くの情報がデジタル化され，コンピュータ・ネットワークを通してやり取りされるだろう。ここでは，デジタル化とネットワーク化を通して企業と情報化を考える。企業の情報化については，多くの論者が「産業（企業）の情報化」と「情報の産業（企業）化」の 2 つに分けて考えており，前者は，財やサービスの生産，流通や販売，研究開発といった，企業活動のあらゆる分野における効率化やコンピュータによる支援をはかるために ICT が利用されることを指し，後者は，ICT を利用した情報自体が価値をもち，情報を商品として生産し，販売する情報産業と呼ばれる新しい産業の出現を意味している。

1．産業の情報化

　コンピュータが発明され，高度な計算や情報処理，大量のデータの蓄積が考えられるようになると，コンピュータは企業にとって利用価値が高いものと認識されるようになり，売上の拡大やコストの削減，サービスの向上など，あらゆる企業活動にコンピュータの導入が始められた。以下では，日本における産業の情報化をみていくことにする。
　日本で最初の大規模なコンピュータシステムとしては，国鉄（現在の JR）が導入した「みどりの窓口」や銀行の第 1 次オンラインシステムが挙げられる。

ともに 1965 年のことであった。そのことによって列車の予約は全国的に著しく便利なものとなり，銀行では現金自動支払機（CD, cash dispenser）が出現し，それが今日の現金自動預払機（ATM, automated teller machine）に発展した。人々が ICT を身近に感じることを通して企業の情報化に対する意識も高まり，多くの企業がコンピュータの導入を始めた。そのような状況下で，もっとも早く企業に情報化の成果をもたらしたものは，生産部門の情報化，FA（factory automation）であった。

生産部門の FA 化は，70 年代にマイクロプロセッサが開発されたことによる ME（micro electronics）技術の発展を背景に，それを日本企業が生産現場に積極的に導入することによって進展した。コンピュータによって数値制御された NC（numerical control）工作機械や産業ロボットが工場に導入され，労働者は単純作業から解放されると同時に自らの職を失うことにもつながったが企業は生産の効率性を高め，ますます積極的に ME 技術の導入を進めていくことになった。この時代の生産現場では NC 工作機械や産業ロボットが単体個別に利用されるといった，個別的・点的な導入が中心であった。

ME 技術に立脚した多くのベンチャー企業も設立され，CAD（computer aided design）や CAM（computer aided manufacturing）など，さまざまなコンピュータシステムが開発された。設計するシステムである CAD と作業工程を計画し工作機械に指示するシステムである CAM が一体化された CAD/CAM に発展するなど ME 技術は日進月歩の勢いで発展した。顧客ニーズの多様化が進み，多品種少量生産の要求が高まった 80 年代後半になるとコンピュータ・プログラムを随時書き換えて弾力的な生産に対応するシステムである FMS（flexible manufacturing system）が開発された。工場内の機械や設備全体をコンピュータで統合的に制御・管理することができるようになり，コンピュータを単体で利用してきた個別的・点的な自動化に対して，FMS によって面的な自動化が達成されたといわれた。

90 年代に入り，ICT の発展によるネットワーク化が進展すると製造企業は生産，販売，物流，研究開発などの活動を共用のデータベースで管理し，生産過程をトータルシステム化する CIM（computer integrated manufacturing）と呼ばれるコンピュータ統合生産システムを構築し，効率化と柔軟性を高めた生

産システムを開発させた。それは，他部門との情報共有が進められた企業全体の情報システムであり，製造企業におけるSIS（strategic information system, 戦略的情報システム）とも呼ばれている。

現在では，さらなる生産現場の効率化をはかるために人工知能をもった工作機械や産業ロボット群から構成される生産システムについての研究が活発に行なわれている。

生産部門のFA化に対して事務・管理部門の情報化はOA（office automation）化と呼ばれる。事務・管理部門は労働集約的であったため，OA化はFA化より遅れて発展した。80年代のOA化は，パーソナルコンピュータ，ワードプロセッサ，ファクシミリ，多機能電話，複写機などを利用し，事務・管理部門の効率化をはかることであった。90年代に入りネットワーク化が進展すると企業が保有する情報を一元管理することの利便性や効率性が示され，企業は情報を共用データベースで管理するようになるとともに，電子メールの活用なども進みペーパーレスオフィスの実現がはかられた。管理部門の情報化については，情報システムとの関わりが大きいので次節で詳しく述べることにする。

流通・販売部門の情報化は，SA（store automation）化と呼ばれ，POS（point of sales, 販売時点情報管理システム），EDI（electronic data interchange, 電子式データ交換システム）などが情報化ツールとして利用されている。今日ではあらゆる流通業者がそれらを利用し情報化を推進しているが，もっとも情報化で成功した流通業の1つにコンビニエンスストア業界がある。82年にセブン・イレブンがコンビニエンスストアとして初めてPOSを導入した後，他社も80年代に続々と導入していった。POSは，バーコード読み取り機を利用し，いつ，どんな人が，何を，いくつ購入したのかという情報を各店舗で収集する。その情報はEDIを利用して本部にも送信される。また，コンビニエンスストア業界は狭い店舗スペースゆえに在庫を保有しにくいという欠点を補うため，商品の単品ごとの売れ行き，在庫状況を把握する「単品管理」方式を導入し，売れ行きの良い「売れ筋商品」や売れ行きの悪い「死に筋商品」の情報をPOSやEDIを利用して徹底的に管理し，品切れによる「機会ロス」や売れ残りによる「在庫ロス」を減らすため，EOS（electronic ordering system, 電子式受発注システム）を利用して受発注の効率化を目指し，1日に複数回，商品を納入・補充するこ

とによって店舗ごとの売り上げ向上を推進した。コンビニエンスストア業界は拡大を続け，店舗数の増大とともに整備された情報ネットワークを利用して公共料金や保険料金の徴収代行，各種チケットの取り扱い，銀行の ATM を設置するなど，ICT を駆使して商品の販売だけではなくサービスの向上も行なってきた。SA 化だけの結果ではないが ICT の果たした役割は大きく，セブン・イレブン本部の利益は親会社であったイトーヨーカ堂を上回るようになった。持株会社化された現在では，コンビニエンスストアや総合品揃えスーパーのネットワーク網を活用し，独自の電子マネーを導入するなど，ICT を活用した取り組みを引き続き行なっている。

　流通・販売部門に関する ICT では，電子商取引（electronic commerce, e コマース）も活発になり，B2C（business to consumer）と呼ばれるインターネットを通した企業と一般消費者との取引や B2B（business to business, 企業間取引），オークションサイトなどを利用した C2C（consumer to consumer, 消費者間取引）が日常的に行なわれるようになり，その規模は拡大を続けている。店舗をもたずにインターネット上でのみ商取引を行なう事業者や「クリック＆モルタル」という店舗を保有しながらインターネット通販を行なっている事業者をさす言葉もあり，ICT によって流通・販売の機会は大きく変化している。パソコンやスマートフォンなどを利用して 24 時間取引が可能であり，利便性も良いことから，現在では既存のスーパーマーケットがインターネットで注文を受け，早ければ即日配達するというネットスーパーも普及を始めている。また，90 年代後半から電子マネーも出現し，鉄道会社をはじめ多くの企業がその導入をはかり，携帯電話を利用した電子マネーも普及し，多種多様な電子マネーが多くの商取引に利用され，小銭の流通量が減少するなどの現象を引き起こしている。電子マネーを運営する事業者は数多く存在するので，より普及させるためには今後，一元化，共通利用化を進めるなどといったことを考えていかなければならないだろう。

　生産部門，事務・管理部門，流通・販売部門の情報化を述べることによって産業の情報化を示し，企業をとりまく情報化として電子商取引と電子マネーについて言及した。その他にも，銀行取引におけるオンラインバンキングの利用などがあり，さまざまな環境で産業の情報化は進展を続けている。

2．情報の産業化

　情報の産業化とは，情報が経済的価値をもつ商品として経済財と同様に情報財として市場で取引されることであり，工業中心の社会にはあまり存在しなかった情報産業と呼ばれる新しい産業がコンピュータによるデジタル化とネットワーク化の進展とともに，出現し成長していくことを指す。情報産業は情報経済学で研究されているが，情報財については例示として示されている場合が多い。明確に情報財を定義している研究者は少なく，定義づけされていても論者によって異なっており，未だ定義は定まっていない。情報財を理解するため，ここでは廣松・大平〔1990〕を基に，その定義を示しておく。

　その他の経済財と異なる情報財固有の必要条件は，A．ある媒体から別の媒体への記録・複製が容易である，B．複製にかかるコストが非常に小さい，C．複製の価値は元の財の価値と変わらない，の3つであり，情報財はこれら全てを満たす経済財であると定義されている。

　また，情報財に固有の性質として以下に示す6つを挙げている。それらの性質は情報財であっても常にその性質を満たしているわけではないが，情報財の特徴であり，情報財は上記の3条件を満たし，下記の6つの性質のいくつかをその特徴としてもっている場合が多いとしている。その情報財に固有の性質は，①公共財的性質（公開された情報は複製と伝達の費用を除くと，ほぼゼロに近い費用で無限に利用者を増加させることができる），②不確実性（情報は未知の創出であるので当初の予想通りの製品ができるとは限らず，その生産の不確実性は高い，また，消費者は情報財の内容を入手する以前に知ることはできないので消費の不確実性も高い），③外部効果が大きい（たとえば未知の新たな情報財が，保有者にプラスの影響を与えるとすれば，保有者以外にはマイナスの影響を与えるといったように外部に影響を及ぼす），④不可逆性（販売後もオリジナル情報は販売者側に残る，また，購入者が情報を入手後に返品を要求されたとしても，情報は入手済みであり未知であった元の状態に引き戻すことはできない），⑤不可分性（一定の体系化された内容が全体として価値をもつことが多く，一部を切り離すと価値が著しく下落することや無価値になる場合がある），⑥減価速度が速い（情報は公開後，時間の経過とともに内容自体の

陳腐化が急速に進む場合がある，また，内容が社会全体に広く普及することにより需要が減少する場合がある），というものである。

上述したように定義される情報財を扱う情報の産業化について，その現状を総務省の情報通信白書〔2014〕に基づき，コンテンツ市場の動向を通して概観する。コンテンツ市場におけるコンテンツの種類は，映画ソフト・ゲームソフト・テレビ番組などに代表される映像系，新聞・コミック・雑誌・書籍などのテキスト系，音楽ソフトやラジオ番組などの音声系の3つに分けて把握されており，それぞれの2012年における市場規模は映像系ソフトが5兆5,147億円（市場規模全体の49.1％），テキスト系ソフトは4兆9,044億円（43.6％），音声系ソフトは8,211億円（7.3％）であり，市場の成長は2005年を頂点に横ばいとなっている。そのような中で，通信系ソフトの市場規模は2012年に2兆1,210億円となり，コンテンツ市場全体の18.9％を占めるまでに成長し，市場規模は毎年拡大を続けている。その内訳は，テキスト系ソフトの割合が46.5％と最も大きく，映像系ソフトが37.5％，音声系ソフトが16.0％となっている。

通信系ソフトはパソコンやスマートフォンなどインターネットを介して流通しており，音楽ソフト，書籍やコミックの携帯端末へのダウンロードが広まってきたことなどを通してそのコンテンツ量を増大させ，市場規模を急速に拡大させている。さらに，携帯端末に特化したモバイルコンテンツ産業の市場規模

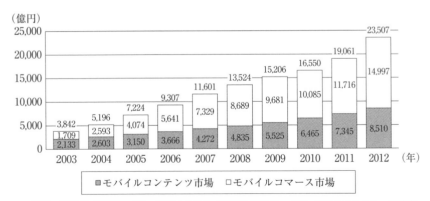

図表15-1　モバイルコンテンツ産業の市場規模

出所：総務省〔2009〕p.171，図表4-5-2-1，総務省〔2014〕p.387，図表5-8-1-9を一部改変。

も 2012 年に 2 兆 3,507 億円（対前年比 23.3％増）とスマートフォンやタブレット端末の普及を背景に，過去数年間，右肩上がりに推移している。その内訳はモバイルコンテンツ市場とモバイル端末を利用した製品やサービスの売買を表すモバイルコマース市場であり，モバイルコンテンツ市場が 8,510 億円（対前年比 15.9％増），モバイルコマース市場が 1 兆 4,997 億円（対前年比 28.0％増）と両者とも対前年比で大幅に増大している。2004 年まではモバイルコンテンツ市場の市場規模が 2,603 億円とモバイルコマース市場の市場規模，2,593 億円よりも大きかったことでもわかるように，特に近年のモバイルコマース市場の成長は著しい。

　総務省「家計調査」によると，家計におけるコンテンツ利用状況は，2013 年のコンテンツ関連に対する 1 世帯当たりの年間支出総額が，78,994 円（前年比 2.0％減）となっており，過去数年にわたり逓減している。内訳としては，書籍・他の印刷物が 43,364 円と最大だが，映画・演劇など入場料は横ばい，放送受信料は逓増傾向にあるのに対して，テレビゲーム，書籍・他の印刷物，

図表 15-2　コンテンツ関連に対する 1 世帯当たりの年間消費支出額

（単位：円）

	2004	2005	2006	2007	2008（年）
映画・演劇等入場料	6,299	6,670	5,829	6,380	6,666
放送受信料	20,492	19,442	20,241	21,445	21,907
テレビゲーム	2,753	2,550	3,496	4,167	3,270
書籍・他の印刷物	52,591	51,813	48,740	48,846	48,939
音楽・映像収録済メディア	6,780	5,612	4,874	4,456	5,001
合　計	88,915	86,087	83,180	85,294	85,783

	2009	2010	2011	2012	2013（年）
映画・演劇等入場料	6,628	6,677	5,843	6,138	6,112
放送受信料	22,353	22,723	23,537	23,651	23,620
テレビゲーム	3,580	3,259	2,637	2,922	2,432
書籍・他の印刷物	47,292	46,214	45,411	44,339	43,364
音楽・映像収録済メディア	4,839	4,225	4,158	3,517	3,466
合　計	84,692	83,098	81,586	80,567	78,994

（出所）総務省〔2014〕p.391, 図表 5-8-2-1 を一部改変。

音楽・映像収録済みメディアは逓減傾向であり，インターネットの普及が家計におけるコンテンツの利用状況にも影響を与えているのではないだろうか。

　コンテンツ市場の動向からもわかるように，情報の産業化は着実に進んでおり，モバイルコンテンツ産業が今後も成長を続けると，世界でも最先端をいく日本の情報通信技術が，大容量データの高速通信を可能にし，コンテンツ市場全体に比して割合が少なく感じられるモバイルコンテンツ市場での映像系ソフトの普及を加速させることなどが考えられ，コンテンツ市場のさらなる発展のけん引役になるかもしれない。また，ICTの進展により新たなビジネスが出現して成長することなども考えられ，今後も情報の産業化は進展を続けることが大いに予想される。

―――――●キーワード●―――――

オフィス・オートメーション，コンピュータシステム，マイクロエレクトロニクス，持株会社，CAD，CAM，FMS，情報財，コンテンツ，モバイルコマース

第3節　企業における情報システム

　情報システムは管理部門の情報化と密接に関係し，今日では顧客情報，商品情報，受発注情報，従業員情報など，企業が保有するあらゆる情報がデータベース化され，管理されている。コンピュータが企業に導入されて以来，情報システムの開発は活発に行なわれ，実現化されてきた。それらの情報システムがどのように発展してきたのかを，時代の流れとともにみていくことにする。

　40年代にコンピュータが発明され，50年代に入ると企業の管理部門でもコンピュータが実用化されはじめた。その利用方法は，給与計算や会計処理などのトランザクション処理であり，それまで人間が紙の上で手計算していた複雑な給与計算などをコンピュータにプログラム化し，自動化するというものであった。このようなデータ処理システムは，ADP（automatic data processing）システムやIDP（integrated data processing）システムなどと呼ばれ，2つをま

とめて EDP (electronic data processing) システムと呼ぶ場合もあった。ここで処理されるような業務は, 定型的業務やプログラム化できる業務といわれ, 企業は事務処理作業の効率化をはかれるものから順次 ADP 化していった。個々の事務処理が ADP 化されるにつれて, コンピュータを個々に利用した事務処理の非効率性が認識されるようになり, 事務処理を統合化・システム化することが考えられ, IDP システムが考案されて利用されるようになった。この頃は, 情報システムという概念はまだ出現しておらず, 企業にコンピュータが1台, 導入されているというような時代であった。

60 年代になると ICT の進歩により大型汎用コンピュータが出現をはじめ, MIS (management information system, 経営情報システム) という概念が生まれた。MIS は, 当初, IRS (information reporting system, 情報報告システム) とも呼ばれ, 企業で意思決定を行なう全階層の管理者に対して, 必要な情報を適時, 迅速かつ適切に提供できる情報システムを構築することを目的としていた。しかしながら, その目的やコンピュータに対する期待は当時の技術に対して過大なものであり, 現実的には ADP システムや IDP システムなどを企業内の定型的な構造化された業務に適用し, 手作業を自動化することでコスト削減や時短をもたらすことができるに過ぎなかった。それゆえ, MIS は当初の目的に対して失敗に終わったといわれている。

70 年代に入ると ME 技術やマイクロコンピュータが発達し, DSS (decision support system, 意思決定支援システム) という概念が生まれた。これは事務的・業務的トランザクション処理を行なう MIS とは異なり, 構造化できる業務に利用するのではなく, 非構造的な問題にコンピュータを利用しようとするもので, コンピュータを意思決定者が対話的に利用しながら必要な情報を提供してもらう支援型の情報システムであった。利用するエンド・ユーザーは経営者や専門職であり, その情報システムを開発するには ICT に関する教育だけでなくロジスティクスや在庫管理, 戦略計画などの分野についても能力を身につけた情報システム開発者が必要であった。それゆえ, DSS の開発者には, 経営者や専門職のもつ感覚と共有できる意思や能力が必要であり, その多くはマネジメント・サイエンスやオペレーションズ・リサーチの素養をもった人々であったといわれている。70 年代後半になると OA も普及をはじめ, 企業は事業部

ごとに数台のコンピュータを保有するような状況になっていた。

80年代に入ると経営戦略にコンピュータを利用するSIS（strategic information system, 戦略的情報システム）が示され，ICTをトランザクション処理や情報検索・分析ではなく，自社の競争優位を獲得するための支援に利用することが主張されるようになった．また，企業に存在する情報を戦略的資源として認識し管理するというIRM（information resource management, 情報資源管理）という考え方も生まれ，アメリカではCIO（chief information officer, 最高情報責任者）という，情報システム部門を統括し情報戦略やICT投資に対して責任を負う職能も登場し始めた．この頃になると，管理部門のひとりに1台のコンピュータが存在するような企業が増えてきた．近年，独立したCIOを置く日本企業が存在してきているが，他の業務担当役員との兼任というかたちで設置している企業も存在する．

90年代に入ると，80年代に開発されたGUI（graphical user interface）やインターネットの出現によってコンピュータが企業だけでなく研究機関から家庭まで広く普及するようになり，ICTはますます急速な勢いで発展を始めた．ハードディスクに代表される記憶装置の容量も急速に拡大し，データベースを機軸とした企業における情報システムも急速に発展することになった．現在では，データマイニング，データウェアハウス，BI（business intelligence）などといったさまざまな用語や手法が示され，効率的なデータベースの構築や企業が競争優位に立つためにデータベースをどのように利用するか，メタデータの利用や管理など，データベースを中心とした情報システムについて活発に議論が行なわれ，実用化されている．

●キーワード●

インターネット，競争優位，データベース，ADP，EDP，IRM，CIO，GUI

第4節　インターネット利用者の増加と企業

　コンピュータが出現して以来，企業を中心に利用され発展してきたICTであるが，現在はFTTHや無線技術を利用したブロードバンドネットワークやWi-Fiなどの無線LANも家庭に普及をはじめ，消費者も高速な通信技術の利用が可能となった。また，スマートフォンやタブレット型端末によるインターネットの利用も日常的になり，企業よりも個人，消費者のICT利用がより活発になってきている。

　日本におけるインターネットの利用状況を総務省の情報通信白書〔2014〕に基づいて概観すると，2013年末のインターネット利用者数は10,044万人，人口普及率は82.8%であった。全人口に占める端末別のインターネット利用状況は，「自宅のパソコン」による利用者の割合が58.4%，「スマートフォン」が42.4%，「自宅以外のパソコン」が27.9%，「携帯電話」が24.5%，「タブレット型端末」が12.4%，「家庭用ゲーム機・その他」が9.1%，「インターネットに接続できるテレビ」が5.8%という順であった。もちろん，併用しての利用者も多数存在するので合計が人口普及率82.8%と一致することはない。スマートフォンによる利用者（42.4%）が人口普及率（82.8%）の50%以上を占めているように，2007年に最初のiPhoneが米国で登場したことを考えると，スマートフォンの普及が近年，急速に拡大していることがわかる。

　個人のインターネット利用内容は，家庭内からの利用では，「電子メールの送受信」が69.9%と最も多く，「商品・サービスの購入・取引」が57.2%，「動画投稿・共有サイトの利用」が48.4%となっている。

　インターネットが普及する中，ブログやSNS（social networking service）などに代表されるCGM（consumer generated media，消費者生成型メディア）が今世紀はじめに出現し，今日では，それらを通じて著名人，有名人に限らず個人から発信される情報がインターネット上にあふれかえり，その情報量は日々，指数関数的に増大している。以前から企業はマスメディアなどを通して製品などに関する情報を消費者に提供してきたが，今日では，それら製品などについて消費者側からインターネット上に多くの情報が発信されており，企業も消費

者が発信する情報を無視することができなくなってきている。個人のサイトやブログに企業や商品のサイトをリンクさせる，アフィリエイトという個人が収益をあげられる手法なども登場し，総務省〔2009〕によると，ブログ市場規模（ブログ事業者や利用者が，電子商取引，広告，出版，ソフトウェア，有料サービスのブログ活動自体から直接得る収益の総額）は，2004年に約7億円だったのに対して2008年には約160億円と飛躍的に成長したが，その後は2012年に167億円と，その成長は少し鈍化してきている。

　個人のICT利用を活用する企業も数多く存在し，世界最大の電子商取引サイトを運営するアマゾンでは，商品の説明だけでなく，早くから消費者が全ての取扱商品にカスタマーレビューを記入できるようにし，消費者の口コミ宣伝効果を取り入れていた。今日では，多くの電子商取引を行なっているサイトがそれを導入するに至っている。インターネット上に記載できる情報はほぼ無制限であるので無数のカスタマーレビューが掲載可能であり，電子メールやブログ，SNSの普及により多くのインターネット利用者が気軽に書き込みを行なうようになり，企業は口コミ宣伝効果を上手に利用しているといえる。また，大手の電子商取引を運営するサイトでは，サイト上での消費者の購買行動を分析してこの商品を購入した人の多くは別のこのような商品を購入しているという推奨を行なうことや，顧客の過去の購買記録に基づいて個別に消費行動を分析し，似たような新商品が発売されるときに電子メールでいち早く顧客にその情報を伝えるといったリコメンデーションシステムを活用している。

　昨今，多くの雑誌が休刊や廃刊を決めるなど空前の出版不況といわれているが，人々の情報を入手する方法がICTの発展とともに変化してきたことと関係がないとはいえないだろう。しかしながら，電子書籍端末が登場し，パソコンやモバイル端末を利用したテキスト系コンテンツも充実を始めるなど，出版業界もICTを活用するようになっている。このように，新聞，出版などの従来から情報を扱ってきた事業者はICTの影響を大きく受けているといえる。

　インターネット利用者は確実に増えており，その利用方法も今後，高度化していくことが考えられる。このような状況下で企業は，消費者が生成する情報やICTをいかに活用するかということを考えていかなければならないだろう。

第 15 章　情報化の進展と企業経営　　221

─────●キーワード●─────────────────────
ブログ，SNS，CGM，ソフトウェア，アフィリエイト，電子商取引
─────────────────────────────

第 5 節　情報化の今後

　ICT は日々進化を続けており，新しい技術が次々と出現し，実現化されつつある。企業がそれらを他社に先んじて導入すれば競争優位につながることや，導入しなければ不利な立場に立つこともある。新しい ICT の導入による費用対効果や必要性なども考慮する必要があり，CIO の役割は今後，より重要となっていくことだろう。ここでは企業経営に影響を及ぼす可能性がある情報化の今後についてそのいくつかを概観し，今後の情報化の進展と企業経営について考える。

　通信ネットワークの技術では，有線のブロードバンド化は急速に進展しているが，有線の FTTH に近い高速アクセスが可能になるモバイルブロードバンド技術が普及を始めている。実用化されたものとして WiMAX（worldwide interoperability for microwave access，ワイマックス）や LTE（long term evolution）などがあり，無線によるさらなる高速通信が実現化されつつある。有線が利用できない社外からの企業ネットワークへのアクセスも日常的に行われるようになり，近い将来，第 4 世代移動通信システムや BWA（broadband wireless access，広域移動体無線アクセス）が実現化され，高画質の動画データなどへの無線アクセスも可能となるだろう。情報ネットワークを利用している全ての企業は，有線ネットワーク中心に構築してきた企業ネットワークの見直しを考えなくてはならなくなるかもしれない。また，モバイルブロードバンド技術は今後，有線のブロードバンドがインフラとして整備されていない発展途上国への導入が進むと予想されている。

　2006 年に Google の CEO が提唱したクラウド・コンピューティング（cloud computing）も実現化され始めている。それはコンピュータの利用を「買うから借りる」へ進展させていこうというもので，コンピュータにインターネットへアクセスするための Web ブラウザさえあれば，インターネット上に存在す

るITリソースにアクセスし，必要なCPU能力やストレージ，様々なソフトウェアなどをインターネット上で利用してもらうということを意味している。コンピュータの利用者に，ワープロソフトや表計算ソフトなどのソフトウェアをはじめ，性能の良いCPU，大容量のハードディスクを購入するかわりに，それらをインターネット上で利用してもらうという構想を実現化したものである。スマートフォンなどを通した個人の利用も普及してきており，日本国内でクラウドサービスを導入している企業の割合も2012年末で28.2%であったのが，2013年末には33.1%となっているように，徐々に普及してきている。ICT業界がこぞってそのサービスを拡充し顧客獲得競争を始めており，利用者はソフトウェアをコンピュータにダウンロードして利用するだけではなく，インターネット上で随時利用するということもできるようになるだろう。クラウド・コンピューティングは，少なくともコンピュータを利用する上での選択肢を増やすことにつながり，普及すれば今後，コンピュータの利用方法が大きく変化することも考えられる。しかしながら，情報漏洩などのセキュリティに関する不安を理由に導入を見合わせている企業も多く，今後克服しなければならない問題も存在している。

　2009年ごろから，既存の技術では管理することが困難な大量のデータを意味するビッグデータについての議論も活発に行われるようになっている。その特性は，頭文字がVから始まることから3Vと呼ばれるVolume, Variety, Velocityで表され，データ量が膨大かつ多種多様で，新しいデータが次々に生み出されると同時に，既存データも次々に更新されるということを意味している。デジタルデータの量は国際的に飛躍的に増大しており，米国の調査会社IDC（international data corporation）によると，世界に存在するデジタルデータの総量は，2011年の約1.8ゼタバイトが2020年には約40ゼタバイトに達すると予想されている。インターネットは人々の生活や経済活動に欠かせない社会基盤として定着し，ハードウェアの性能も日々進化を続けていることから，今後ますます大容量のデータを伝送・蓄積し，より短時間で分析することが可能になると考えられ，データサイエンティストと呼ばれる人材にも注目が集まっている。データサイエンティストとは，大量のデータからビジネス上，意味のある洞察を引き出すために数学や統計の知識を有するだけでなく，賢明な

る洞察力を有し，将来についての仮説を立て統計解析用ソフトウェアを用いて分析，実証し，それを意思決定者に解りやすく伝達できる，また，独力で新しいビジネスの機会を生み出すことのできる人材のことである。既にビッグデータの活用事例は数多く示され，ある回転寿司チェーンでは，すべての寿司皿にRFID（radio frequency identification）を取り付けて一皿一皿の寿司の動向を把握し，顧客ごとのPOSデータなどとともにこの情報を分析することによって，顧客に適切なタイミングで適切な寿司ネタを提供する取り組みを通した顧客満足の向上や，それは同時に無駄になる寿司ネタの削減にもつながることから，寿司ネタ自体の廃棄ロス削減を目指したコスト削減を実現しようとしている。あらゆる企業や団体，そして個人ですら多種多様のデータを収集，蓄積することが可能となっており，ICTの発展は今後ますます，データ量の指数関数的な増加を促すことが確実である。それらのデータを企業経営に有効に活用することを各企業が模索しているのであり，膨大なデータから有用な情報を導き利用することが，今後ますます議論されていくことになるだろう。

　その他にもNFC（near field communication）のさらなる活用，次世代検索技術，ソーシャルコンピューティングなどICTの進展によって実現化されつつある技術は数多く存在し，ICTの世界は日進月歩で変化し続けている。また，インターネット付随サービス業において，情報ネットワーク・セキュリティ・サービス業の12年度売上高が約557億円（対前年比34.6％増）を示し，その市場規模を大幅に拡大させている。このことからもわかるように，セキュリティ，著作権，ICTの悪用など，さまざまな問題も存在する。しかしながら，ICTの発展によるユビキタス社会の実現に日々，近づいており，ICTは今後も進展を続け，企業経営にも大きな影響を与えていくことだろう。

●キーワード●

競争優位，ピラミッド型組織，CPU

【参考文献】
秋山　哲〔2001〕『情報経済論』ミネルヴァ書房。
飯沼光夫・大平号声〔1996〕『情報経済論（新版）』有斐閣。

北岡　元〔2009〕『ビジネス・インテリジェンス』東洋経済新報社。
小池良次〔2009〕『クラウド』インプレス R&D。
経済企画庁調整局編〔1986〕『日本経済の情報化』大蔵省印刷局。
総務省編〔2009〕『平成 21 年版 情報通信白書』ぎょうせい。
総務省編〔2014〕『平成 26 年版 情報通信白書』日経印刷。
野村総合研究所技術調査部〔2009〕『IT ロードマップ 2009 年版』東洋経済新報社。
野村総合研究所先端 IT イノベーション部〔2014〕『IT ロードマップ 2014 年版』東洋経済新報社。
平井明夫〔2005〕『BI システム構築実践入門』翔泳社。
廣松毅・大平号声〔1990〕『情報経済のマクロ分析』東洋経済新報社。
福田豊・須藤修・早見均〔1997〕『情報経済論』有斐閣。
宮川公男編〔2004〕『経営情報システム（第 3 版）』中央経済社。
Wiseman, C.〔1988〕*Strategic Information Systems*, Richard D. Irwin, Inc.（訳書，土屋守章他訳〔1989〕『戦略的情報システム』ダイヤモンド社。

（椿本　晃久）

第16章

企業の社会的責任（CSR）と企業経営

━━ この章のポイント ━━

　本章では，企業の社会的責任の概念規定を行ない，社会的責任の遂行と企業業績との関係，戦略的要因としての社会的責任，そして社会的責任遂行の源泉である企業倫理について述べている。

　現在，企業の社会的責任と考えられているものは，企業に対する様々な問題や要望が時間の経過に伴って現われ，企業と社会それぞれがその問題へ対処する過程で，企業の社会的責任として認識されるようになってきたものである。そして現在は，積極的に社会的責任を遂行することが，持続的な競争優位をもたらす源になると考えられ始めてきている。すなわち，戦略的要因として社会的責任を遂行していくことが必要なのである。

　活動範囲を次第に大きくしている企業が，社会的責任を果たすことができなければ，社会から大きな批判を浴びてしまう。このように，マイナスのレピュテーションを発生させてしまえば，長期間にわたって蓄積してきたプラスのレピュテーションを一瞬にして失うことになる。そうならないためにトップ・マネジメントは，社会と企業それぞれの倫理的価値観の差異を十分に把握し，常に社会レベルの倫理的価値観を優先させた戦略的意思決定を実行しなければならない。

第1節　企業の社会的責任

　近年，企業による様々な不祥事が起こるたびに，新聞やテレビなどでは，

「企業の社会的責任（CSR : Corporate Social Responsibility）が問われる事件である」とか「企業倫理の欠如が問題である」といった報道が行なわれている。このように，企業の社会的責任や企業倫理ということばをたびたび耳にするのであるが，これらの内容について，詳しく理解している人々は，それほど多くないのが現状であろう。

　なぜ企業は企業倫理に基づいて行動し，社会的責任を果たさなければならないのであろうか。それは，企業が社会というトータルシステムの中のサブシステムとして存在しているためである。企業がその目的である長期維持発展を達成するためには，外部環境である社会全般に，長期的にプラスの成果を及ぼさなくてはならない。社会の中に存在するために，企業はそこでの責任を全うしなければならないのである。

　では，具体的に企業の社会的責任とは何を指すのであろうか。フリードマン（M. Friedman）は，法の遵守の下，自由主義体制内でそれぞれの企業が利潤を極大化することを社会的責任と考えている（Friedman〔1962〕p.133）。この定義に従えば，企業の社会的責任の範囲は，それぞれの企業活動に直接関連する領域に限定される。そして，間接的な領域に関する事項は，政府などに委ねてしまうという考え方である。

　このような考え方に対して，直接的な領域だけでなく間接的な領域も企業の社会的責任の範囲とするという学説も多数存在している。たとえば，デイビス（K.Davis）は，利潤極大化を超えて社会的義務を企業が積極的に受け入れることを社会的責任と考えている（Davis〔1973〕p.313）。森本三男教授は，企業が自発的に環境主体の様々な期待に応え，行動結果を積極的に開示し，社会全般の理解と支持を獲得し，制度としての存在を全うすることと企業の社会的責任を定義している（森本〔1994〕p.30）。また清水龍瑩教授は，企業の自発的行動を原因とする，直接的・間接的結果について，その企業が負わされる意識，責務，制裁を企業の社会的責任と定義している（清水〔1999〕p.53）。

　企業の社会的責任に関するこのような大きな2つの流れを，森本教授は消極論と積極論として分類している（森本〔1994〕p.37）。そして，両論の共通点は，経済的機能が，自由経済体制の中で法と市場のメカニズムという2つの制約条件に即して「正しく」遂行されるべきだとする点であり，相違点は，経済的機

能を超えた社会関与を企業の責任として，自発的・積極的に自覚し，実践するか否かという点だと主張している。

　現代の企業行動の影響は，急速に進むグローバリゼーションや情報化の結果，ますます，広範囲に及ぶようになっている。また，強大な力をもった企業の行動は，良い意味でも悪い意味でも，世界中の人々の生活に影響を与えている。そのため，現代企業の社会的責任を考えるに当たって，企業自らが間接的な領域までその影響を積極的に考え，行動していくという積極論の立場に立つのが正当と筆者は考える。それゆえ，今後は，積極論の立場で論を展開することとする。

　それでは，企業の社会的責任の具体的内容として，どのようなものが挙げられるのであろうか。ある者は，正当な納税と言うだろうし，ある者は，従業員の雇用維持と言うだろう。また，自然環境の保護や株式の配当率のアップ，社会に対する積極的な貢献活動であると主張する者もいるだろう。このように，多種多様な内容が企業の社会的責任と考えられている。

　多様な内容が存在する理由を，まず前述した消極論と積極論の共通点と相違点から見てみよう。法と市場メカニズムという2つの制約条件下で，企業が経済活動を行なうというのが共通点であるので，それに即して考えれば，正当な納税や安全な製品の供給といった内容は，当然，社会的責任に該当すると考えられる。

　その他のよく挙げられている内容については，日本で企業の社会的責任の議論が巻き起こるたびに，注目され，それが時代と共に人々の記憶の中に残ってきたものだと考えられる。日本で戦後，企業の社会的責任として歴史的にまず大きく取り上げられたものは，1950年代の労働争議問題であろう。その頃，左傾化した総評が強力な闘争力を発揮し始め，労使間の対立が激しくなった。労働争議を終結させ，安定的な生産活動を行なっていくために，企業による雇用の維持が社会的責任として認識されるようになったのである。

　その後，「いざなぎ景気」と高度経済成長期を経て，日本の経済は大きく発展したのであるが，その悪影響が出てきたのが70年代であった。自然環境のことなど全く省みないで，汚染物質を排出し続けたために，四大公害訴訟などに代表される公害問題が全国レベルで噴出した。企業による公害防止や自然環

境保護が社会的責任と考えられるようになったのもこの頃からだと考えられる。

80年代半ば頃から，日本企業のグローバリゼーションが進展した。特に，アメリカへ直接投資をした日本企業は，「企業市民」としてアメリカの地域社会へ貢献することを求められるようになってきた（島田〔1993〕p.17）。おりしもバブル景気により，各企業は金銭的に余裕のある状態にあったため，企業によるフィランソロピー活動やメセナ活動が盛んに行なわれ始めた。この頃から，企業による社会貢献活動が社会的責任に含まれると考えられるようになった。ただ，バブル崩壊後，金銭的に余裕がなくなったため，企業による社会貢献活動ということばは，あまりマスコミなどで取り上げられなくなってしまった。

最近では，日本企業の経営形態も徐々にではあるがアングロサクソン型へ移行し，日本企業の株主となった外国資本が増えているため，IR活動の充実や株主重視ということも社会的責任の内容として重視されるようになってきた。また，公害にまでは及ばないまでも，国際的な環境保護への取り組みや企業活動が自然環境に多大な影響を及ぼしているとの指摘から，自然環境への負荷をできるだけ抑えた企業行動を求める声が次第に大きくなり，自然環境の保護対策を企業の社会的責任とする考えも出てきている。

このように時間の経過に伴って，企業に対する様々な問題や要望が現われ，企業と社会それぞれがそれらの問題へ対処する過程で，多岐に渡る内容が企業の社会的責任として認識されるようになってきたのである。その中には，問題発生当初には自発的内容であったものが，その後，政府の法制化により必ず守らなければならないものになったものもあれば，現時点でも各企業の自発的な判断にゆだねられているものもある。各企業が認識しなければならないのは，社会的責任の内容は，時空によって変化し，その都度，それらを適切に把握し，対処しなければならないということである。それができなければ，社会から大きな批判を浴び，最悪の場合，社会システムから淘汰される場合もある。

総合的な観点からまとめて，森本三男教授は，企業による法的責任，経済的責任，制度的責任を狭義の社会的責任，さらに，企業の社会貢献をこれらに加えたものを広義の社会的責任としている。また岡本大輔教授は，自然環境保護や従業員の生活向上，地域や社会への貢献，フィランソロピー，メセナなど全

てを，様々な利害関係者（ステークホルダー）からの要請として捉え，社会的責任ということばをあえて使わず，社会性ということばでこれらをまとめている（岡本〔2000〕p.59。以下，本章で社会性ということばを使用する場合は，この意味で用いることとする）。このように内容が多岐にわたり，様々な解釈がなされている社会的責任であるが，それらを図で表すと図表16-1のようになるだろう。法令遵守（コンプライアンス）や企業の社会貢献活動に関しては，社会的責任の範疇に入れるべきか否かについて賛否両論が存在しているが，前述してきた内容を考慮して，本章では図のすべての項目を広義の意味での社会的責任，図のCSR①～CSR③を狭義の意味での社会的責任と考えることにする。また図における区分であるが，前述したように時空によってそれは変化する。それゆえ，ある内容がどの領域に該当するかは，その都度じっくりと検討しなければならない。

図表16-1　法令遵守・CSR・社会貢献の関係

	社会的な合意ないし行動規範			
法律として確立している	法律以外（社会規範・社会からの要請）として確立している		確立していない	営利性との関係
法令遵守（法的義務） ・人権尊重・差別（男女，人種，出自等による）の禁止 ・法令遵守型環境対策 ・サービス残業等違法労働の禁止 ・個人情報保護 ・品質・安全基準および管理など	CSR①　省エネ製品　オーガニック食品　品質・安全性の向上			両立
	CSR② （政府の支援を特に必要とするもの） ・法令未整備の環境対策 地球温暖化対策 燃料電池等の普及 ・知的財産の保護と活用（海賊版への対応など） ・食の安全に関するもの 農薬・健康食品・食品添加物	CSR③ （実施に政府の支援がそれほど必要でないもの） ・政治献金の禁止 ・UD製品・環境配慮型製品の開発・普及促進 ・従業員への福利厚生 リストラ時の補償，女性登用比率向上努力，育児・介護休暇の充実と利用促進，職業訓練・教育の充実 ・地域社会への貢献・交流 雇用地域の活性化	社会貢献 ・メセナ（文化・芸術支援活動） ・フィランソロフィー ・ボランティア ・寄付	対立

出所：加賀田〔2008〕p.43。

●─── ●キーワード● ───●

グローバル戦略，経営の社会的責任，公害，フィランソロピー，メセナ，経営倫理，コンプライアンス，コーポレート・ガバナンス

第2節　企業の社会的責任と企業業績の関係

　積極論の立場に立った場合，問題領域に対する企業の自発的行動は，企業の社会的責任と考えられる。ただしその場合，これらに対して支払われるコストは，直接的に企業の利潤には結びつかず，短期的には，企業利潤を圧迫することとなる。岡本大輔教授によると，従来の企業理論では，企業の長期維持発展目標を達成するための手段として，短期的目標として収益性，中長期的目標として成長性が存在すると考えられてきた。そして，社会性は，収益性や成長性目標を達成するための制約条件と考えられてきた（岡本〔2000〕pp.63-65）。それゆえ，景気が悪くなって社会性関連のコストが収益性や成長性を大きく圧迫するようになると，それらは大きく削減されたのであった。このような動きは，前述したような70年代の企業に対する社会批判に対して，各企業が様々な対処策を講じたが，その後の不況により，企業に対する社会批判が下火になると，それに伴って対処策も立ち消えになっていったことからもうかがえる。

　一方，バブル崩壊後のフィランソロピー活動やメセナ活動に対するコストの削減は，今述べてきた関係とは状況が異なっている。すなわち，この時期の社会性に関する支出は，収益性や成長性とは全く無関係のところで論じられてきたのである。フィランソロピー活動は，企業による社会貢献活動として理解されている場合が多く，ほとんどが各企業の本業とは関連のない分野で行なわれていた。またメセナ活動は，企業による文化支援活動と考えられており，やはりこれも本業とは関連のないものが多かった。さらに，これらの活動は陰徳として，社会に対して明らかにすべきではないという考え方まであるようである。このようにバブル期の社会性関連の支出は，収益性や成長性とは無関係のところで行なわれたため，それらに力を入れても業績向上に直接結びつくとは考え

られず，景気の悪化に伴って大きく削減されることとなったのである。

社会性を，収益性や成長性に対する制約条件として捉えたり，それらとは無関係のものとして捉えると，景気の悪化に伴って，結局は社会性に対する支出は削減されてしまう。このような考え方に立脚している限り，企業が積極的にそして定常的に社会性を重視していくとは考えられない。特に，企業にとって都合の良いときだけ社会貢献に力を入れるのであれば，その対象となる領域も安定した支援を受けることができず，困惑してしまうだろう。

今まで述べてきたように，より大規模になった現代企業の社会に対する影響力を考えれば，自発的・積極的に広義のレベルの社会的責任を果たしていかなければならない。そのためには，企業の社会性は社会のためではなく，あくまでも企業のための社会性であり，収益性や成長性の手段ではなくそれらと同等のレベルに位置づけられ，企業の長期維持発展目標の一手段と考えることが必要である。その際，お互いの関係は，収益性が短期的目標，成長性が中長期的目標，社会性が超長期的目標という具合である（図表16-2）。このような関係にあれば，景気の良い時には，社会性を重視するウエイトが高くなり，景気の悪い時には，そのウエイトが低くなるということになるので，企業の目標を達成する上で，社会性を無視することにはつながらない。

収益性・成長性と同一レベルの目標として社会性を位置づけることについては，上述してきた通りであるが，社会性目標を追及するあまりに，収益性目標

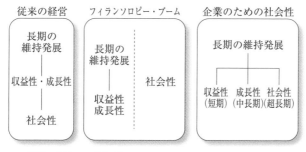

出所：岡本ほか〔2012〕p.262。

や成長性目標が全く達成されなくなってしまっては意味がない。そこで，社会性目標の追求→収益性・成長性向上（企業業績の向上）の因果関係（CSP-CFP関係：Corporate Social Performance vs Corporate Financial Performance）についてみていく。

1970年代の初め頃から現在に至るまで，CSP-CFP関係について実証的な検証を試みた研究は多く存在する。総じてプラスの関係があるとする研究が多いが，マイナスの関係や無関係と結論づける研究もあり，明確な結論は得られていない。前述したように，CSRの定義や内容が時空によって変化したり，それによってCSP自体の定義も様々なものが存在するということもその理由と考えられる。

また，CSP→CFPの関係を議論すると，必ずといっていいほど，現在の企業業績が高いから社会性に対して力を入れることができるのではないかとか，中小企業のように資金的に余裕のないところでは，社会性に力を入れることはできないという，CFP→CSPの関係を主張する者もいる。要するに，にわとりが先か卵が先かという議論である。マクガイアら（McGuire, et al.〔1988〕）は，企業業績と社会性の間の因果関係を，時系列データを用いて分析している（pp.854-872）。その結果，先行期の業績が後の社会性評価指標の原因となっている可能性が高いことを示し，さらに，社会性目標を追求することは，収益性向上に直接結びつくのではなく，リスクを低下させることに結びつき，それが結果的に収益性の向上につながることを指摘している。つまり，高業績→高社会性→低リスク→高業績の因果関係を主張しているのである。

アミーアとオスマン（Ameer and Othman〔2012〕）は，CSPを地域社会・ダイバーシティ・環境問題・倫理的事象などの持続可能性を示す指標に限定し，CSPとCFPの間には双方向の関係があることを実証的に検証している（pp.61-79）。

岡本大輔教授も，財務データの時系列的な推移と，企業の社会性指標との関係を分析している（岡本ほか〔2012〕pp.270-276）。彼は，サンプルを財務業績・社会性が共に高いType Ⅰ企業，共に低いType Ⅱ企業，財務業績のみ高いType Ⅲ企業，社会性のみ高いType Ⅳ企業に分類し，時系列的にType Ⅰ企業とType Ⅲ企業，Type Ⅱ企業とType Ⅳ企業の間に差があるか否かを実証

している。そして,「社会性の低い企業は,現代社会からの要請に的確に応えることができず,結局企業業績も悪化させてしまう。社会性は高業績維持には必要」,「高社会性だけで高業績を維持することは難しく,高業績を維持するためには,社会性以外の他の要因が大きな影響を及ぼす」,「業績の悪い企業が業績を回復していく時,社会性が必要であり,社会性が低いと業績低迷の確率は高くなる」という結果を得ている。

この結果に従えば,現在高業績である企業が,その状況を維持するためには,本業関連の要因に加えて社会性にも力を入れる必要があり,社会性を軽視すると次第に業績の低下を招く可能性があると言える。また,現在低業績に甘んじている企業が業績を回復していくためには,社会性を単にコスト要因と考え,軽視してはならないと主張している。この内容はさらに5年後・10年後のデータでも確認されており,社会性を企業評価基準の1つとして加える意義は高い。

以上のことがらはマクガイアらが言ったように,過去の高業績がリスクの低下を介して高収益性に結びついていることにも妥当するようである。つまり,社会性を重視する企業行動は高業績にとっての十分条件とは言えないが,必要条件であるとは言えるのである。

―― ●キーワード● ――

収益性

第3節　戦略的要因としての社会的責任

上述したように,企業の社会的責任は企業経営にとって単なるコスト要因と考えられていた時期もあった。しかし,グローバリゼーションや情報化の進展により,企業に対する社会からの要請が多岐に及ぶようになり,それらに適切に対処することが社会的責任となった。このような変化に敏感に対応せず,社会的責任を十分に遂行できない企業は,リスクを軽減させることができず,結果として業績の低下を招き,長期維持発展を達成できないことになるだろう。

つまり，社会的責任の遂行は企業にとって超長期的目標であり，今や戦略的要因と考えられる。

谷本寛治教授は，企業の社会的責任の議論がグローバルレベルで高まってきた背景として，持続可能な発展を求める動きや NGO の影響力の拡大，企業の社会的責任についての議論の国際的な広がりなどを挙げ，それを考慮した経営スタイルが次第に市場で定着していると述べている。そのため，企業の評価は経済性プラス環境・社会を含めたトータルなものとして捉えられ始めることを併せて指摘している。そして，企業の社会的責任を踏まえた企業価値は SRI（社会的責任投資）によって市場から評価を受け，企業の社会的責任が社会的課題から経済的課題として，また市場における周辺的な課題から市場における中心的な課題の1つとして扱われるようになってきている（谷本〔2004〕pp.18-28）。このように，企業は市場からの評価を得るために，社会的責任を戦略的な要因として捉え，企業価値を生み出す源泉の1つとして，それを適切かつ積極的に遂行する必要があるのである。

では，どのような観点から企業の社会的責任を戦略的要因に昇華させていけばよいのであろうか。加賀田和弘准教授は，資源ベースの戦略論とコーポレート・レピュテーションの観点から，これを考察している。加賀田准教授によると，継続的な社会的責任の遂行は，プラスのソーシャル・レピュテーション資源の蓄積に貢献し，これがビジネス・レピュテーションと結合することで，他社の模倣を簡単に許さない持続的競争優位のための経営資源（コーポレート・レピュテーション資源）になりうると主張している（加賀田〔2008〕pp.47-50）。また，ヴィラノーバら（Vilanova, et al.〔2009〕）は，CSR が戦略やマネジメントプロセスに取り込まれることによって学習が行なわれ，それが統合されることでさらに革新的な CSR が行なわれるようになり，最終的に競争力の向上をもたらすと主張している（pp.57-69）。前述したように，積極的な社会的責任の遂行や社会的貢献などの社会性を重視した企業行動は，超長期的な観点から，企業の長期維持発展のための一手段となっている。社会的責任の遂行が直接企業業績の向上に結びつかないからといってやめてしまうのではなく，超長期的な観点に立ち，日々これを重視する必要があるのである。レピュテーション資源は一朝一夕には蓄積されない。長期的で地道な行動が必要なのである。その

努力の結果，それを手に入れた暁には，その資源が他社に対する差別化要因となり，持続的な競争優位の確立へ大きく貢献することになるだろう。

一方，このレピュテーション資源にはマイナスの側面が存在する。これは企業経営に対して大きなダメージを与えるもので，極力これを生じさせないように注意する必要がある。企業の社会的責任の遂行に関して，マイナスのレピュテーションが生じる一例としては，企業不祥事の発生やコンプライアンスを無視した企業行動などが考えられる。特に近年，ネットワークが急速に発達したため，不祥事への対処が不適切であったり，遅れたりした場合，社会に反する企業としての悪いイメージがあっという間に広まってしまう。このようにマイナスのソーシャル・レピュテーションは非常に短い時間で確立し，今まで長期的に築いてきたプラスのレピュテーションを一瞬にして水泡に帰してしまうものである。それゆえ，不祥事をできるだけ起こさない，起こした場合には迅速かつ適切に対処するというリスク管理手法を全社的に徹底し，マイナスのレピュテーションを生じさせないよう注意する必要がある。

また現在，地域貢献や社会貢献活動を戦略的要因として考えている日本企業は，約6割弱，地球環境保護活動を戦略的要因として考えている日本企業は約4割弱存在している。年々その割合は減少しているものの，これらを戦略的要因と考えている企業の業績は高い（岡本ほか〔2013〕pp.71-72）。このような実証データの数値を見ても，社会性を戦略要因として考えなければならない時代になっていると言えるだろう。

―――― ●キーワード● ――――

社会的責任投資（SRI），経営戦略，経営資源

第4節　企業倫理とトップ・マネジメント

企業が適切に社会的責任を遂行し，プラスのレピュテーション資源を蓄積していくためには，崇高な企業倫理に基づいた戦略的意思決定を行なうことが必

要である。企業倫理とは，企業が行動する上で，企業がもっている道徳的価値観のことであるが，企業自体がその価値観をもっているわけではない。最終的には，企業を構成する全ての人がそれぞれの業務を遂行していく際に，考慮する価値観と考えられる。ただ，企業の一員としての個人がもっている倫理的価値観には差があり，企業レベルでの倫理的価値観にかなりの影響を受けてしまう。そして，企業レベルの倫理的価値観を社会レベルのそれより優先させようとすると，場合によっては社会からの大きな反発を招き，マイナスのレピュテーションを発生させてしまうことになりかねない。

　企業レベルの倫理的価値に影響を受けた個人の業務上の行動や組織としての行動が社会レベルの倫理的価値とコンフリクトを起こさないためには，何が必要なのであろうか。もっとも重要なのは，社会レベルの価値観を十分に，かつ正確に捉えたトップ・マネジメントの信念である（古川〔1992〕pp.115-117）。企業内では，様々なレベルにおいて，意思決定がなされているのであるが，いずれのレベルに対しても，もっとも大きな影響を与えるのは，トップレベルで行なわれる戦略的意思決定である。これに基づいて，組織上の各レベルでの様々な行動が順次決まっていくといっても過言ではないだろう。それゆえ，社会とコンフリクトを起こさない倫理的価値観をトップ・マネジメントがもち，その信念に基づいた意思決定を行なっていれば，おのずと，意思決定の内容も，企業行動も，個々の人々の行動も，社会とコンセンサスが得られた形で現れてくるものと考えられる。社会批判を浴びた企業のトップ・マネジメントが，会見で「現場が勝手にやったことで，知らなかった」とか「問題のある状況が起こってしまったのは真に残念だ」などというコメントを発しているが，トップの信念の中に社会とコンフリクトを起こさないという倫理的価値観が欠如してしまっているため，現場レベルで個々人が行動する際に，企業レベルでの倫理的価値を優先させてしまうのである。

　また，清水龍瑩教授は，大企業のトップ・マネジメントにとって必要な能力の１つとして，品性を挙げている（清水〔1999〕pp.146-148）。品性とは，その人が何をするかではなく，何をしないかによって測られる道徳的価値観から見た人間の性格のことである。大企業のトップに品性が欠けていれば，私利私欲のために人を不平等に扱ったり，反社会的な行動によって暴利を貪ったりする。

すると，従業員もそのような行動を当然と思うようになり，モラールも低下してしまう。そして，結果的には，社内外から大きな反発を受け，マイナスのレピュテーションを発生させてしまうのである。

　社内全体に，社会とコンフリクトを起こさない倫理的価値観を浸透させていくには，トップ・マネジメント自らが正しい倫理的価値観をもち，それを流布させていかなければならない。トップが先頭に立つからこそ，従業員がそれについてくるのである。昭和電工の大橋社長は，L-トリプトファンによるPL訴訟を反省し，倫理教育の重要性を指摘している。大橋社長によると，従業員に社会に反しない倫理的価値観を植えつけるためには，文書で伝えてもあまり効果はなく，社長自らが口頭で言い続けることが重要であるということである。そして，行動の可否に迷った場合は，社長のことばを思い出し，どちらの行動が社長の考えに沿っているかを考えるようにと，従業員を教育しているという（1997年6月26日，芝大門の本社にて行なわれた大橋社長へのインタビュー調査）。このようにはっきりと言いきれるのは，社長自らが，現時点で社会に受け入れられる倫理的価値は何かを，正確に把握している自信と，それを従業員全体に伝えていこうとする信念があるためであろう。

　人々のもっている倫理的価値観は，時間によって変化するし，また場所によって異なるものである。そして，その価値観に従って，企業が対処すべき社会的責任の範疇が決まってくる。活動範囲を次第に大きくしている企業が，その行動に対して社会から大きな批判を浴びないためには，トップ・マネジメントが時空による倫理的価値観の変化や差異を十分に把握し，企業レベルの倫理的価値観よりも社会レベルのそれを常に優先させ，社会的責任を適切に遂行できるよう，全社レベルに徹底させなければならないのである。

●キーワード●

トップ・マネジメント

【参考文献】
岡本大輔〔2000〕「企業評価基準としての社会性：Revisited」『三田商学研究』43-5。
岡本大輔・古川靖洋・佐藤和・馬場杉夫〔2012〕『深化する日本の経営』千倉書房。

岡本大輔・古川靖洋・佐藤和・梅津光弘・山田敏之・篠原欣貴〔2013〕「続・総合経営力指標―コーポレート・ガバナンス全般と企業業績2012」『三田商学研究』56-4。
加賀田和弘〔2008〕「CSRと経営戦略」『総合政策研究』No.30。
島田晴男編〔1993〕『開花するフィランソロピー』TBSブリタニカ。
清水龍瑩〔1999〕『社長のための経営学』千倉書房。
谷本寛治〔2004〕「CSRと企業評価」『組織科学』38-2。
古川靖洋〔1992〕「租税回避と企業の倫理的価値判断」『三田商学研究』34-6。
森本三男〔1994〕『企業社会責任の経営学的研究』白桃書房。
Ameer, R. and R. Othman〔2012〕, "Sustainability Practices and Corporate Financial Performance : A Study Based on the Top Global Corporations," *Journal of Business Ethics*, 108-1.
Davis, K.〔1973〕, "The Case for Against Business Assumption of Social Responsibilities," *Academy of Management Journal*, Vol.16, No.2.
Friedman, M.〔1962〕, Capitalism and Freedom, University of Chicago Press.
McGuire, J. B., A. Sundgren and T. Schneeweis〔1988〕, "Corporate Social Responsibility and Financial Performance," *Academy of Management Journal*, Vol.31, No.4.
Vilanova, M., J.M. Lozano and D. Arenas〔2009〕, "Exploring the Nature of the Relationship Between CSR and Competitiveness," *Journal of Business Ethics*, 87-1.

(古川　靖洋)

第17章

中小企業経営とイノベーション

═══ この章のポイント ═══

　グローバル化の進展，工業化社会から情報化社会・知識集約型社会への移行，地球環境問題の深刻化，消費者ニーズの多様化といった近年の複雑な環境変化は，これまで比較的安定的であった大企業の経営基盤を脆弱なものにしつつある。

　こうした中で，近年注目されているのが中小企業である。中小企業は，わが国のみならず，多くの国の産業構造において圧倒的多数を占め，一国経済において重要な役割を果たしている。かつて，経済学者のシュンペーター（J. A. Schumpeter）は，資本主義経済の原動力としてイノベーションの重要性を指摘した。中小企業は，その小規模性ゆえに大企業とは異なる経営的特徴を持ち，近年では，特にイノベーションの担い手として大きな期待を寄せられている。本章では中小企業の地位と経営的特徴を考察するとともに，中小企業経営とイノベーションの関係について学ぶ。

第1節　中小企業の範囲と地位

1．中小企業の定義と地位

　従来，アングロサクソン諸国では中小企業という表現よりも，大企業との差異を強調するために小企業（small business）の方がより一般的に用いられ，あ

るいは，政策的要請から，中企業に力点を置く国もあったが，近年では多くの国で中小企業（英語では SME : Small and Midium Size Enterprise）という言葉が広く用いられる。

中小企業の地位は，その小規模性から，国の経済発展の歴史や政策的要求に大きく左右される。したがって，世界的にみて唯一普遍的な定義が存在するわけではない。各国は，その政策的見地から中小企業の範囲について独自の基準を用いているが，わが国に見られるように（図表17-1），同じ国内でも，経済発展の度合いや産業の区別を勘案した上で中小企業の範囲規定を変更する場合も見られる。

図表 17-1　わが国中小企業の範囲の変遷

中小企業基本法／産業分野	製造業・その他	卸売業	小売業	サービス業
1963 年法	5000万円以下または300人以下	1000万円以下または50人以下	1000万円以下または50人以下	1000万円以下または50人以下
1973 年法	1億円以下または300人以下	3000万円以下または100人以下	1000万円以下または50人以下	1000万円以下または50人以下
1999 年法	3億円以下または300人以下	1億円以下または100人以下	5000万円以下または50人以下	5000万円以下または100人以下

＊資本金額・出資総額および常時使用する従業員数による区分

出所：中小企業基本法より筆者作成。

一般に中小企業を定義する場合，質的基準と量的基準のいずれか，または，両者の組み合わせに依拠することとなる。前者は市場への影響度や経営の独立性，経営者の影響力などを代表とするものであり，後者は，客観的な数値によって示される状態，たとえば，従業員数や資本金額，売上高などを指す。むろん法律的に中小企業の範囲が法的に規定されているかの如何を問わず，補助や助成を行なう際には，その対象となる企業を明確化する必要があるために，量的基準が用いられることが多い。

量的基準は各国で一律ではないが，統計上得られる資料による限り，多くの

国で中小企業は圧倒的多数を占め，雇用への貢献度も高い。日本では民間の非一時産業における中小企業の割合は99.7%である。また，中小企業の常用雇用者・従業者が占める割合は，全体の約7割である。近年のアメリカでも従業員規模500人未満を中小企業の範囲とすると，99%以上が中小企業であり，雇用総数に占める中小企業の比重も5割以上となる。共同体としての中小企業政策に熱心なEUでは，従業員規模で言えば250人未満が中小企業とされるが，EU加盟国全体でみると，99%以上が中小企業であり，雇用の7割近くを生みだしていることがわかる (『中小企業白書』〔2008〕,『アメリカ中小企業白書』〔2006〕,『ヨーロッパ中小企業白書』〔2003〕)。

このように，中小企業は総企業数において圧倒的多数を占め，働く場の提供主体として非常に大きな役割と期待を担っている。中小企業の活力無くして，国民生活の維持向上や経済の活性化はあり得ないとされる所以である。

2. ベンチャー・ビジネス

中小企業概念と重なるものとして，近年特に注目されているのがベンチャー・ビジネスである。

わが国では，1970年代に入ると，それまで大企業に従属する存在であり，経済的弱者として捉えられがちであった中小企業を，政策的視点から経済活性化の担い手，国際競争力強化，あるいは，産業構造変革に不可欠な主体として積極的に評価する動きが見られるようになった。この背景には，中小企業が機動性と柔軟性という特徴を生かしつつ，2度のオイルショックや円高不況，労働力不足といった困難を克服し，わが国の経済成長を支えてきたという事実があった。そこで生まれたのが，ベンチャー・ビジネスという概念である。

ベンチャー・ビジネス (venture business) とは，和製英語であり，確一された定義は存在しない。英語圏では通常"venture","small business"，あるいは"new technology company","new technology based firm"など多様な表現が用いられる。ベンチャー・ビジネスという言葉は，1970年代に通産省の佃近雄氏がアメリカの研究開発型中小企業を表現する際に用いたのが始まりとされるが，研究分野では当初，主に以下の特徴をもつものとして定義された。

①研究開発型またはデザイン開発型の創造的新規企業，②製品・サービス，市場範囲などにおいて，独自の存在理由をもつ企業，③企業家精神旺盛な経営者に率いられたイノベーターとしての性質を有する企業，④高い収益性と成長性を有する企業。

　以後，ベンチャー・ビジネスという言葉は，さらなる成長を遂げたわが国経済を背景として，マスコミやジャーナリズムを中心に多用されるようになり一般に広く普及した。今日では，ベンチャー企業という言葉とともに1970年代当初と比べて，その適用範囲が広がりを見せているが，最近の研究がほぼ共通して取り上げている特長は，①若い企業であること，②成長志向性が高いこと，③企業家精神旺盛かつ個性的な経営者に率いられていること，④技術，研究開発，商品やサービス，経営システムなどにおいて何らかの創造性や独創性をもつこと，⑤リスク回避的でなく，チャレンジングな性質をもつこと等である。この他，経営の独立性（他企業の下請や系列に属さないこと）や社会性（株式公開を当初から目指していること）等が条件として加えられることもある。

　ベンチャー・ビジネスを創業形態によって大別すると，新規開業型と分社型に分類される。新規開業型とは，新規性をもつ製品やサービスの事業化を目的として，独立した起業家により新たに設立される企業である。他方，他社からの独立性をベンチャー・ビジネスの条件に加えない際には，分社型もベンチャー・ビジネスの一形態に含まれる。分社型とは既存企業，特に大企業と人的・資金的関係をもち，社外の子会社・関連会社として設立される場合である。最近では，既存企業との関係に応じて，スピンオフ型やスピンアウト型といった分類も用いられる。

　なお，分社化されないまでも，大企業が組織の活性化や既存事業の革新，大幅な事業転換を図る目的で，社内に新規事業プロジェクトチームを設立し，予算や人事面で特別の配慮を行なう場合がある。これらは一般に，社内ベンチャーと呼ばれる。

●キーワード●

中小企業，ベンチャー・ビジネス，分社化

第2節　中小企業の特徴と役割

　中小企業の経営および戦略上の特徴は，何よりその規模が相対的に小さいことからもたらされる。一般に，小規模性は，①経営資源の希少性，②組織構造の単純性をもたらし，中小企業の経営とその行動の与件となる。

　経営資源の希少性について，相対的に資本が不足している状況では，巨額の設備投資が必要であったり，規模の経済性が働きやすい量産型の産業分野において生存して，利益を上げることは困難となる。したがって，多様なニーズをもつ小さな市場や大企業が進出しないニッチ市場，高い芸術性が求められる製品や人間の技能に大きく依存するような製品・サービス分野では，中小企業の生存可能性が高くなる。

　また，中小企業では，大企業に典型的に見られる多角化よりも，限られた経営資源を特定分野に集中させることが重要な課題となる。したがって，規模の経済性が働きやすい分野に進出するとしても，すべての生産工程を自社内で行なうのではなく，たとえば，メッキ加工や特定部品の生産に専門化するケースが多い。サプライチェーンの中でも，企画・設計，あるいは販売といった機能は外部企業に依存し，自社は生産機能を中心として業務システムを構築する中小企業が多いのも，限られた経営資源を特定分野に集中させ，効率的な経営を行なうためである。このように小規模性は特定分野や加工分野への専門化を促す。

　次に，小規模であることは組織構造が単純であることを意味する。企業活動に多くの人員が関わる場合，組織は階層的な管理構造をもたざるを得ず，重要な経営上の意思決定は合議制や多段階に渡るチェックを経る。しかしながら，内部人員の数が限られ，自己雇用主はもとより，たとえ株式会社形態をとっている場合でも，現象面では所有と経営の一致が見られることが多い中小企業では，意思決定手続きの簡素化，迅速化を図れるとともに，決定事項を企業全体に浸透させ，突然の環境変化に応じた変更も容易となる。このことは，環境変化への機動性が高い，小回りが利く，経営者の個性やリーダーシップが発揮されやすい，奇抜な発想やアイデアを事業化しやすい，といった中小企業の行動

的特徴となって現われるが，他方で，経営者や意思決定事項に対する多面的なチェック機能が働かないことから，一般にワンマン経営や場当たり的な経営行動とも結びつきやすい。これは経営の不安定性といった中小企業一般のイメージを生み，特に間接金融を中心とする資金調達に依存する場合においては，貸し渋りの対象となり慢性的な資金調達困難という経営問題を抱えることになる。

このように中小企業は，その小規模性ゆえに，大企業に対する相対的有利性と不利性を有する。しかし，少なくとも，情報化の進展に伴う環境変化の加速化や地球環境問題の深刻化，消費者ニーズの多様化，既存産業の成熟化，わが国では少子高齢化の急速な進展といった現代の社会的環境が中小企業の活躍の場を広げ，そうした企業への期待を高めていることもまた事実である。かつての大企業と中小企業の競争力格差は相対的になりつつある。

今日，中小企業に求められている役割は，後述するイノベーションの担い手としての役割，地域活性化やまちづくりの担い手としての役割，地域コミュニティーや文化の担い手としての役割，多様な労働力の活用主体としての役割といったように多岐に渡る。こうした状況に鑑みて，主要国では，中小企業の重要性を再確認する動きがみられる。たとえば，OECD経済協力開発機構は，2000年に47か国の中小企業政策担当の拡大閣僚会議を開き，経済成長や雇用創出，地域発展や社会的結束における中小企業の重要性を確認した。また，EUでは2008年に欧州委員会が欧州「小企業憲章（"Small Business Act" for Europe）」を示し，政策決定において小企業の立場を最優先に考える事を表明している。わが国でも，2010年に「中小企業憲章」を閣議決定し，中小企業が日本経済や社会を牽引していく主役であることを確認している。

―――― ●キーワード● ――――
経営資源，組織原則，管理の幅，分権的管理と集権的管理，リーダーシップ

第3節　イノベーションと知識経営

1．イノベーションとは何か

　いわゆる英語でいうところのイノベーション，すなわち"innovation"は，わが国で技術革新と訳されることが多かったが，経済学や経営学では，単に物的技術領域における従来技術からの飛躍的変化を示すに留まらず，広い意味での経営革新を意味するものとされる。

　経済学者シュンペーター（J. A. Schumpeter）〔1926〕は，資本主義発展の原動力としてイノベーションの重要性を指摘したことで知られている。シュンペーターによれば，資本主義経済の発展とは，内発的作用によって発生する経済生活の循環的な変化によってもたらされるものであり，その契機となるのは，経済活動における新結合の遂行，すなわちイノベーションである。イノベーションは，具体的に以下の企業行動によってもたらされる。①新しい生産物あるいは生産物の新しい品質の創出と実現，②当該産業部門において事実上未知な新生産方式の導入，③新たな販売市場の開拓，④原料ないし半製品の新しい供給源の確保，⑤新しい組織の実現。

　イノベーションは，過去の様式や方法とある種の断絶性をもつものであり，それが社会的あるいは経済的現象であるという点で，単なる技術的可能性の発生や発明とは区別され，資本主義経済発展の原動力であると同時に，企業にとっては存続を維持する上で不可欠な過程である。イノベーションを促す主体は企業家（entrepreneur）であり，企業家の活躍の場として中小企業が注目されている。

2．イノベーションの発生過程：知識連鎖

　すでに述べたように，今日ではイノベーションが生産工程における技術的革新を意味するだけでなく，より広義の企業革新を含むと理解されている。そし

て，知識創造や知識経営の視点から，企業を取り巻く多様な利害関係者の相互作用の中で，イノベーションが発生する過程が説明されている。

野中郁次郎氏ら〔1995〕によれば，知識には「形式知」（形式的で論理的言語によって比較的容易に移転可能な知識）と，「暗黙知」（個人や地域といった，それが埋め込まれている文脈を越えて容易に移転できない知識）があり，この2つの知識が個人や組織の間で交換・変換されることで，新しい知識が生まれる。具体的には，「共同化」（Socialization），「表出化（Externalization）」，「連結化（Combination）」，「内面化（Internalization）」という4つの過程が継続的に循環することで，イノベーションにつながる価値の高い知識が創出される（図表17-2参照）。

「共同化」とは，個人に属する「暗黙知」が，共通体験などを通じて共有される段階であり，「表出化」とは，こうした「暗黙知」を言語や数や，図式などによって，明確な「形式知」に変換する過程である。続く「連結化」段階では，「表出化」された知識が，他の「形式知」と結び付くことによって，新たな「形式知」が生まれる。個人は，こうして生まれた「形式知」を，「内面化」

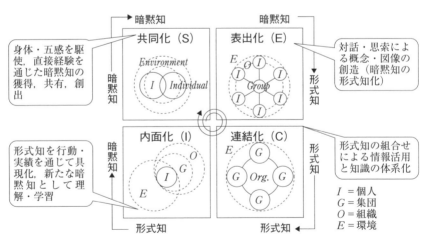

図表17-2　知識変換の過程（SECIモデル）

出所：國領・野中・片岡〔2003〕p.8。

段階において行動・実践により体得し，新たな「暗黙知」として理解する。さらに「内面化」段階において生み出された「暗黙知」は，再び「共同化」段階へ移行する。

このように現代のイノベーションは，一個人や一組織，あるいは企業の中で完結するものではなく，外部企業や個人間でのコミュニケーションや相互作用の中で生み出される。したがって，企業戦略の観点からは，付加価値の高い知識を生み出し，その変換を可能にする「場」の形成と，その利用が重要となる。

――――― ●キーワード● ―――――

イノベーション，シュンペーター，知識，暗黙知と形式知，知識集約型産業，知的経営資源

第4節　中小企業とイノベーション

1．中小企業のイノベーションの特徴

中小企業のイノベーションの特徴もまた，小規模性という事実により規定される。中小企業では，経営者の個性が発揮されやすいことから，そこにおけるイノベーションは，組織的，かつ計画的に遂行されるよりも，むしろ，経営者の資質やリーダーシップ，創意工夫に依存したものとなる。また，大企業によるイノベーションは，大規模な基礎研究や，実用化までに多くの時間と資金を要するプロジェクトに依存することも珍しくないが，中小企業の場合は，資金，人材面での制約が比較的大きいことから，日常生活で得たアイデアの実用化や，現場で発生する情報をもとにした生産工程の改善，経営資源の有効活用によって，派生的に生まれる知識をもとにしたイノベーションを得意とする。アイデアの実用化に際しても，大企業のように当初からマスマーケットを狙うのではなく，ニッチ市場での独占的地位を獲得しようとする傾向がある（『中小企業

白書』〔2009〕46-53頁より)。このように，中小企業は，規模の経済性が働きにくい小さな市場において，限られた経営資源を集中的に投下でき，経営者と従業員の一体感からくる機動性や小回り性，あるいは経営者の個性や奇抜なアイデアを生かしやすい領域におけるイノベーションを得意とする。

2. ネットワークと中小企業

すでにみたように，今日のイノベーションは，一個人や一組織，あるいは企業の中で完結するものではなく，これら主体間のコミュニケーションを通じた相互作用や広義のネットワークの中で生み出される。その際，参考になるのが，オープンイノベーションという概念である。オープンイノベーションの概念は，イノベーションの中でも特に製品開発や研究開発に着目したものであるが，より広義のイノベーション概念を捉える上でも有効である。チェスブロウ (Chesbrough〔2006a〕〔2006b〕) によれば，研究開発を中心とするイノベーションのマネジメントには，クローズド・イノベーション，とオープンイノベーションという2つの様式があり，現在多くの産業では，前者から後者への移行が見られるという。

クローズドイノベーションは，企業内部での研究開発を中心とする，いわば内向きの論理に支えられたイノベーションの創出過程であり，優秀な人材の雇用，製品開発の自前主義，巨額の研究開発投資，知的財産による他社の排除といった論理に支えられる。しかしながら，20世紀の終わりにこうした様式は崩壊の危機に直面した。その理由は，以下のようにまとめられる。第一に，熟練した労働者の流動性が高まったこと，第二に，高学歴化に伴い，高度な知識レベルをもつ中小企業が増加したこと，第三に，ベンチャー・キャピタル (VC) が増加し，それにより，他社の研究成果を実用化するベンチャー・ビジネスが多く輩出されるようになったこと，第四に，多くの製品が市場に出るまでの時間が短くなるとともに，新製品のライフサイクルが短くなったこと，である。こうして，企業内部のアイデアと他社のアイデアを有機的に結合させ，あらたな価値を創造するオープンイノベーションの必要性が高まった。オープンイノベーションは，企業外部の経営資源を有効活用することにより，新しい価値を

生み出す過程であり，そこでは，社外の優秀な人材や研究開発成果の活用，ビジネスモデルとしての優位性の獲得，知的財産権の付与や購入によるビジネスモデルの強化といった事柄が重要な戦略課題となる。

　チェスブロウによる分析は，当初，大企業の製品開発や研究開発を中心にしたものであったが，オープンイノベーションの概念は，中小企業と広義のイノベーションの関係を捉える際にも有効である。第一に，すでに第2節でみたように，経営資源の希少性という宿命を背負わざるを得ない中小企業にとって，イノベーションを生み出すために必要な全ての経営資源を保有することは不可能か，可能であるにしても非常に大きなリスクを抱えることを意味する。したがって，他企業との連携やネットワークを形成し，機動性と小回り性を生かして，必要に応じて外部の人材や資金，設備，ノウハウといった経営資源を利用することが必要である。近年では，外部資源の利用先として，企業のみならず，地方自治体やサービス提供機関，大学や研究機関との関係強化も重要とされ，比較的限られた地域内において，中小企業や大企業，公的機関や，サービス提供機関，大学や研究機関が連携し，イノベーションの創出を目指す産業クラスターの形成も政策面で注目されている。

　第二に，大企業を中心とするオープンイノベーションへの移行に際して，中小企業は，いかなる領域において補完的役割を果たせるのかを明確にしなければならない。そのためには，ビジネスモデルの構築能力，自社の強みと弱みの明確化，コア・コンピタンスの強化が不可欠となる。

　中小企業がその経営的特徴を生かしつつ，イノベーションの担い手としての期待にいかにして応えていくのか，その行方は我々の生活ばかりでなく，来るべき社会のあり方と大きく関わっているのである。

───── ●キーワード● ─────

コア・コンピタンス，集中化戦略，ネットワーク，組織間関係，組織間関係戦略，連結の経済，コラボレーション（パートナーシップ）

【参考文献】

植田浩史・桑原武志・本多哲夫・義永忠一〔2006〕『中小企業・ベンチャー企業論』有斐閣。
國領二郎・野中郁次郎・片岡雅憲〔2003〕『ネットワーク社会の知識経営』NTT出版。
財団法人中小企業総合研究機構訳編〔2003〕『ヨーロッパ中小企業白書』同友館。
財団法人中小企業総合研究機構訳編〔2006〕『アメリカ中小企業白書』同友館。
西口敏宏編著〔2003〕『中小企業ネットワーク　レント分析と国際比較』有斐閣。
三井逸友〔2011〕『中小企業政策と「中小企業憲章」―日欧比較の21世紀』花伝社。
山口隆之〔2009〕『中小企業の理論と政策―フランスにみる潮流と課題―』森山書店。
渡辺幸男・小川正博・黒瀬直宏・向山雅夫〔2006〕『21世紀中小企業論〔第三版〕』有斐閣。
Chesbrough, H.W. 〔2006a〕 *Open Innovation: The New Imperative for Creating and profiting from Technology*, Harvard Business School Press.（訳書，大前恵一朗訳『OPEN INNOVATION ハーバード流イノベーション戦略のすべて』産業能率大学出版部。）
Chesbrough, H.W., Vanhaverbeke, W. and West, J. 〔2006b〕 *Open Innovation: Researching a New Paradigm*, Oxford University Press.（訳書，PRTM監訳，長尾高弘訳『オープンイノベーション　組織を超えたネットワークが成長を加速する』英治出版。）
Langlois, R.N.and Robertson, P.L. 〔1995〕 *Firms, Markets and Economic Change: A Dynamic Change of Business Institutions*, Routledge.（訳書，谷口和弘訳『企業制度の理論―ケイパビリティ・取引費用・組織境界』NTT出版。）
Nonaka, I. and Takeuchi, H. 〔1995〕 *The Knowledge-creating Company: How Japanese Campanies Create the Dynamics of Innovation*, Oxford University Press.（訳書，梅本勝博訳〔1996〕『知識創造企業』東洋経済新報社。）
Schumpeter, J.A. 〔1926〕 *Theorie der Wirtschaftlichen Entwicklung*, 2 Aufl, Ducker & Hamblot.（訳書，塩野谷祐一・中山伊知郎・東畑精一訳〔1980〕『経済発展の理論―企業者利潤・資本・信用・利子および景気の回転に関する一研究』岩波書店。）

（山口　隆之）

第18章

企業と経営の歴史

=== この章のポイント ===

　現在の日本の大企業のほとんど全てにおいては，ほかの先進諸国におけるのと同様に，専門経営者と呼ばれる人々によって重要事項が決定され，経営のかじとりがなされている。この専門経営者とは，オーナー経営者（所有経営者）と対になる概念であり，オーナー経営者が，その企業に多額の出資をしているとか，株式を多数保有していることに基づいてその会社の重要事項を決定して経営のかじとりをしているのと対照的に，専門経営者はその企業の株式を多数保有しているわけでもなく，あくまで会社に雇用され，株主から委任される形で重要事項を決定し，経営のかじとりに当たっているのである。

　日本の場合，多くの大企業ではヒラ社員から始まって係長，課長，部長から取締役に昇進した専門経営者が経営にあたることが多いが，そのような生え抜きの専門経営者が多数出現するのは第2次世界大戦後のことである。しかし専門経営者への経営委任自体は，第2次大戦以前でも大企業でみられたし，また三井・住友・鴻池のような江戸時代に起源を有する大商家では，その商家に雇われたたたき上げの支配人とか元〆（いわゆる番頭）に経営を任せるという現象も，すでに江戸時代からしばしばみられたのである。

　本章では，江戸時代に起源を有するいくつかの大企業のなかでも，特に江戸時代における最大級の豪商であり，明治期以降には日本経済に大きな影響をあたえた財閥へと発展していく三井家を中心に取り上げ，その事業展開をみながら，そこでみられたオーナー・同族ではない雇用経営者への経営委任についても概観することにしよう。

第1節　江戸時代の豪商における番頭への経営委任
――三井家の場合――

　現在の日本企業の特徴の1つは，老舗企業が比較的多いということである。つまり創業してから，100年，200年以上たっているような企業が結構多く，この老舗企業が多いという特徴は，外国と比べても際だった特徴であると言われている。

　現在，社名に三井とか住友を冠している企業がいくつかあるが，三井や住友の源流は江戸時代にまでさかのぼるのであり，また大丸や高島屋，松坂屋などの百貨店も江戸時代に源流をもつ。ほかには京都伏見の月桂冠や神戸市の白鶴酒造をはじめ，酒造メーカーにも江戸時代に起源をもつ企業が多い。

　本章で主に取り上げる三井家は，もともと伊勢松坂（現在の三重県）の商人であったが，17世紀後半，三井高利（たかとし）のころに京都に呉服の仕入店を設け，江戸にも進出して越後屋呉服店を開き，「現銀掛値（げんきんかけね）なし」の安売り商法で成功して巨利を得た。三井の「現銀掛値なし」の安売り商法とは，掛け売りをせずに他の呉服屋よりも安い価格で現金販売を行なうというものであるが，三井がこの商法を定着させる以前の呉服商法は，おおむね呉服商が呉服や反物の見本を持参して武家や大商家の屋敷に出向き，顧客から注文を取りつけてから改めて商品を納入し，また代金の支払いも商品納入ごとに行なうのではなくて，掛け売りという形で盆とか年末にまとめて支払いを行なうという形式であった。三井ではそのような商法を改めて，お客に店頭に出向いてもらって店頭で品定めをしてもらい，そこで即座に商品を仕立てて渡し，掛け売りをやめ，その都度，現金で支払ってもらうという販売方法をとった。掛け売りをやめたことによって，盆や年末を待たないでも現金が入ってくるようになり，その現金をすぐに次の商品仕入れに回すこともできるようになった。また貸し倒れのリスクも低減したことで経営の効率が上昇したので，他の呉服商よりも安値で商品が販売できるようになった。三井の呉服商売の成功は，当時の江戸という大都市の人口増加と，それによる消費市場の拡大に三井家の商法がうまく対応できたことが背景にあったといってよいであろう。

三井家は呉服商売での成功を受け，蓄えた資金で両替商（金融業）にも進出する。さらに大阪にも呉服店と両替店を開き，17世紀末までには京都，江戸，大阪という当時，三都と呼ばれた大都市に店をかまえ，幕府からも御用達商人に任命されるなど，わずか20年ほどのあいだに急成長した。

多くの子に恵まれた三井高利は，彼ら子供たちを三都の諸店に配置し，高利自身は伊勢松坂から拠点を京都に移し，自ら事業の統括・指揮を取った。各店では三井家の人々が経営にあたったが，事業の拡大にともなって家族以外の奉公人も多く雇われていた。彼ら奉公人のなかには，江戸の脇田藤右衛門，京都の中西宗助のような創業期三井の急成長を支えた功労者もおり，彼らは元〆（もとじめ）と呼ばれる重役にまで昇進し，三井家同族か

三井高利
（財団法人三井文庫所蔵資料）

駿河町越後屋呉服店大浮絵（奥村政信画　享保頃）　　　　　　　　　（資料提供：(株)三越）

ら店の経営を任されるケースが多くなっていった。

　三井家では1710年に，上記の元〆中西宗助の意見に基づいて，大規模化した三井家事業の組織改革として，全事業の司令塔ともいうべき大元方（おおもとかた）という部署を京都に設置した。これ以後，大元方の事務所などで定期的に会合がもたれ，重要事項が決められるようになったが，その席には三井家同族のほか，中西宗助のような三井家同族ではない雇用者も出席を許されていた。この中西宗助のような元〆は，利益金処分の際にも多額の配分を受けており，これは現代風に言うならば役員報酬にあたるものと言ってよいだろう。

　呉服店や両替店という三井家の事業は，あくまで三井家同族団が事業統括本部である京都の大元方に出資し，それに基づいて経営がなされたのであって，この中西宗助などは出資者として三井家の事業に参画したわけではない。三井家同族ではなかったにも関わらず，中西宗助は三井家事業全般の意思決定についてかなりの発言力をもち，多額の報酬も得ていたということになる。彼がこれほどまでに経営上の権限を発揮できたのは，創業期の三井家事業の発展に果たした功労者としての実績を，三井家同族のみならず，下位の奉公人たちもが認めていたためであろう。それ以後も三井家では，支配人・元〆にまで昇進したような奉公人に経営委任する傾向がみられた。

　この三井家でのケースのように，同族ではない支配人とか元〆（俗に番頭という）と呼ばれるような奉公人に経営をある程度任せるというやり方は，大阪の豪商鴻池家（現在の三菱東京UFJ銀行の源流の1つ）など，他の大商家でも見られたのであり，江戸時代の大商家ではしばしば見られた現象である。経営を任せるといっても，それは店舗での日常業務のみを任せていたのか，あるいは事業全般に関わる重要事項の決定にまで関与させたのか，商家によって違いはあったにせよ，江戸時代の大商家でしばしばみられたようである。支配人とか番頭などの雇用経営者に経営を任せるやり方，すなわち番頭が経営にあたるという意味で，これを「番頭経営」と呼んでいる。

　江戸時代の豪商で経営を任された番頭とは，ふつう11歳から13歳ごろに親元を離れて商家に丁稚奉公にあがって住み込みで商家に勤務し，商家内の厳しい訓練に耐え，その働きぶりが認められて，長い年月の末，支配人とか元〆と呼ばれるような重役にまで昇進したような人物のことである。

●――キーワード●―――

家業，同族企業

第2節　明治初期三井の経営者

総長代理副長　三野村利左衛門
(財団法人三井文庫所蔵資料)

　江戸時代の豪商三井の財務状態は，幕末期にいたっては，呉服店の不振と幕府や紀州藩からの度重なる御用金賦課（なかば強制的な資金提供）のために，その名声とは逆に内実はきわめて厳しい状態に置かれていた。そのようななか三井家では，三野村利左衛門という人物を経営者として迎え入れていた。三井家に限らず，江戸時代の豪商で経営を任された番頭とは，すでに述べたように，その商家で11～13歳頃から勤務し始め，支配人とか元〆などの重役にまで昇進した人がふつうであったが，この三野村の場合は幼少期から三井家で勤務していたような人ではない。彼は三井家に比すべくもない小規模な両替商であったのだが，幕府高官とコネを有していたことから，三井幹部からの依頼により，幕府から三井家が命じられた巨額の御用金を，自身のコネを生かして幕府高官に頼み込んでその減額を成功させていた。三野村はそのような実績や行動力を買われて三井入りした異色の経歴の持ち主であった。

　その後，幕府が倒れて明治時代に入ると，三井は新政府から御用金拠出などをはじめ，さまざまな要請を受けることになるが，外国貿易商社の設立や新紙幣の発行など新政府から新たな事業を任されることが多くなり，そのような新たな業務から利益を得ることも増えていった。成立したばかりの新政府にとっ

ては，政策を展開するための財源も乏しく，三井のような名声と信用のある豪商に頼らざるを得なかったのである。そして政府との関係が強まるなかで，三井は政府高官から組織改革を迫られることになった。その改革の1つの事例として，呉服商部門の分離がある。

明治初期の三井にとっては，江戸時代以来の呉服商，金融業の2大事業のうち，特に赤字の大きかったのは呉服商部門であり，その部門を切り離して三井家の事業とは無関係を装うために三越家という架空の家を新たに作り，その三越家がこの呉服商売を行なう体裁をとった。それは呉服商売がもし破綻した場合でも，それは三井家とは無縁の三越家が行なっている事業であるという体裁をとり，破綻の災いが三井家に及ばないようにする措置であった。それは有限責任を規定する商法とか会社法がいまだ制定されていなかった明治初期における苦肉の策であった。

政府，特に大蔵省（現在の財務省）にとっては，近代的な金融機構の構築が迫られるなか三井の金融部門に大いに期待をかけていたので，三井の呉服商部門が破綻して金融部門に波及するのを恐れたのである。そしてこのような政府側からの要求にこたえ，三井家事業の改革に活躍したのは三井家同族ではなく，幕末に三井入りしていた三野村利左衛門であった。三井家同族にとっては，三野村利左衛門のとる諸方策に賛同していたわけではなく，むしろ不満は大きかった。しかし17世紀末から18世紀初頭にかけての三井家事業の創業期における雇用経営者中西宗助と同様，三野村は出資に基づいて経営権を獲得していたわけではなかったが，彼にはその中西宗助同様に実績があったし，それによって三井の事業における同僚らの信頼もあった。このような実績と三井家で勤務する他の重役たちの支持，さらに三野村には政府高官か

益田 孝
（財団法人三井文庫所蔵資料）

らの支持もあったのであり，これらを前にした三井家同族たちも，あからさまに三野村を解雇するという行動に出られなかったのである。

　そして経営権を掌握した三野村は，三井で組織改革を行ないながら新事業に着手していくが，それら諸施策のうち，三井銀行の設立とならんで特筆すべきは三井物産の創設である。明治初期から三井家では政府からの要請で外国貿易事業に従事していたものの，なかなか軌道に乗らず，そこで三野村は幕臣出身で，すでに商社経営にあたっていた益田孝という人物を説得し，益田に全面的に経営を任せるという条件で，新たに三井物産を組織させた。三井物産は後には三井銀行とならんで三井財閥の中心的企業に成長することになるが，その意味でも三野村は三井がのちに日本最大の財閥に発展していく基礎を築いたことになる。

―――●キーワード●―――――――――――――――――――
財閥

第3節　"学校出"による経営

　江戸時代から明治時代の中ごろぐらいまでにかけての豪商でオーナー・同族から経営を任されていたような支配人とか番頭などは，たいてい幼少期に商家に丁稚奉公にあがり，その商家できびしくしつけられると同時に，先輩から読み書き・そろばんなども教わっていた。つまり，商家は1つの教育の場でもあったといってよい。

　ところが明治時代には，全国的レベルで小学校から始まる新たな学校教育制度の構築がはかられ，大学や専門学校という高等教育機関も東京を中心として，関西地方および各地に設けられていった。そして三井や住友などの豪商でも，明治時代の半ばぐらいから，「学校出」と呼ばれた，それら高等教育機関の卒業生たちが経営者として迎えられるという傾向が一般化していく。

　三井家の場合，明治時代前半の中心的事業は三井銀行であったが，明治の中

ごろには不良な貸し付けが累積し，経営状態は悪化していた。三井家はすでに述べたように明治維新期から政府との関係が強く，政府から多くの事業を任されることが多かったので，政府高官との関係はないがしろにできなかった。明治時代の中ごろに三井銀行の抜本的改革の必要性が痛感された時，三井家内部で丁稚から重役に昇進したような人物ではなく，三井の外部から新しい人材を抜擢して経営改革を進めることとなったのだが，この時，政府要人として明治初期から三井家と関係の深かった井上馨が，中上川彦次郎という人物を三井の改革にあたる経営者として推薦した。

三井銀行副長　中上川彦次郎
(財団法人三井文庫所蔵資料)

　この中上川彦次郎は福沢諭吉の甥にあたる人物で，福沢の慶応義塾を卒業後，学校教師などをしていたが，その後イギリスに留学し，その際ロンドンに滞在していた上述の井上馨の知遇を得ることになり，井上からその才能を高く評価された。中上川は帰国後，井上の勧めで政府入りして外務省などを官吏として渡り歩いたが，その後また民間に転じて，井上馨や叔父の福沢諭吉の推薦で新聞社や鉄道会社の社長を歴任していた。そして三井家が三井銀行の改革に迫られ，新たな外部の経営者を探していた際，井上馨がこの中上川彦次郎を推薦したのであった。中上川の三井入りについては，福沢諭吉も大いに賛成した。

　中上川は1891年に三井銀行に入ると，積極果敢に不良債権の整理に着手した。当時の三井銀行の融資先の1つに京都の東本願寺があったが，三井銀行への返済はなかなか進んでいなかった。そこに中上川が銀行経営のトップに入ってくるや東本願寺に対して，返済がない場合，本願寺所有の不動産などを差し押さえることなどを強硬に申し入れた。これに驚いた本願寺側は，管下の寺院や門徒に檄を飛ばして寄付を求めた結果，三井銀行からの融資も返済したうえに本堂の屋根葺替えの資金まで集めることができた。「本願寺と敵対して地獄

行きかと思っていたが，思わぬ好結果で功徳を積めたので，私も極楽に行けますかな」と中上川が語ったというエピソードが伝えられている。中上川は三井に工業部という部署を作り，三井銀行への返済が進まなかったような工場を買収したり，あるいは抵当流れとして三井の所有に移すなどしてこの工業部に属させ，そうして三井家事業に製造企業を取り込んでいった。田中製造所はその1つの事例であるが，これは後に東芝という戦前期最大の電機メーカーに発展するものである。このように中上川が三井銀行の不良債権の整理と並行して工業化路線をとったことが，三井家事業の多角化につながった。同時に中上川は，自分の出身校である慶応義塾の卒業生たちを多数，三井銀行に幹部として招き入れた。

　三井銀行とならんで三井財閥のもう1つの柱になる三井物産でも，その設立時から経営を任されていた益田孝が熱心に学校出の人材を採用していた。特に外国貿易に従事する三井物産の場合は，外国語の能力が求められるのであり，学校で外国語を学んだ人材を採用する必要があったのである。三井銀行にせよ，三井物産にせよ，このような学校出の人材が中心となって，三井系各社の経営にあたっていくことになる。

　三菱（岩崎家），住友など他の財閥でも学校出の人材を採用して経営を任せるという現象はみられたが，出資者である同族による経営への関与は，たとえば住友家は専門経営者に全面的に経営を任せていたが，三菱では岩崎家同族も陣頭にたって学校出の人材とともに経営にあたっていた，というように財閥によってかなり違いがある。だが学校出の人材が大企業に入って経営を任されることは，多くの財閥系大企業で一般化していくことになる。

--- ●キーワード● ---

専門経営者

260 第Ⅲ部 経営学の現代的諸問題

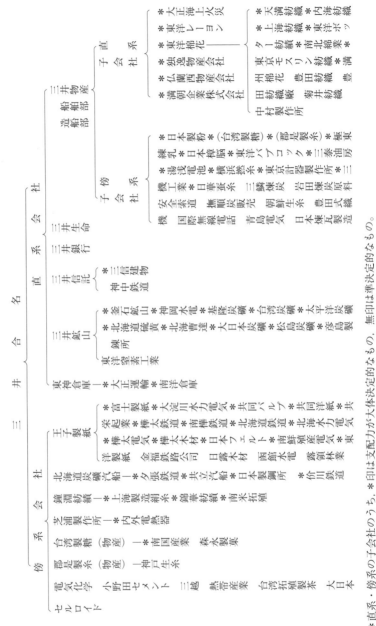

*直系・傍系の子会社のうち、*印は支配力が大体決定的なもの。無印は準決定的なもの。

出所：三和・原編 [2007] pp.118-119。

第4節　専門経営者の制覇

　ここまで見てきたように，三井家の事業は明治時代中ごろ以降にはその事業はかなりの広がりを見せていた。これら三井系諸企業を統括する必要から，三井家では明治中期にすでに三井家同族会という組織を作り，そこに同族以外の重役も参加して重要な意思決定にあたっていたが，明治末の1909年には節税目的もあって，三井は他の財閥に先駆けて三井合名会社という持株会社を設けた。この三井合名会社には三井家同族のみが出資し，この会社が三井銀行や三井物産などの発行する株式を保有するという形をとったため，三井銀行や三井物産の究極の出資者は三井家同族ということになる。三井合名会社は，傘下の三井銀行や三井物産のような企業への資金や人材の配置など，きわめて重要な事項を決定する，いわば三井財閥の総司令部にあたるものである。ここに三井家同族は出資するものの，実際の経営は明治の中ごろに中上川彦次郎や益田孝が招き入れた朝吹英二，波多野承五郎，団琢磨というような，三井家同族ではない学校出の専門経営者があたったのである。このうち団琢磨などは，そののち昭和初期に財閥への社会的批判が高まった際，テロリストの手によって暗殺された人物として，その名を知っている人も多いだろう。そして三井合名会社傘下の各企業についても，社長には三井家の同族が就くものの，実際の経営はやはり学校出の専門経営者に任されていた。

　三井合名会社の設立に始まる持株会社の設立ならびにその持株会社が傘下企業の経営を支配するというスタイルは，大正期にかけて一種のブームとなり，三菱，住友など他の財閥も追随した。また同時に大学や専門学校も増加していたから，それらの卒業生が，新卒定期入社という形で，大挙して大企業で採用されることが定着していくのである。

　そして第2次世界大戦敗戦後のアメリカによる占領政策期にとられた「財閥解体」「財界追放」措置で，三井をはじめとする同族はもちろん，専門経営者も追放され，財閥の持株会社も解散して，それが保有していた傘下企業の株式も持株会社整理委員会に供出させられ，株式は順次売却されていった。財界追放によって財閥の持株会社傘下の企業では，社長や常務クラスの専門経営者は

辞任し，部長や所長クラスの人材が大量に社長や重役に抜擢されることになったのである。

新たに経営者として抜擢された彼らにとって，それまで会社に出資者として君臨した財閥同族が追放され株式が一般に売却されることは，見ず知らずの第三者に株式を買い占められて会社が乗っ取られる可能性が出現したことを意味した。これを防止して自分たちの経営権を維持するためにとられた措置こそが，戦後日本の大企業間で往々にしてみられることになる株式持ち合いだったのである。そして大企業で内部昇進者が専門経営者に就くことも一般化していくのである。

―――●キーワード●―――

経営者支配，株式持ち合い，ホールディングカンパニー

【参考文献】
橘川武郎〔1996〕『日本の企業集団』有斐閣。
武田晴人〔1995〕『財閥の時代』新曜社。
橋本寿朗ほか〔1992〕『日本経済の発展と企業集団』東京大学出版会。
三井文庫〔1980〕『三井事業史』（本篇第1巻，第2巻）三井文庫。
三和良一・原朗編〔2007〕『近現代日本経済史要覧』東京大学出版会。
宮本又郎ほか〔2007〕『日本経営史（新版）』有斐閣。
森川英正〔1996〕『トップマネジメントの経営史』有斐閣。
森川英正編〔1992〕『ビジネスマンのための戦後経営史入門』日本経済新聞社。
安岡重明〔1998〕『財閥形成史の研究（増補版）』ミネルヴァ書房。

（木山　実）

事項索引

〔あ行〕

IR 活動 ……………………………… 228
IRM ………………………………… 218
ICT ………………………………… 207
ISO14000 シリーズ ………………… 201
IT …………………………………… 207
IDP ………………………………… 217
アフェリエイト …………………… 220
アメリカ経営学 ………………………16
アメリカにおける
　コーポレート・ガバナンス ……… 166
安全性分析 ………………………… 109
暗黙知 ……………………… 145, 246

E 型生産関数 …………………………85
EDI ………………………………… 211
EDP ………………………………… 217
EOS ………………………………… 211
意思決定 ………………………………60
　管理的── ………………………61
　業務的── ………………………61
　戦略的── ………………………61
　定型的── ………………………60
　非定型的── ……………………60
　──過程 …………………………67
　──前提 ……………………… 130
　──の種類 ………………………60
意思決定問題 ……………………… 64, 65
　確定性下での── …………………65
　不確実性下での── ………………65
　リスク下での── …………………65
　──の構成要素 ……………………64
　──の分類 …………………………65
意思達成過程 …………………………67
一店一帳合制 …………………………95
イノベーション …………… 244-249
岩崎家 ……………………………… 259
インターネット …………………… 219

WiMAX ……………………………… 221
ウォールストリート・ルール …… 166
売上高極大化論 …………………… 45, 46
売上利益率 ………………………… 109

A 型生産関数 …………………………84
ATM ………………………………… 210
ADP ………………………………… 217
営利過程 ………………………………42
営利経済原理 …………………………44
営利的側面 ……………………………41
営利目的 ………………………………27
エージェンシーの理論 …………… 163
エージェント ……………………… 162
エキジット・アンド・ヴォイス … 167
エコビランツ ……………………… 199
エコロジー志向的経営学 ……………14
SRI ………………………………… 234
SIS ………………………………… 218
SA ………………………………… 211
エネルギー集約的生産 ………………82
FA ………………………………… 210
FMS ……………………………… 81, 210
F 型生産関数 …………………………85
MIS ………………………………… 217
M&A ……………………………… 167
ME ………………………………… 210
エンロン事件 ……………………… 167

OA ………………………………… 211
OJT ………………………………… 140
オープンイノベーション …… 248, 249
大元方 ……………………………… 254

〔か行〕

CalPERS …………………………… 167
外国為替相場 ……………………… 181
会社 ……………………………………27
会社法 ……………………………… 174
階層型ハイブリッド ……………… 187
外部化先行型代替関係 …………… 192
外部から購入される中間生産物 ……78
外部環境 …………………………… 226
外部金融 …………………………… 105
外部計算制度 ……………………… 150
科学的管理論 ……………………………8
格付け ……………………………… 106
確定性下での意思決定問題 …………65

事項索引

加重平均資本コスト……………………… 108
カスタマーレビュー……………………… 220
株価……………………………………………38
株式………………………………………31, 38
株式会社………………………………30, 164
株式持ち合い…………………………… 262
株主……………………………………………35
　個人――…………………………… 163, 166
　ものいう――……………………………167
株主価値…………………………………… 104
　――の最大化…………………………… 104
株主権…………………………………………36
株主行動主義……………………………… 167
貨幣的生産関数………………………………85
カリフォルニア州公務員退職年金基金…… 167
環境経営……………………………… 197, 201
監査等委員会設置会社…………………… 174
監査役会…………………………………… 169
監査役会設置会社………………………… 171
監視コスト………………………………… 184
間接金融…………………………………… 106
完全所有子会社…………………………… 179
管理過程学派……………………………… 116
管理過程論……………………………………7
管理組織…………………………………… 124
管理的意思決定………………………………61
管理の幅…………………………………… 120

CAD/CAM ………………………………… 210
企画……………………………………………67
機関株主………………………………163, 166
機関投資家………………………………… 163
企業改革法………………………………… 167
企業価値…………………………………… 102
企業化調査………………………………… 179
企業間信用………………………………… 106
企業市民…………………………………… 228
企業政策…………………………………… 165
企業戦略論……………………………………49
企業体制…………………………………… 162
企業ドメイン論…………………………… 127
企業の社会的責任…………………… 162, 227
企業別労働組合……………………… 138, 173
企業目標………………………………………4
　――システム……………………………… 52
企業用具説………………………………… 165
企業利潤…………………………………… 230
企業領域におけるコントロールおよび
　透明性に関する法律…………………… 170

企業倫理…………………………………… 235
記述的・行動科学的意思決定論………63, 67
技術供与…………………………………… 181
技術使用料…………………………… 181, 185
技術論的方法…………………………………6
期待値基準……………………………………66
期待理論…………………………………… 118
寄託議決権………………………………… 171
機能別組織………………………………… 125
規範的・実践的意思決定論……………63, 64
規範論的方法…………………………………6
規模の経済性………………………… 181, 243
基本要素………………………………………78
キャッシュ・フロー……………………… 102
　純営業――……………………………… 103
キャリア開発……………………………… 141
キャリア・ディベロップメント・
　プログラム……………………………… 142
キャリアデザイン………………………… 141
共同決定制度…………………………………14
共同決定法………………………………… 170
強度による適応………………………………81
業務執行に対する監督…………………… 164
業務執行役員……………………………… 168
業務的意思決定………………………………61
業務的生産管理………………………………76

組別生産………………………………………82
クラウド・コンピューティング………… 221
クリック＆モルタル……………………… 212
クローズド・イノベーション…………… 248
グローバリゼーション…………………… 227

経営科学………………………………………8
経営管理…………………………………… 113
　――論…………………………………… 113
経営協議会…………………………… 163, 170
経営コスト………………………………… 182
経営コントロール………………………… 183
経営参加…………………………………… 170
経営資源…………………………………… 182
　情報関連的――………………………… 182
　――の移転可能性……………………… 181
経営支配力………………………………… 183
経営者支配………………………………… 162
経営手段………………………………………78
　――集約的生産……………………………82
経営人仮説……………………………………41
経営人・管理人………………………………70

経営戦略	165
——論	19
計画策定	117
経験効果	181
経済人	41, 69
経済性原理	44
経済的目標	49
非——	49
形式知	145, 244
契約型合弁	182
契約型ハイブリッド	187
結合的生産	82
原価	83, 84
——関数	85
——計算	154
——作用因	86
——理論	83, 85
減価償却費	103
現銀掛値なし	250
原材料	78
現実資本と擬制資本の二重存在	37
研修	140
限定合理性	69
公害問題	227
工業所有権	185
工業所有権法	187
広告	97
合資会社	28
交渉コスト	182
行動	64
——科学	9
合同会社	28
高等教育機関	257
鴻池家	254
合弁事業	179
対等出資型——	184
伝統的——	186
合名会社	28
合理的な選択	63
コース別人事管理	142
コーポレート・ガバナンス	161
アメリカにおける——	166
ドイツにおける——	168
日本における——	171
コーポレート・レピュテーション	234
ゴールデン・パラシュート	167
顧客管理システム	91
国際 M&A	188

個人株主	163, 166
個人投資家	163
護送船団方式	174
固定長期適合率	110
固定比率	110
個別資本説	9
個別生産	82
ゴミ箱モデル	70
コミュニケーション・ミックス	98
コンティンジェンシー理論	19
コンテンツ市場	214
コンフリクト	237

〔さ行〕

サービス動機	48
サーベンス・オクスリー法	167
債権者価値	104
財閥	257
財務管理	101
財務の均衡原理	44
財務分析	109
最尤未来基準	66
材料集約的生産	82
作業能率促進機能	135
差別化マーケティング	92
産業クラスター	249
サンク・コスト	182
CAPM	108
CGM	219
CIM	210
CIO	218
C 型生産関数	84
時間的適応	81
事業の国際化進捗度	180
事業部制組織	125
資源ベース論	184
自己啓発	140
自己資本コスト	108
自己資本利益率	50
仕事の枠組み	127
資産特定性	183
市場細分化	91
市場セグメント	91
市場の不完全性	182
自然の状態	64
持続可能な発展	197
持続的競争優位	184
下請契約生産	188

執行役会	168
実施	68
実践共同体	146
質的生産能力	81
老舗企業	252
資本コスト	107
資本調達	101
資本の集積	31
資本の動化	30
指名委員会等設置会社	174
社会性	229, 230
社会的責任投資	234
社外取締役	167
社内ベンチャー	242
収益性	101, 230
収益性分析	109
収益法則	84
自由裁量利益論	47
終身雇用制	138
集中マーケティング	92
手段的な一体化	132
手段の目標	56
純営業キャッシュ・フロー	103
循環型経済	193
商科大学	10
上場企業会計改革	167
情報	67
情報革命	208
情報化社会	208
情報関連の経営資源	182
情報材	213
情報産業	209, 213
情報の非対称性	187
正味現在価値法	103
職能別職場生産	83
職能別組織	125
所有権理論	163
所有と経営の分離	162
所有の分散	164
処理的要素	78
自律原理	44
人的資源管理	135
人的潜在要素	79
人的販売	97
信頼形成コスト	189
ステークホルダー	164, 229
住友	261
住友家	259

生産過程	42
生産関数	84, 85
D型——	84
B型——	84
生産管理	76
業務的——	76
戦術的——	76
戦略的——	76
——システム	77
生産時間	81
生産システム	76
生産速度	81
生産的側面	41, 42
生産能力	80
質的——	81
——利用度	81
生産物	78, 80
生産目標	42
——論	42
生産要素	78
——の体系	44
生産理論	83, 84, 85
成長性	230
製販一体型子会社	182
製品ライフ・サイクル	89
制約された合理性	69
制約的目標	56
石炭	170
セル生産方式	81
潜在要素	79
戦術的生産管理	76
選択	67
専売店制	95
先発優位性	181
専門経営者	32, 164, 259, 261
戦略提携	185
——型合弁企業	187
戦略の意思決定	61
戦略の生産管理	76
戦略の要因	233
総資本回転率	109
総資本付加価値率	47
——極大化論	45, 46, 54
総資本利益率	46, 109
組織構造	128
組織統合機能	136
SOX法	167
損益計算書	153

事項索引 267

損益分岐点分析……………………… 109

〔た行〕

ターンキー・プロジェクト……………… 181
第1次利益目標……………………………55
第1種複数目標論……………………… 43, 54
第1種利益目標論……………………… 42, 45
貸借対照表……………………………… 152
対人的管理……………………………… 131
体制無関連の事実…………………………44
代替的生産…………………………………82
対等出資型合弁事業…………………… 184
第2次利益目標……………………………55
第2種複数目標論……………………… 43, 55
第2種利益目標論…………………… 42, 47, 54
代表取締役…………………………………34
代理人…………………………………… 162
大量生産……………………………………82
ダイレクト・マーケティング……………93
多角化…………………………… 243, 259
多元論………………………………………41
多国籍企業……………………………… 179
　──の内部化理論……………… 183, 190
他人資本コスト………………………… 108
WACC …………………………………… 108
単数種類生産物生産………………………82
単数目標論…………………………………42
単独決定原理………………………………44

知識経営………………………………… 246
知識消散コスト………………………… 182
知識創造理論…………………………… 145
知識労働者……………………………… 144
中間生産物市場………………………… 189
中小企業………………………………… 239
注文生産……………………………………82
長期的な利益………………………………50
直接金融………………………………… 106
陳列アロウワンス…………………………97

通信系ソフト…………………………… 214

低価格高賃金の原則………………………49
D型生産関数………………………………84
定型的意思決定……………………………60
データベース化………………………… 216
適正利益論………………………… 45, 54
デジタル化……………………………… 209
テリトリー制………………………………95

電子商取引……………………………… 212
電子書籍端末…………………………… 220
電子マネー……………………………… 212
伝統的合弁事業………………………… 186
ドイツ・コーポレート・ガバナンス・
　コーデックス………………………… 169
ドイツ経営学………………………………10
ドイツにおけるコーポレート・
　ガバナンス…………………………… 168
動機づけ………………………………… 131
動機づけ―衛生理論…………………… 118
統合型マーケティング・
　コミュニケーション……………………98
当座比率………………………………… 109
投資……………………………………… 101
投資家保護法…………………………… 167
東芝……………………………………… 259
投資利益率…………………………………50
統制………………………………… 68, 119
道徳的危険……………………………… 187
投入・産出システム………………………78
特定資産………………………………… 188
独立取締役……………………………… 167
トップ・マネジメント…… 120, 121, 122, 236
トランザクション処理………………… 217
取締役………………………………………35
取締役会…………………………… 35, 169

〔な行〕

内部化先行型補完関係………………… 192
内部金融………………………………… 105
内部計算制度…………………………… 150
流れ生産……………………………………83
ナレッジ・マネジメント……………… 146

ニッチ産業………………………… 243, 247
日本経営学…………………………………20
日本におけるコーポレート・ガバナンス… 172
人間関係論………………………… 8, 17, 114

ネットワーク…………………………… 248
年功制…………………………………… 137

〔は行〕

バウンダリレス・キャリア…………… 144
派生的経営…………………………………48
パブリシティ………………………………97
番頭経営………………………………… 254

万能職場生産 ……………………………… 83
販売系列化 ………………………………… 95
販売経路 …………………………………… 93
販売促進 …………………………………… 97

PPM ……………………………………… 122
B 型生産関数 ……………………………… 84
BWA ……………………………………… 221
引当金 …………………………………… 107
非経済的目標 ……………………………… 49
非結合的生産 ……………………………… 82
費消要素 …………………………………… 79
非定型的意思決定 ………………………… 60
批判的経営学 ……………………………… 9
ヒューリスティクス ……………………… 71
評価 ………………………………………… 85
標的市場 …………………………………… 91
品種別職場生産 …………………………… 83
品性 ……………………………………… 236

フィージビリティ・スタディ ………… 179
フィランソロピー ……………………… 228
フォーディズム …………………………… 48
フォード・システム ……………………… 17
フォード経営哲学 ………………………… 48
不確実性下での意思決定問題 …………… 65
付加の要素 ………………………………… 78
複数種類生産物生産 ……………………… 82
複数目標論 ………………………… 41, 43, 53
　　第2種 —— ……………………… 43, 55
物の潜在要素 ……………………………… 79
ブランド・ロイヤルティ …………… 89, 181
プラント輸出 ………………………… 179, 181
ブロードバンドネットワーク ………… 219
プロダクト・ポートフォリオ・
　　マネジメント ……………………… 122

ペイオフ …………………………………… 64
　　—— 表 ………………………………… 65
ペーパーレスオフィス ………………… 211
変化適応機能 …………………………… 135
変換過程 …………………………… 78, 80
ベンチャー・キャピタル ……………… 248
ベンチャー・ビジネス ……… 241, 242, 248

POS ……………………………………… 211
ポイズン・ピル ………………………… 167
奉公人 …………………………………… 254
法人格 ……………………………………… 27

ホーソン実験 ……………………………… 17
簿記 ……………………………………… 150
ポジショニング …………………………… 92
補助材料 …………………………………… 78
本源的経営 ………………………………… 48
本来的目標 ………………………………… 56

〔ま行〕

マーケティング …………………………… 89
　　差別化 —— …………………………… 92
　　集中 —— ……………………………… 92
　　ダイレクト・ —— …………………… 93
　　マス・ —— …………………………… 91
マーケティング・コミュニケーション … 96
　　統合型 —— …………………………… 98
マーケティング・コンセプト …………… 90
マーケティング・チャネル ……………… 93
マーケティング・マネジメント ………… 90
マクシミン基準 …………………………… 66
マトリックス組織 ……………………… 127
マネジメント・サイクル ………… 116, 118
満足化原理 …………………………… 41, 69
満足度基準 ………………………………… 66
満足利益論 …………………………… 47, 54

見込み生産 ………………………………… 82
三井銀行 …………………………… 257-259
三井家 ……………………………… 252, 255-257
三井家同族会 …………………………… 261
三井合名会社 …………………………… 261
三井財閥 …………………………… 257, 259
三井物産 …………………………… 257, 259
三越家 …………………………………… 256
三菱 ………………………………… 259, 261
ミドル・マネジメント …………… 120, 121
ミニマックス・リグレット基準 ………… 66

メセナ …………………………………… 228

目的的な一体化 ………………………… 132
目標多元論 ………………………………… 43
持株会社 ………………………………… 261
持株会社整理委員会 …………………… 261
持分会社 …………………………………… 29
モチベーション ………………………… 118
　　—— 理論 ……………………… 114, 118
もの言う株主 …………………………… 167
モバイルコマース市場 ………………… 215
モバイルコンテンツ産業 ……………… 214

事項索引　269

モバイルコンテンツ市場……………… 215
モバイルブロードバンド技術………… 221
モラル・ハザード……………………… 187
問題解決過程……………………………67
モンタン共同決定法…………………… 170

〔や行〕

有限責任………………………………… 256
ユニバーサル・バンク………………… 171
ユビキタス社会………………… 208, 223

欲求階層説……………………………… 118

〔ら行〕

ライセンシング………………… 179, 181
ライン生産………………………………83
ラプラス基準……………………………66

リーダーシップ………………… 118, 119
リーダーシップ研究…………………… 114
利益動機…………………………………48
利益目標…………………………………42
　　第2次――…………………………55
利害関係者……………… 41, 163, 165, 229
　　――の意思の反映………………… 164
リコメンデーションシステム………… 220
利潤極大化……………………………… 226
リスク・プレミアム…………………… 108
リスク下での意思決定問題……………65
利得最大基準……………………………66

リベート…………………………………95
流通系列化………………………………95
流通経路…………………………………93
流通フロー………………………………94
流動性…………………………………… 101
　　――分析…………………………… 109
流動比率………………………………… 109
留保利益………………………………… 107
量的生産能力……………………………81
量的適応…………………………………81
理論的方法…………………………………7

連結生産…………………………………82

ロイヤルティ…………………………… 185
労使協議会……………………………… 163
労使協議制……………………………… 171
労資共同決定制………………… 170, 171
労働重役制……………………………… 171
労働集約的生産…………………………82
労働争議………………………………… 227
ロット生産………………………………82
ロワー・マネジメント………… 120, 121

〔わ行〕

ワールドコム事件……………………… 167
割引現在価値…………………………… 102

人名索引

朝吹英二……………………………… 261
アンゾフ（Ansoff,H.I.）………………49
池内信行………………………………22
市原季一………………………………24
井上馨……………………………… 258
ウイリアムソン（Williamson,E.）………47
上田貞次郎……………………………20
占部都美………………………………52

カソン（Casson,M.）……………… 188
キュッパー（Küpper,H.-U.）……………85
グーテンベルク（Gutenberg,E.）… 13, 44, 84
クローク（Kloock,J.）…………………84
古林喜楽………………………………55

サイモン（Simon,H.A.）……… 18, 47, 115
シェアー（Schär,J.F.）…………………10
シュマーレンバッハ
　（Schmalenbach,E.）……………… 11, 12
シュミット（Schmidt,F.）………………12
シュミット（Schmidt,R.-B.）………… 165

団琢磨……………………………… 261
ディーン（Dean,J.）……………………45
テイラー（Taylor,F.W.）…………… 16, 113
ドラッカー（Drucker,P.F.）……………52

中上川彦次郎……………………… 258, 261
中西宗助………………………… 253, 254, 256
中西寅雄………………………………23
ニックリッシュ（Nicklisch,H.）…… 11, 12, 47

ハーズバーグ（Herzberg,F.）……… 118

バーナード（Barnard,C.I.）………… 18, 114
バーニー（Barney,J.）……………… 184
ハイネン（Heinen,E.）……………… 49, 84
波多野承五郎……………………… 261
馬場敬治………………………………22
ハル（Hull,C.L.）…………………… 118
平井泰太郎……………………………21
ファヨール（Fayol,H.）…………… 113, 116
フォード（Ford,H.）……………… 17, 47, 113
福沢諭吉…………………………… 258
フリードマン（Friedman,M.）……… 226
ポーター（Porter,L.W.）…………… 118
ボーモル（Baumol,W.J.）…………… 45, 46

益田孝……………………………… 257, 261
増地庸治郎……………………………21
マズロー（Maslow,A.H.）…………… 118
マテス（Matthes,W.）…………………85
三井高利…………………………… 252, 253
三野村利左衛門…………………… 255, 256
メイヨー（Mayo,G.E.）……………… 114
メレローヴィッチ（Mellerowicz,K.）………13
藻利重隆………………………………45

吉田和夫………………………………24

ラグマン（Rugman,A.）…………… 183
リーガー（Rieger,W.）…………………12
ルート（Root,F.）…………………… 180
レスリスバーガー（Roethlisberger,F.J.）… 114
ローラー（Lawler,E.E.）…………… 118
脇田藤右衛門……………………… 253

〈編著者紹介〉

深 山　明（みやま・あきら）
1949年　神戸市に生まれる
1972年　関西学院大学商学部卒業
1977年　関西学院大学大学院商学研究科博士課程修了
1977年　関西学院大学商学部専任講師
1981年　関西学院大学商学部助教授
1987年　関西学院大学商学部教授
1990年　商学博士（関西学院大学）
2017年　関西学院大学名誉教授
主要業績　『西ドイツ固定費理論』森山書店，1987年
　　　　　『ドイツ経営補償計画論』森山書店，1995年
　　　　　『ドイツ固定費理論』森山書店，2001年
　　　　　『経営学の歴史』（共編著）中央経済社，2001年
　　　　　『企業危機とマネジメント』森山書店，2010年
　　　　　『企業危機とコントローリング』関西学院大学出版会，2017年

海道ノブチカ（かいどう・のぶちか）
1948年　福島市に生まれる
1971年　関西学院大学商学部卒業
1973年　神戸大学大学院経営学研究科修士課程修了
1974年　小樽商科大学講師
1978年　桃山学院大学経営学部助教授
1987年　桃山学院大学経営学部教授
1989年　関西学院大学商学部教授
1991年　商学博士（関西学院大学）
2017年　関西学院大学名誉教授
主要業績　『西ドイツ経営学の展開』千倉書房，1988年
　　　　　『現代ドイツ経営学』森山書店，2001年
　　　　　『ドイツの企業体制』森山書店，2005年
　　　　　『コーポレート・ガバナンスと経営学』（共編著）ミネルヴァ書房，2009年
　　　　　『ドイツのコーポレート・ガバナンス』中央経済社，2013年

平成22年2月1日	初版発行
平成26年3月20日	初版5刷発行
平成27年3月20日	改訂版発行
令和4年10月5日	改訂版7刷発行

《検印省略》

略称：基本経営(改)

基本 経営学（改訂版）

編著者 © 深 山 　 明
　　　　　海 道 ノブチカ

発行者　中 島 治 久

発行所　同文舘出版株式会社

東京都千代田区神田神保町1-41 〒101-0051
電話　営業03(3294)1801　振替00100-8-42935
編集03(3294)1803　http://www.dobunkan.co.jp

Printed in Japan 2015

印刷：萩原印刷
製本：萩原印刷

ISBN 978-4-495-37892-9

[JCOPY]〈出版者著作権管理機構 委託出版物〉

本書の無断複製は著作権法上での例外を除き禁じられています。複製される場合は，そのつど事前に，出版者著作権管理機構（電話 03-5244-5088, FAX 03-5244-5089, e-mail: info@jcopy.or.jp）の許諾を得てください。